应用型本科经济管理类专业基础课精品教材
高等教育"十三五"应用型人才培养规划教材

宏观经济学指导与习题

主　编　孙龙建　秦洪军

副主编　魏海丽

北京理工大学出版社
BEIJING INSTITUTE OF TECHNOLOGY PRESS

内容提要

本书共 11 章,包括国民收入核算、收入支出模型、产品市场与货币市场的一般均衡、总需求与总供给模型、失业与通货膨胀、宏观经济政策的理论与实践、开放经济下的短期宏观模型、经济增长、经济周期、宏观经济学的微观基础、宏观经济学在目前的争论和共识。

本书可作为高等院校经济管理类专业的教材,以辅助宏观经济学课程的学习。

版权专有 侵权必究

图书在版编目(CIP)数据

宏观经济学指导与习题/孙龙建,秦洪军主编. —北京:北京理工大学出版社,2018.8

ISBN 978 - 7 - 5682 - 6017 - 6

Ⅰ.①宏… Ⅱ.①孙…②秦… Ⅲ.①宏观经济学 - 高等学校 - 教学参考资料 Ⅳ.①F015

中国版本图书馆 CIP 数据核字(2018)第 177531 号

出版发行 / 北京理工大学出版社有限责任公司
社　　址 / 北京市海淀区中关村南大街 5 号
邮　　编 / 100081
电　　话 / (010) 68914775(总编室)
　　　　　 (010) 82562903(教材售后服务热线)
　　　　　 (010) 68948351(其他图书服务热线)
网　　址 / http://www.bitpress.com.cn
经　　销 / 全国各地新华书店
印　　刷 / 河北鸿祥信彩印刷有限公司
开　　本 / 787 毫米 × 1092 毫米　1/16
印　　张 / 14　　　　　　　　　　　　　　　　责任编辑 / 高　芳
字　　数 / 325 千字　　　　　　　　　　　　　 文案编辑 / 赵　轩
版　　次 / 2018 年 8 月第 1 版　2018 年 8 月第 1 次印刷　责任校对 / 周瑞红
定　　价 / 38.00 元　　　　　　　　　　　　　　责任印制 / 李志强

图书出现印装质量问题,请拨打售后服务热线,本社负责调换

前 言

西方经济学通常分为微观经济学和宏观经济学两个部分，相关的习题集也分为《微观经济学指导与习题》和《宏观经济学指导与习题》两套，本套为其中的《宏观经济学指导与习题》。

宏观经济学的学习，需要以一定的练习作为补充，尤其是对于有志于参加经济管理类硕士研究生考试的同学而言。通过习题训练，学生在掌握基本原理的同时，可以提高实战技巧，达到"练拳又练功"的目的。基于此，我们编写了本书。

在编写内容上，编者以"国民收入"为核心，从国民收入核算的视角，对宏观经济学的相关内容进行论述。具体而言，本书主要包括11章：国民收入核算；收入支出模型；产品市场与货币市场的一般均衡；总需求与总供给模型；失业与通货膨胀；宏观经济政策的理论与实践；开放经济下的短期宏观模型；经济增长；经济周期；宏观经济学的微观基础；宏观经济学在目前的争论和共识。

在编写体例上，编者从国内外广受欢迎的宏观经济学教材、习题集、名校考研真题及公开发表的学术论文中吸取精华，既考虑基础知识的训练、实战能力提升，又考虑宏观经济学理论在我国宏观经济中的具体应用，经过认真筛选和提炼，最终形成了本书的结构框架。本书每一章均包括如下五部分内容：核心知识（核心知识点、核心知识脉络图）、内容总结与经典例题（内容总结、经典例题）、基础训练（名词解释、单项选择、分析说明、计算、答案解析）、知识拓展、名校考研真题解析（名校考研真题、真题解析）。

在编写团队组建上，编者充分考虑到教学相长的重要性，立足于学生学习兴趣和实战能力提升视角，组建了以一线授课教师为核心、以经济管理类硕士研究生和本科生为辅的编写及校稿团队。本书由孙龙建和秦洪军担任主编，由魏海丽担任副主编。杨世明、魏配轩、赵璐月、曹起龙、李萍、叶晨璐、宋佳、于凯雷、潘安琪、李新璐、李宜飞、李会玲、薛丁菡、郭丹旋、康子涵、高晗、元万达、郭浩、周之舟、钱淳、尹佳、乔圆圆、齐亚鑫、姚思佳、刘萌雅、周明媛、钟懿、崔思欣、武瑞婷、吴玉华、张艺山、贾雨晴、余茹萍、王慧、滕张威、秦雨桐、杨路路、梁可、邓梦莹、吕司琪参与了本书资料的搜集，在此一并表示感谢！

由于编者水平有限，书中存在的错误及疏漏之处，敬请广大师生指正。

编　者

目 录

第一章 国民收入核算 (1)

核心知识 (1)
　　一、核心知识点 (1)
　　二、核心知识脉络图 (1)
内容总结与经典例题 (2)
　　一、内容总结 (2)
　　二、经典例题 (3)
基础训练 (4)
　　一、名词解释 (4)
　　二、单项选择 (4)
　　三、分析说明 (5)
　　四、计算 (5)
　　五、答案解析 (6)
知识拓展 (8)
名校考研真题解析 (9)
　　一、名校考研真题 (9)
　　二、真题解析 (10)

第二章 收入支出模型 (14)

核心知识 (14)
　　一、核心知识点 (14)
　　二、核心知识脉络图 (14)
内容总结与经典例题 (15)
　　一、内容总结 (15)

二、经典例题 ……………………………………………………………… (18)
  基础训练 ……………………………………………………………………… (20)
　　一、名词解释 ……………………………………………………………… (20)
　　二、单项选择 ……………………………………………………………… (20)
　　三、分析说明 ……………………………………………………………… (21)
　　四、计算 …………………………………………………………………… (21)
　　五、答案解析 ……………………………………………………………… (22)
  知识拓展 ……………………………………………………………………… (24)
  名校考研真题解析 …………………………………………………………… (26)
　　一、名校考研真题 ………………………………………………………… (26)
　　二、真题解析 ……………………………………………………………… (27)

第三章　产品市场与货币市场的一般均衡 …………………………… (33)

  核心知识 ……………………………………………………………………… (33)
　　一、核心知识点 …………………………………………………………… (33)
　　二、核心知识脉络图 ……………………………………………………… (33)
  内容总结与经典例题 ………………………………………………………… (34)
　　一、内容总结 ……………………………………………………………… (34)
　　二、经典例题 ……………………………………………………………… (39)
  基础训练 ……………………………………………………………………… (40)
　　一、名词解释 ……………………………………………………………… (40)
　　二、单项选择 ……………………………………………………………… (40)
　　三、分析说明 ……………………………………………………………… (41)
　　四、计算 …………………………………………………………………… (41)
　　五、答案解析 ……………………………………………………………… (42)
  知识拓展 ……………………………………………………………………… (46)
  名校考研真题解析 …………………………………………………………… (47)
　　一、名校考研真题 ………………………………………………………… (47)
　　二、真题解析 ……………………………………………………………… (47)

第四章　总需求与总供给模型 …………………………………………… (51)

  核心知识 ……………………………………………………………………… (51)
　　一、核心知识点 …………………………………………………………… (51)
　　二、核心知识脉络图 ……………………………………………………… (51)
  内容总结与经典例题 ………………………………………………………… (52)
　　一、内容总结 ……………………………………………………………… (52)
　　二、经典例题 ……………………………………………………………… (56)

基础训练 ··· (57)
　　　一、名词解释 ··· (57)
　　　二、单项选择 ··· (58)
　　　三、分析说明 ··· (58)
　　　四、计算 ·· (59)
　　　五、答案解析 ··· (60)
　　知识拓展 ··· (66)
　　名校考研真题解析 ··· (67)
　　　一、名校考研真题 ··· (67)
　　　二、真题解析 ··· (67)

第五章　失业与通货膨胀 ··· (72)

　　核心知识 ··· (72)
　　　一、核心知识点 ··· (72)
　　　二、核心知识脉络图 ··· (72)
　　内容总结与经典例题 ··· (73)
　　　一、内容总结 ··· (73)
　　　二、经典例题 ··· (81)
　　基础训练 ··· (84)
　　　一、名词解释 ··· (84)
　　　二、单项选择 ··· (84)
　　　三、分析说明 ··· (85)
　　　四、计算 ·· (86)
　　　五、答案解析 ··· (86)
　　知识拓展 ··· (91)
　　名校考研真题解析 ··· (92)
　　　一、名校考研真题 ··· (92)
　　　二、真题解析 ··· (92)

第六章　宏观经济政策的理论与实践 ·· (95)

　　核心知识 ··· (95)
　　　一、核心知识点 ··· (95)
　　　二、核心知识脉络图 ··· (95)
　　内容总结与经典例题 ··· (96)
　　　一、内容总结 ··· (96)
　　　二、经典例题 ··· (104)
　　基础训练 ··· (105)

- 一、名词解释 …… (105)
- 二、单项选择 …… (105)
- 三、分析说明 …… (106)
- 四、计算 …… (107)
- 五、答案解析 …… (108)
- 知识拓展 …… (112)
- 名校考研真题解析 …… (113)
  - 一、名校考研真题 …… (113)
  - 二、真题解析 …… (113)

第七章 开放经济下的短期宏观模型 …… (116)

- 核心知识 …… (116)
  - 一、核心知识点 …… (116)
  - 二、核心知识脉络图 …… (116)
- 内容总结与经典例题 …… (117)
  - 一、内容总结 …… (117)
  - 二、经典例题 …… (123)
- 基础训练 …… (125)
  - 一、名词解释 …… (125)
  - 二、单项选择 …… (125)
  - 三、分析说明 …… (126)
  - 四、计算 …… (126)
  - 五、答案解析 …… (127)
- 知识拓展 …… (133)
- 名校考研真题解析 …… (134)
  - 一、名校考研真题 …… (134)
  - 二、真题解析 …… (135)

第八章 经济增长 …… (139)

- 核心知识 …… (139)
  - 一、核心知识点 …… (139)
  - 二、核心知识脉络图 …… (139)
- 内容总结与经典例题 …… (140)
  - 一、内容总结 …… (140)
  - 二、经典例题 …… (144)
- 基础训练 …… (146)
  - 一、名词解释 …… (146)

二、单项选择 …………………………………………………………………………… (146)
　　三、分析说明 …………………………………………………………………………… (147)
　　四、计算 ………………………………………………………………………………… (147)
　　五、答案解析 …………………………………………………………………………… (148)
　知识拓展 …………………………………………………………………………………… (151)
　名校考研真题解析 ………………………………………………………………………… (152)
　　一、名校考研真题 ……………………………………………………………………… (152)
　　二、真题解析 …………………………………………………………………………… (153)

第九章　经济周期 …………………………………………………………………………… (156)

　核心知识 …………………………………………………………………………………… (156)
　　一、核心知识点 ………………………………………………………………………… (156)
　　二、核心知识脉络图 …………………………………………………………………… (156)
　内容总结与经典例题 ……………………………………………………………………… (157)
　　一、内容总结 …………………………………………………………………………… (157)
　　二、经典例题 …………………………………………………………………………… (164)
　基础训练 …………………………………………………………………………………… (164)
　　一、名词解释 …………………………………………………………………………… (164)
　　二、单项选择 …………………………………………………………………………… (164)
　　三、分析说明 …………………………………………………………………………… (165)
　　四、计算 ………………………………………………………………………………… (165)
　　五、答案解析 …………………………………………………………………………… (166)
　知识拓展 …………………………………………………………………………………… (168)
　名校考研真题解析 ………………………………………………………………………… (169)
　　一、名校考研真题 ……………………………………………………………………… (169)
　　二、真题解析 …………………………………………………………………………… (170)

第十章　宏观经济学的微观基础 …………………………………………………………… (178)

　核心知识 …………………………………………………………………………………… (178)
　　一、核心知识点 ………………………………………………………………………… (178)
　　二、核心知识脉络图 …………………………………………………………………… (178)
　内容总结与经典例题 ……………………………………………………………………… (179)
　　一、内容总结 …………………………………………………………………………… (179)
　　二、经典例题 …………………………………………………………………………… (183)
　基础训练 …………………………………………………………………………………… (186)
　　一、名词解释 …………………………………………………………………………… (186)
　　二、单项选择 …………………………………………………………………………… (186)

三、分析说明 ……………………………………………………………（187）
　　四、计算 …………………………………………………………………（187）
　　五、答案解析 ……………………………………………………………（188）
知识拓展 ………………………………………………………………………（191）
名校考研真题解析 ……………………………………………………………（193）
　　一、名校考研真题 ………………………………………………………（193）
　　二、真题解析 ……………………………………………………………（193）

第十一章　宏观经济学在目前的争论和共识 ……………………………（195）

核心知识 ………………………………………………………………………（195）
　　一、核心知识点 …………………………………………………………（195）
　　二、核心知识脉络图 ……………………………………………………（195）
内容总结与经典例题 …………………………………………………………（196）
　　一、内容总结 ……………………………………………………………（196）
　　二、经典例题 ……………………………………………………………（201）
基础训练 ………………………………………………………………………（203）
　　一、名词解释 ……………………………………………………………（203）
　　二、单项选择 ……………………………………………………………（203）
　　三、分析说明 ……………………………………………………………（204）
　　四、计算 …………………………………………………………………（204）
　　五、答案解析 ……………………………………………………………（204）
知识拓展 ………………………………………………………………………（206）
名校考研真题解析 ……………………………………………………………（208）
　　一、名校考研真题 ………………………………………………………（208）
　　二、真题解析 ……………………………………………………………（208）

参考文献 ……………………………………………………………………（211）

第一章

国民收入核算

★ 核心知识

一、核心知识点

1. 宏观经济学的研究对象、研究目标，以及宏观经济学和微观经济学的联系与区别
2. 国民收入核算中 GDP、NDP、NI、PI、DPI 五个总量指标及其相互联系
3. 国民收入核算的方法
4. 国民收入核算中的恒等关系
5. 两部门、多部门的国内收入决定理论

二、核心知识脉络图

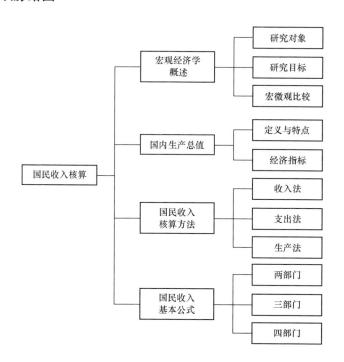

★ 内容总结与经典例题

一、内容总结

1. 宏观经济学的研究对象与研究目标

宏观经济学是将一个社会作为整体的经济活动,它研究的是经济总量,如国内生产总值、就业总人数、价格水平等,所以又称为总量经济学。它通过对政府预算赤字、贸易赤字、利率和汇率变动的问题进行研究,找出问题产生的原因、后果和对策,最终实现较高的国民产出、充分的就业水平、较低的价格水平、国际收支平衡。

2. 宏观经济学和微观经济学的联系与区别

(1) 联系:它们有着相似的供求曲线,微观经济学是宏观经济学的基础,宏观分析有些变量可以从微观分析的个量中加总(大部分是加权平均)得到。

(2) 区别:微观经济学的供求曲线是个体经济的供求曲线,由此其成交价格和成交量也是个体经济的成交价格和成交量;宏观经济学的供求曲线是整个社会的供求曲线,其决定的价格和产出是整个社会的价格水平与社会产出总值。

3. 国内生产总值(GDP)

国内生产总值是指一国或一定地区在一定时间内运用生产要素所生产的全部最终产品(物品和劳务)的市场价值。它未扣除当年的资本耗费。

4. 国内生产净值(NDP)

国内生产净值是一个国家一年内新增加的产值,它等于国内生产总值-固定资产折旧。

5. 国民收入(NI)

国民收入是一个国家一年内用于生产的各种生产要素得到的全部收入,即工资、利润、利息和地租的总和。它等于国内生产净值-(间接税+企业转移支付)+政府补助金。

6. 个人收入(PI)与个人可支配收入(DPI)

(1) 个人收入:一个国家一年内个人所得到的全部收入。

(2) 个人可支配收入:一个国家一年内个人可以支配的全部收入。

7. 经济指标之间的相互关系

$$GDP = 工资 + 利息 + 租金 + 利润 + 间接税和企业转移支付 + 固定资产折旧$$
$$NDP = GDP - 固定资产折旧$$
$$NI = NDP - 间接税 - 企业转移支付 + 政府补助金$$
$$PI = NI - 公司未分配利润 - 公司所得税 - 社会保险税 + 政府对居民的转移支付$$
$$DPI = PI - 个人所得税$$

8. 名义GDP

名义GDP是用生产物品和劳务的当年价格计算的全部最终产品的市场价值。

9. 实际GDP

实际GDP是用从前某一年的价格作为基期价格计算出来的全部最终产品的市场价值。名义GDP和实际GDP的比率称为GDP折算指数(GDP平减指数)。

10. 核算GDP的方法

核算GDP的方法有生产法、支出法、收入法,最常用的是后两种方法。

支出法公式：国内生产总值 = 消费支出 + 投资支出 + 政府支出 + 国外支出

$\qquad$ = 消费 + 投资 + 政府购买 + 净出口

收入法公式：国民收入 = 各种生产要素的收入

$\qquad$ = 工资 + 利息 + 租金 + 利润 + 间接税 + 固定资产折旧

11. 国民收入核算体系中的储蓄和投资的恒等式

在两部门、三部门、四部门的经济中，这一恒等式分别是：

$$S = I, \quad I = S + (T - G) \text{ 以及 } I = S + (T - G) + (M - X + K)$$

式中 I——投资；

S——私人储蓄；

T——政府税收；

G——政府购买性支出；

$(T - G)$——政府储蓄；

M——本国进口；

X——本国出口；

K——本国居民对外国人的转移支付；

$(M - X + K)$——外国对本国的储蓄。

二、经典例题

1. 下列各项中，能计入 GDP 的有（　　）。

   A. 家庭主妇的家务劳动折合价值　　B. 出售股票的收入

   C. 拍卖毕加索作品的收入　　D. 为他人提供服务所得的收入

   答案解析： D　本题考查的是对 GDP 概念的理解。GDP 是指一国或一定地区在一定时间内运用生产要素所生产的全部最终产品（物品和劳务）的市场价值。它未扣除当年的资本耗费。

2. "面粉一定是中间产品"，这个命题（　　）。

   A. 一定是对的　　B. 一定是不对的

   C. 可能对可能不对　　D. 以上三个答案全正确

   答案解析： C　本题考查的是对中间产品概念的理解。中间产品是用于再出售而供生产别种产品用的产品。因此面粉可能是食用的最终产品，也可能是生产面包的中间产品。

3. 为什么用收入法、支出法、生产法核算的 GDP 是相等的？

   答案解析： 在简单的社会经济中，如果生产出来的最终产品都被卖掉，那么，生产出来的最终产品的总价值等于最终产品的总销售收入，也就是购买最终产品的总支出。所以用"生产法"计算得到的"总产出"等于用"支出法"计算得到的"总支出"。最终产品的总销售收入被分配成工资、利润、租金和利息等，形成家庭的收入。因此，总收入 = 总产出 = 总支出。

4. 简述宏观经济学和微观经济学的联系与区别。

   答案解析：

   联系：(1) 相互补充。经济学研究的目的是实现社会经济福利的最大化。为此，既要实现资源的最优配置，又要实现资源的充分利用。微观经济学是在假设资源得到充分利用的前提下研究资源如何实现最优配置的问题，而宏观经济学是在假设资源已经实现最优配置的前提下研究如何充分利用这些资源。它们共同构成经济学的基本框架。

（2）微观经济学和宏观经济学都把实证分析作为主要的分析和研究方法。

（3）微观经济学是宏观经济学的基础。当代宏观经济学越来越重视微观基础的研究，即将宏观经济分析建立在对微观经济主体行为进行分析的基础上。

区别：（1）研究的对象不同。微观经济学研究组成整体经济的单个经济主体的最优化行为，而宏观经济学研究一国整体经济的运行规律和宏观经济政策。

（2）解决的问题不同。微观经济学要解决资源配置问题，而宏观经济学要解决资源利用问题。

（3）中心理论不同。微观经济学的中心理论是价格理论，所有的分析都是围绕价格机制的运行展开的，而宏观经济学的中心理论是国民收入（产出）理论，所有的分析都是围绕国民收入（产出）的决定展开的。

（4）研究方法不同。微观经济学采用的是个量分析方法，而宏观经济学采用的是总量分析方法。

★基础训练

一、名词解释
1. 名义 GDP、实际 GDP
2. PI、DPI
3. 最终产品和中间产品
4. 消费支出
5. GDP 折算指数

二、单项选择
1. 国内生产总值中的最终产品是指（　　）。
   A. 有形的产品
   B. 无形的产品
   C. 既包括有形的产品，也包括无形的产品
   D. 供以后的生产阶段作为投入的产品
2. 下列说法错误的是（　　）。
   A. GDP 和 GNP 都是流量概念　　　　B. GDP 是地域概念，GNP 是国民概念
   C. GDP 和 GNP 都是以市场交换为基础　D. GDP 和 GNP 是同一概念，没有区别
3. 在国民收入支出法核算中，住房属于（　　）。
   A. 家庭消费支出　　B. 企业投资支出　　C. 政府购买性支出　D. 以上都不是
4. 在一个由家庭、企业、政府和国外部门构成的四部门经济中，GDP 是（　　）的总和。
   A. 消费、总投资、政府购买支出和净出口
   B. 消费、净投资、政府购买支出和净出口

C. 消费、总投资、政府购买支出和总出口

D. 工资、地租、利息和折旧

5. GNP 与 NNP 不同在于（　　）。

　　A. 价格变化　　　　　　B. 固定资产折旧　　C. 生产能力的提高　D. 技术水平的差异

6. 假设 2000 年某国的名义国内生产总值为 500 亿美元，2005 年国内生产总值的计算价格比 2000 年翻了一番，并且实际产出比 2000 年增加了 50%，则 2005 年的名义国内生产总值为（　　）。

　　A. 750 亿美元　　　　　　　　　　　　B. 1 000 亿美元

　　C. 1 500 亿美元　　　　　　　　　　　D. 2 000 亿美元

7. 当实际 GDP 为 175 亿美元，GDP 折算指数为 1.6 时，名义 GDP 为（　　）。

　　A. 110 亿美元　　　　　　　　　　　　B. 157 亿美元

　　C. 280 亿美元　　　　　　　　　　　　D. 175 亿美元

8. 已知某国的资本品存量在年初为 10 000 亿美元，它在本年度生产了 2 500 亿美元的资本品，资本消耗折旧是 2 000 亿美元，则该国在本年度的总投资和净投资分别是（　　）。

　　A. 2 500 亿美元和 500 亿美元　　　　　B. 12 500 亿美元和 10 500 亿美元

　　C. 2 500 亿美元和 2 000 亿美元　　　　D. 7 500 亿美元和 8 000 亿美元

9. 如果某国名义 GDP 从 1990 年的 10 000 亿美元增加到 2000 年的 25 000 亿美元，物价指数从 1990 年的 100 增加到 2000 年的 200，若以 1990 年不变价计算，该国 2000 年的 GDP 为（　　）。

　　A. 10 000 亿美元　　　　　　　　　　　B. 12 500 亿美元

　　C. 25 000 亿美元　　　　　　　　　　　D. 50 000 亿美元

三、分析说明

1. 为什么要计算实际 GDP？名义 GDP 和实际 GDP 的联系与区别是什么？
2. 试比较国内生产总值统计的三种方法。
3. 举例说明经济中流量与存量的联系和区别。财富和收入是流量还是存量？
4. 为什么政府给公务员发的工资要计入 GDP，而给灾区或困难人群发的救济金不计入 GDP？

四、计算

1. 某年发生如下经济活动：

（1）一银矿公司支付 7.5 万美元给矿工开采了 50 千克银卖给银器制造商，售价 10 万美元。

（2）银器制造商支付 5 万美元工资给工人制造了一批餐具售卖给顾客，售价 40 万美元。

试求：（1）用支出法（最终产品）计算 GDP；

　　　（2）工人在生产活动中赚得的工资和企业获得的利润各是多少，用收入法计算 GDP。

2. 假设一个国家有以下国民经济统计资料：净投资 130 亿美元，净出口 20 亿美元，固定资产折旧 60 亿美元，政府转移支付 100 亿美元，企业间接税 80 亿美元，政府购买 220 亿美元，社会保险金 120 亿美元，个人消费支出 700 亿美元，公司未分配利润 90 亿美元，公司所得税 65 亿美元，个人所得税 85 亿美元。

试计算：（1）国内生产总值；
（2）国内生产净值；
（3）国民收入；
（4）个人收入；
（5）个人可支配收入。

3. 假定一国有下列国民收入统计资料：

单位：亿美元

国内生产总值	4 800
总投资	800
净投资	300
消费	3 000
政府购买	960
政府预算盈余	30

试计算：（1）国内生产净值；
（2）净出口；
（3）政府税收减去转移支付后的收入；
（4）个人可支配收入；
（5）个人储蓄。

五、答案解析

（一）名词解释

1. 名义 GDP：指按产品和劳务的当年销售价格计算的全部最终产品的市场价值。

实际 GDP：指按产品和劳务某一基年的价格计算的全部最终产品的市场价值。

2. PI：一个国家一年内个人所得到的全部收入。即

PI = NI − 公司未分配利润 − 公司所得税 − 社会保险税 + 政府对居民的转移支付

或 PI = NI − 公司利润 + 政府个人转移 + 红利。

DPI：一个国家一年内个人可以支配的全部收入。即

DPI = PI − 个人所得税。

3. 最终产品：在一定时期内生产的并由其最后使用者购买的产品或劳务。中间产品：指为了再加工或者转卖用于供别种产品生产使用的物品，如原材料、燃料等。

4. 消费支出：居民个人购买耐用消费品、非耐用消费品、劳务的支出，建造住宅的支出不包括在内。

5. GDP 折算指数：名义 GDP 与实际 GDP 之比。

（二）单项选择

1. C　2. D　3. B　4. A　5. B　6. C　7. C　8. A　9. B

（三）分析说明

1. 名义 GDP，是指按产品和劳务的当年销售价格计算的全部最终产品的市场价值。实际 GDP，是指按产品和劳务某一基年的价格计算的全部最终产品的市场价值。产品的价格变化是经常发生的，在这样的情况下，直接用名义 GDP 指标比较各年的总产出水平，势必会包含虚假的信息，因为总产出的变化可能是由价格变化的因素引起的，所以为了准确地比较各年的总产出水平，就必须剔除 GDP 统计中价格因素的影响。一般用 GDP 价格折算指数，即名义国内生产总值与实际国内生产总值之比，来进行名义国内生产总值与实际国内生产总值的换算。GDP 价格折算指数衡量了与某一基年相比报告期各产品的价格平均变化的幅度。

2. 国内生产总值的统计有三种方法：生产法、支出法和收入法。生产法，又称部门法，是通过加总各生产部门的增加值来计算国内生产总值。支出法，又称最终产品法，是从产品的最终使用者出发，将一定时期内购买各项最终产品的支出加总来计算国内生产总值，一般表示为：GDP = 消费支出 + 投资支出 + 政府性购买支出 + 净出口。收入法，又称要素支付法，是从收入的角度出发，将生产要素提供者所得到的收入加总来计算国内生产总值，一般表示为：GDP = 工资 + 利息 + 租金 + 利润 + 企业间接税 + 固定资产折旧等，也可表示为国内生产总值 = 消费支出 + 储蓄 + 政府税收。

3. 存量指某一时点上存在的某种经济变量的数值，其大小没有时间维度，而流量是指一定时期内发生的某种经济变量的数值，其大小有时间维度；但是两者也有联系，流量来自存量，又归于存量，存量由流量累积而成。拿财富与收入来说，财富是存量，收入是流量。

4. 政府给公务员发的工资要计入 GDP，是因为公务员提供了为社会工作的服务，政府给他们的工资就是购买他们的服务，因此属于政府购买，而政府给灾区或困难人群发的救济金不计入 GDP，并不是因为灾区或困难人群提供了服务，创造了收入，相反，是因为他们发生了经济困难，丧失了生活来源才给予其救济的，因此这部分救济金属于政府转移支付。政府转移支付只是简单地通过税收（包括社会保险税）把收入从一个人或一个组织手中转移到另一个人或另一个组织手中，并没有相应的货物或劳务的交换发生。所以政府转移支付和政府购买虽都属于政府支出，但前者不计入 GDP，而后者计入 GDP。

（四）计算

1. （1）餐具是最终产品，GDP 为 40 万美元。

（2）生产过程中，

工资 = 7.5 + 5 = 12.5（万美元）

利润 = 售价 − 成本

银矿利润 = 10 − 7.5 = 2.5（万美元）

银器商利润 = 40 − 10 − 5 = 25（万美元）

总利润 = 2.5 + 25 = 27.5（万美元）

收入法计算 GDP = 工资 + 利润 = 12.5 + 27.5 = 40（万美元）

2. （1）国内生产总值。

$GDP = C + I + G + (X - M) = 700 + (130 + 60) + 220 + 20 = 1\ 130$（亿美元）

(2) 国内生产净值。

NDP = GDP − 固定资产折旧 = 1 130 − 60 = 1 070（亿美元）

(3) 国民收入。

NI = NDP − 企业间接税 = 1 070 − 80 = 990（亿美元）

(4) 个人收入。

PI = NI + 转移收入 − 转移支出 = NI + 政府转移支付 − 公司未分配利润 − 公司所得税 − 社会保险金 = 990 + 100 − 90 − 65 − 120 = 815（亿美元）

(5) 个人可支配收入。

DPI = PI − 个人所得税 = 815 − 85 = 730（亿美元）

3.（1）国内生产净值 = 国内生产总值 − 资本消耗补偿，而资本消耗补偿（即固定资产折旧）等于总投资减净投资后的余额，因此 NDP = 800 − 500 = 300（亿美元）

(2) 从 GDP = $C + I + G + NX$ 中可知，$NX = GDP − C − I − G$

因此，净出口 $NX = 4\,800 − 3\,000 − 800 − 960 = 40$（亿美元）

(3) 用 BS 代表政府预算盈余，T 代表净税收即政府税收减去转移支付后的收入，则有 BS = T − G，从而有 T = BS + G = 30 + 960 = 990（亿美元）

(4) 个人可支配收入本来是个人收入减去个人所得税后的余额，本题条件中没有说明间接税、公司利润、社会保险税等因素，因此，可从国民生产净值中直接得到个人可支配收入，即 Y_d = NNP − T = 4 800 − (800 − 300) − 990 = 3 310（亿美元）

(5) 个人储蓄 $S = Y_d − C = 3\,310 − 3\,000 = 310$（亿美元）。

★ 知识拓展

请结合案例 1 与案例 2，进一步理解 GDP 的核算及其重要价值。

案例 1：我国 GDP 是如何确定的？

国家统计局每年公布 GDP 数据是怎么得到的呢？据国家统计局专家讲，我国的 GDP 计算需要经过以下几个过程：初步估计过程、初步核实过程和最终核实过程。初步估计过程一般在每年年终和次年年初进行。它得到的年度 GDP 数据只是一个初步数，这个数据有待获得较充分的资料后进行核实。初步核实过程一般在次年的第二季度进行。初步核实所获得的 GDP 数据准确些，但因缺少 GDP 核算所需要的许多重要资料，相应的数据尚需要进一步核实。最终核实过程一般在次年的第四季度进行。这时，GDP 核算所需要的和所能收集到的各种统计资料、会计决算资料和行政管理资料基本齐备。与前一个步骤相比，它运用了更全面、更细致的资料，所以这个 GDP 数据就会更准确些。此外，GDP 数据还需要经过一个历史数据调整过程，即当发现或产生新的资料来源、新的分类法、更准确的核算方法或更合理的核算原则时，要进行历史数据调整，以使每年的 GDP 具有可比性，这是国际惯例。如美国在 1929—1999 年就进行过 11 次历史数据调整。总之，每个时段公布的 GDP 都有其特定阶段的含义和特定的价值，不能因为在不同时间公布的数据不同，而怀疑统计数据存在问题。

（资料来源：http://finance.qq.com/original/MissMoney/mm0096.html）

案例 2：GDP 不是万能的，但没有 GDP 是万万不能的

越来越多的人，包括非常著名的学者，对 GDP 衡量经济增长的重要性产生了怀疑。斯蒂格利茨曾经指出，如果一对夫妇留在家中打扫卫生和做饭，这将不会被列入GDP的统计之内，假如这对夫妇外出工作，另外雇人做清洁和烹调工作，那么这对夫妇和佣人的经济活动都会被计入GDP。说得更明白一些，如果一名男士雇用一名保姆，保姆的工资也将计入GDP。如果这位男士与保姆结婚，不给保姆发工资了，GDP就会减少。德国学者厄恩斯特·冯·魏茨察克和两位美国学者艾墨里·B·洛文斯、L·亨特·洛文斯在他们合著的《四倍跃进》中对GDP在衡量经济增长中的作用提出了诘难，他们生动地写道："乡间小路上，两辆汽车静静驶过，一切平安无事，它们对GDP的贡献几乎为零。但是，其中一个司机由于疏忽，突然将车开向路的另一侧，连同到达的第三辆汽车，造成了一起恶性交通事故。'好极了'，GDP说。因为，随之而来的是：救护车、医生、护士、意外事故服务中心、汽车修理或买新车、法律诉讼、亲属探视伤者、损失赔偿、保险代理、新闻报道，等等，所有这些都被看作正式的职业行为，都是有偿服务。即使任何参与方都没有因此而提高生活水平，甚至有些还蒙受了巨大损失，但我们的'财富'——所谓的GDP依然在增加。"1998年湖北发了大水，遭了大灾，湖北的经济增长速度却提高到13%。基于以上的分析，三位学者深刻地指出："平心而论，GDP并没有定义成度量财富或福利的指标，而只是用来衡量那些易于度量的经济活动的营业额。"需要进一步指出的是，国内生产总值中所包括的外资企业虽然在我国境内从统计学的意义上给我们创造了GDP，但将利润汇回了他们自己的国家。一句话，他们把GDP留给了我们，把利润转回了自己的国家，这就如同在天津打工的安徽民工把GDP留给了天津，把挣的钱汇回了安徽一样。看来GDP只是一个"营业额"，不能反映环境污染的程度，不能反映资源的浪费程度，看不出支撑GDP的"物质"内容。在当今中国，资源浪费的亮点工程、半截子工程，都可以算在GDP中，都可以增加GDP。

尽管GDP存在种种缺陷，但这个世界上本来就不存在一种包罗万象、反映一切的经济指标，在我们现在使用的所有描述和衡量一国经济发展状况的指标体系中，GDP无疑是最重要的一个指标。正因为GDP有这些作用，所以说，GDP不是万能的，但没有GDP是万万不能的。

（资料来源：http：//jpk.haie.edu.cn/info/2013/2362.htm）

★名校考研真题解析

一、名校考研真题

1. （中南财经大学2003研）宏观经济学。
2. （武汉大学2001研）国民生产净值（NNP）。
3. （厦门大学2006研）国内生产总值平减指数，（武汉大学2006研；南开大学2006研）消费物价指数。
4. （南开大学2005研；深圳大学2005研）国民生产总值（GNP）。
5. （北京师范大学2007研）绿色GDP。
6. （武汉大学2007研）简要说明目前宏观经济学的基本共识。
7. （中山大学2005研）从国民收入核算的角度，说明"GDP快速增长，而居民可支配收入增长缓慢"的可能性。

二、真题解析

1. **宏观经济学**：与"微观经济学"相对，是一种现代的经济分析方法。它以国民经济总体为考查对象，研究经济生活中有关总量的决定与变动，解释失业、通货膨胀、经济增长与波动、国际收支与汇率的决定和变动等经济中的宏观整体问题，所以又称为总量经济学。宏观经济学的中心和基础是总供给—总需求模型。具体来说，宏观经济学主要包括总需求理论、总供给理论、失业与通货膨胀理论、经济周期与经济增长理论、开放经济理论、宏观经济政策等。对宏观经济问题进行分析与研究的历史十分悠久，但现代意义上的宏观经济学直到20世纪30年代才得以形成和发展起来。宏观经济学诞生的标志是凯恩斯于1936年出版的《就业、利息和货币通论》（简称《通论》）。宏观经济学在20世纪30年代奠定基础，第二次世界大战后逐步走向成熟并得到广泛应用，20世纪60年代后的"滞胀"问题使凯恩斯主义的统治地位受到严重挑战并形成了货币主义、供给学派、理性预期学派对立争论的局面，90年代新凯恩斯主义的形成又使国家干预思想占据主流。宏观经济学是当代发展最为迅猛、应用最为广泛，因而也最为重要的经济学学科。

2. **国民生产净值（NNP）**：在实物形态上，国民生产净值是社会总产品中扣除已消耗掉的生产资料后的全部消费资料和用于扩大再生产及增加后备的那部分生产资料。在价值形态上，国民生产净值等于国民生产总值（GNP）与资本折旧之差。

3. **国内生产总值平减指数与消费价格指数**：国内生产总值平减指数指按当年价格计算的国内生产总值和按基期价格计算的国内生产总值的比率。用公式表示为：国内生产总值平减指数 = $\dfrac{\text{报告期价格计算的当期国内生产总值}}{\text{基期价格计算的当期国内生产总值}}$。GDP 平减指数的优点是范围广泛，能比较准确地反映一般物价水平的变动趋向。缺点是资料较难搜集，需要对未在市场上发生交易的商品和劳务进行换算，并且可能受到价格结构因素的影响。消费价格指数（CPI）也称零售物价指数和生活费用指数，是反映消费品（包括劳务）价格水平变动状况的一种价格指数。它根据若干种主要日用消费品的零售价格以及服务费用采用加权平均法编制，用公式表示为：

$$\text{CPI} = \dfrac{\text{一组固定商品按当期价格计算的价值}}{\text{一组固定商品按基期价格计算的价值}} \times 100$$

消费价格指数的优点是能及时反映消费品供给与需求的对比关系，资料容易收集，能够迅速直接地反映影响居民生活的价格趋势。其缺点是范围较窄，只包括社会最终产品中的居民消费品这一部分，因而不足以说明全面的情况。例如，品质的改善可能带来一部分消费品价格而非商品劳务价格总水平的提高，但消费价格指数不能准确地表明这一点，因而有夸大物价上涨幅度的可能。消费价格指数是用来衡量通货膨胀和通货紧缩程度的指标之一。

4. **国民生产总值（GNP）**：指某国国民所拥有的全部生产要素所生产的最终产品的市场价值，是本国常住居民生产的最终产品市场价值的总和，即无论劳动力和其他生产要素处于国内还是国外，只要本国国民生产的产品和劳务的价值都计入国民生产总值。这项综合经济指标未扣除生产过程中资本损耗的折旧费用，所以称为"总值"。国民生产总值包含的只是最终产品和劳务，不计算生产中耗费掉的中间产品的价值。国民生产总值可以用当年的全部支出总和计算或用全部收入总和计算，从支出方面计算，包括以下四项：①个人消费支出总额；②私人国内投资总额；③政府购买产品和劳务总额；④货物与劳务输出净额。从收入方面计算，主要包括工资、利息、地租、利润和固定资产折旧。国民生产总值是衡量一个国家的物质产品和劳务的生产总值的综合经济指标，是测定一国经济发展状况的尺度，也是衡量一国经济增长程度的标准。国内生产总值是指在本国领土内生产的最终产品的市场价值总和，以领土作为统计标准，即无论劳动力和其他生产要素是属于本国还是属于外国，只要在本国领土上生产的产品和劳务的价值，都计入该国的国内生产总值。国民生产总值 = 国内生产总值 + 暂住国外的本国公民的资本和劳动创造的价值 – 暂住本国的外国公民的资本和劳动创造的价值。

5. 绿色 GDP：是指一个国家或地区在考虑了自然资源（主要包括土地、森林、矿产、水和海洋）与环境因素（包括生态环境、自然环境、人文环境等）影响之后经济活动的最终成果，即将经济活动中所付出的资源耗减成本和环境降级成本从 GDP 中予以扣除。改革现行的国民经济核算体系，对环境资源进行核算，从现行 GDP 中扣除环境资源成本和对环境资源的保护服务费用，其计算结果可称为绿色 GDP。绿色 GDP 这个指标，实质上代表了国民经济增长的净正效应。绿色 GDP 占 GDP 的比重越大，表明国民经济增长的正面效应越高，负面效应越低；绿色 GDP 占 GDP 的比重越小，表明国民经济增长的正面效应越低，负面效应越高。

6. 目前，西方宏观经济学的基本共识有：

（1）在长期内，一国生产物品和劳务的能力决定着该国居民的生活水平。首先，GDP 是衡量一国经济福利的一项重要指标。实际 GDP 衡量了该国满足其居民需要和愿望的能力。从一定程度来讲，宏观经济学研究的最重要问题是什么决定了 GDP 的水平和 GDP 的增长。其次，GDP 依赖于劳动、资本和技术在内的生产要素。当生产要素增加和技术水平提高时，GDP 也在增长。

（2）在短期内，总需求能够影响一国生产的物品和劳务的数量。虽然经济生产物品和劳务的能力是长期决定 GDP 的基础，但在短期内，GDP 也依赖于经济的总需求，进而所有影响总需求的变量的变化都能够引起经济波动。更高的消费者信心、较大的预算赤字和较快的货币增长都可能增加产量和就业，从而减少失业。

（3）预期在决定经济的行为方面发挥着重要作用。居民和企业如何对政策的变化做出反应，决定了经济变化的规模，甚至有时还决定着经济变动的方向。

（4）在长期内，总产出最终会回复到其自然水平上。这一产出水平取决于自然失业率、资本存量和技术的状态。

（5）无论是新古典宏观经济学，还是新凯恩斯主义经济学，都承认经济的长期总供给曲线是一条位于潜在产量水平上的垂直线。

7.（1）国民收入的核算方法。国内生产总值被定义为经济社会（即一国或一地区）在一定时期内运用生产要素所生产的全部最终产品（物品和劳务）的市场价值。核算 GDP 可采用生产法、支出法和收入法，常用的是后两种方法。

第一，用支出法核算 GDP。

用支出法核算 GDP，就是通过核算在一定时期内整个社会购买最终产品的总支出（即最终产品的总卖价）来计量 GDP。最终产品的购买者是产品和劳务的最后使用者。在现实生活中，产品和劳务的最后使用，除了居民消费，还有企业投资、政府购买及出口。因此，用支出法核算 GDP，就是核算经济社会（即一国或一地区）在一定时期内消费、投资、政府购买以及出口这几方面支出的总和。

用支出法计算 GDP 的公式可写成：

$$GDP = C + I + G + (X - M)$$

第二，用收入法核算 GDP。

收入法即用要素收入（企业生产成本）核算国内生产总值。严格说来，最终产品市场价值除了生产要素收入构成的成本，还有间接税、资本折旧、公司未分配利润等，因此用收入法核算的国内生产总值应包括以下一些项目：①工资、利息和租金等这些生产要素的报酬。工资包括所有对工作的酬金、津贴和福利费，也包括工资收入者必须缴纳的所得税及社会保险税。利息在这里指人们给企业所提供的货币资金所得的利息收入，如银行存款利息、企业债券利息等。但政府公债利息及消费信贷利息不包括在内。租金包括出租土地、房屋等租赁收入及专利、版权等收入。②非公司企业主收入，如医生、律师、农民和小店铺主的收入。他们使用自己的资金，自我雇用，其工资、利息、利润、租金常混在一起作为非公司企业主收入。③公司税前利润，包括公司所得税、社会保险税、股东红利及公司未分配利润等。④企业转移支付及企业间接税。这些虽然不是生产要素创造的收入，但要通过产品价格转嫁给购买者，故也应视为成本。企业转移支付包括对非营利组织的社会慈善捐款和消费者呆账，企业间接税包括货物税或销售税、周转税。⑤资本折旧。它虽不是要素收入，但包括在总投资中，也应计入 GDP。

这样，按收入法计得的国民总收入 = 工资 + 利息 + 利润 + 租金 + 间接税和企业转移支付 + 资本折旧。它和支出法计得的国内生产总值从理论上说是相等的。但实际核算中常有误差，因而还要加上一个统计误差。

（2）"GDP 快速增长，而居民可支配收入增长缓慢"的可能性。从我国近几年经济发展的实际情况来看，GDP 增长虽快，但是城乡居民可支配收入增长落后于 GDP 的增长，构成 GDP 增长和居民可支配收入增长的矛盾。出现这种情况的原因可以从以下几个方面去解释：

①生产要素报酬意义上的国民收入并不会全部成为个人的收入。例如，利润收入中要包括给政府缴纳的公司所得税，公司还要留下一部分利润不分配给个人，只有一部分利润会以红利和股息形式分给个人。职工收入中也有一部分要以社会保险费的形式上缴有关机构。另一方面，人们也会以各种形式从政府那里得到转移支付，如退伍军人津贴、工人失业救济金、职工养老金、职工困难补助等。因此，从国民收入中减去公司未分配利润、公司所得税及社会保险税（费），加上政府给个人的转移支付，大体上就得到个人收入。

个人收入不能全归个人支配，因为要缴纳个人所得税。个人可支配收入，即人们可用来消费或储蓄的收入。税后的个人收入才是个人可支配收入（DPI）。可见，个人可支配收入与国内生产总值的关系为

国内生产总值 = 个人可支配收入 + 个人所得税 + 公司未分配利润 + 公司所得税 + 社会保险税（费）− 转移支付

从这个公式分析，在个人可支配收入增长缓慢的情况下，由于个人所得税、公司未分配利润、公司所得税和社会保险税（费）的快速增长，完全有可能导致国内生产总值的快速增长。

②从我国实际情况看，GDP 快速增长而居民可支配收入增长缓慢的原因主要是国内消费需求不足，经济增长是靠国债和外贸两个外力支撑的结果，从而表现出固定资产投资比重超常规增长，居民可支配收入和消费支出增长缓慢，最终导致在居民可支配收入增长缓慢的情况下，GDP 仍获得快速增长。体现在支出法计算 GDP 的公式中表示为：$GDP = C + I + G + (X - M)$，即在消费 C 增长缓慢的情况下，GDP 的快速增长源于投资 I 和净出口 $(X - M)$ 的快速增长。

积极的财政政策所筹集来的国债资金主要用于投资，其政策导向是积极地扩大固定资产投资来拉动国民经济的适度快速增长。固定资产投资的快速增长已经成为扩大内需的主要因素，但是另一方面，必须注意到，随着连续多年在国民收入的分配中，固定资产投资的增长速度超过了 GDP 的增长速度，投资占 GDP 的比率已经达到了相当高的水平，以至于人们应该注意国民收入分配关系中的消费与积累的适度平衡问题。10 年前，人们认为 30%左右的投资率可能是合适的。而进入 21 世纪，我国的投资占 GDP 的比率已经达到 40%的水平。在实施积极的财政政策之前，我国的投资占 GDP 的比率已经处于逐渐攀升的状态，而实施积极的财政政策之后，这种比率上升的趋势明显加强。保持投资与消费比例关系的适度平衡，是宏观经济管理工作的一个重要内容，千万不可忽视。

投资占 GDP 比率的明显攀升必然造成消费占 GDP 比率的逐步下降。而消费下降的主要原因是居民收入增长缓慢。连续多年我国居民的人均收入增长速度明显低于 GDP 的增长速度，这也是国民收入分配中存在的一个不容忽视的问题。20 世纪 90 年代后期出现的农村居民和城市低收入群体收入增长近乎停滞，更是需要我国政府认真解决的问题。在消费领域，主要有两个方面的问题：一是消费需求增长相对不足，2001 年上半年消费增长对 GDP 增长的贡献率不足 40%，低于 2000 年；二是不同收入阶层之间的收入差距进一步拉大，据统计，表征我国居民收入差距的基尼系数已经接近国际公认的 0.4 的警戒线。这两个问题的存在十分不利于中长期有效需求的扩大。

第二章 收入支出模型

★核心知识

一、核心知识点

1. 均衡产出
2. 消费函数、边际消费倾向、平均消费倾向
3. 储蓄函数、边际储蓄倾向、平均储蓄倾向
4. 相对收入消费理论、生命周期消费理论、永久收入消费理论
5. 两部门经济中，均衡收入决定的公式、投资乘数
6. 三部门经济中，均衡收入决定的公式、政府购买支出乘数、税收乘数、政府转移支付乘数、平衡预算乘数
7. 四部门经济中，均衡收入决定的公式、对外贸易乘数

二、核心知识脉络图

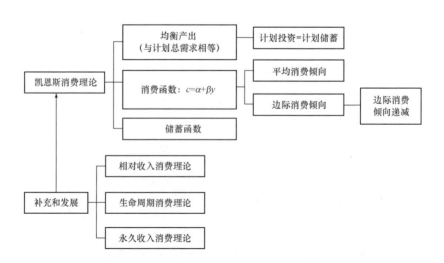

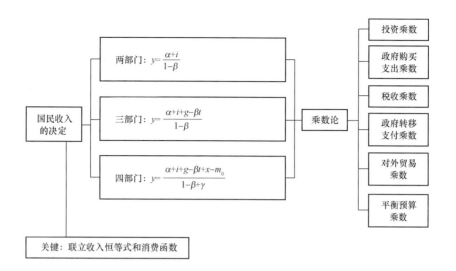

★ 内容总结与经典例题

一、内容总结

1. 均衡产出

根据需求决定产出的思想，与计划总需求相等的产出为均衡产出。

假设条件：①两部门经济；②价格刚性；③折旧和未分配利润为0。

公式：$y = c + i$ 或 $i = s$

其中，c 表示计划消费，i 表示计划投资（非计划存货投资 = 实际产出 − 均衡产出），s 表示计划储蓄。

注意：这里，y、c、i、s 都用小写斜体字母，代表剔除了价格变动的实际值，从而与上一章中大写字母表达的名义产出、消费和投资相区分。

2. 消费函数

（1）消费函数关系式。如果消费和收入之间呈线性关系，消费函数可用下面的方程表示：

$$c = \alpha + \beta y$$

其中，α 表示自发支出，β 表示边际消费倾向，βy 表示收入引致的消费（见图2-1）。

注意：如果排除线性假定，β 将不再是一个常数，而将随收入增加而递减，这就是边际消费倾向递减规律。

（2）平均消费倾向与边际消费倾向。

①平均消费倾向 $APC = \dfrac{c}{y}$，指任一收入水平上消费支出所占比例。

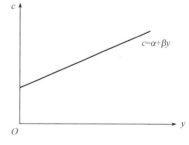

图2-1 线性消费函数曲线

②边际消费倾向 $MPC = \beta = \dfrac{\Delta c}{\Delta y} = \dfrac{\mathrm{d}c}{\mathrm{d}y}$，表示增加的消费与增加的收入之间的比例，$0 < MPC < 1$。

③两者关系：

因为 $APC = \dfrac{c}{y} = \dfrac{\alpha + \beta y}{y} = \dfrac{\alpha}{y} + \beta > \beta$ 所以 $APC > MPC$，且随着 y 的增加，APC 趋近于 MPC。

3. 储蓄函数

（1）储蓄函数关系式。由于 $y = c + s$，因而储蓄函数可以从消费函数推出

$$s = y - c = y - (\alpha + \beta y) = -\alpha + (1 - \beta)y$$

边际储蓄倾向 $MPS = \dfrac{\Delta s}{\Delta y} = \dfrac{\mathrm{d}s}{\mathrm{d}y} = 1 - \beta$，平均储蓄倾向 $APS = \dfrac{s}{y}$，可证明 $APS < MPS$。

（2）两个恒等式：①$APC + APS = 1$；②$MPC + MPS = 1$。

4. 其他消费理论

（1）相对收入消费理论。

提出者：美国，杜森贝里。

核心：在短期内，消费者受自己过去消费习惯以及周围消费水平的影响来决定消费。

可解释问题：消费水平超过与其相适应的收入水平。

棘轮效应——消费行为不可逆转，即消费水平易随收入增加而提高，不易随收入减少而降低。

示范效应——顾及社会地位和受他人影响的心理作用而提高消费水平。

（2）生命周期消费理论。

提出者：美国，莫迪利安尼。

核心：消费不单纯取决于现期收入，人们根据自己一生所能得到的劳动收入和财产，在整个生命周期内平均安排消费，其偏重对储蓄的分析。

可解释问题：人口的年龄分布影响消费倾向（年轻人和老年人比例大，消费倾向高；中年人比例小，消费倾向低）。

公式：$C = \dfrac{WL}{NL} \times YL$，$\dfrac{WL}{NL}$ 就是工作收入的边际消费倾向。

其中，WL 表示工作年数，NL 表示生活年数（不包括父母抚养期间），YL 表示年收入。

提示：C 即一生的平均消费，也可以将公式理解为：$WL \times YL$ 是一生的收入，再除以生活年数 NL，就是每年平均消费。

加入非劳动收入因素，公式可以拓展为 $C = aWR + cYL$

其中，WR 表示实际财富，a 表示财富的边际消费倾向，c 表示工作收入的边际消费倾向。

（3）永久收入消费理论。

提出者：美国，弗里德曼。

核心：消费不取决于现期收入，而取决于永久收入。其偏重对未来收入的预测。

可解释问题：经济周期与消费关系不大。

公式：$Y_p = \theta Y + (1 - \theta) Y_{-1}$

其中，Y_p 表示永久收入，θ 表示权数（$0 < \theta < 1$），Y 和 Y_{-1} 表示当前收入和过去收入。在此公式下，如果永久收入的边际消费倾向为 β，则当前边际消费倾向仅为 $\beta\theta < \beta$，即短期

边际消费倾向明显低于长期边际消费倾向。

提示：设收入的消费函数是 $c = \alpha + \beta y$，则根据永久消费理论有 $y = Y_P$，因此，$c = \alpha + \beta Y_P = \alpha + \beta \theta Y + \beta (1-\theta) Y_{-1}$，可知当前边际消费倾向为 $\beta\theta$。

5. 两部门经济

（1）均衡收入决定的公式。

①使用消费函数决定收入。

假定：只有家庭和企业，投资不变。

公式推导：$\begin{cases} \text{均衡条件 } y = c + i \\ \Rightarrow y = \dfrac{\alpha + i}{1 - \beta} \\ \text{消费函数 } c = \alpha + \beta y \end{cases}$

②使用储蓄函数决定收入。

公式推导：$\begin{cases} \text{均衡条件 } i = s = y - c \\ \Rightarrow y = \dfrac{\alpha + i}{1 - \beta} \\ \text{储蓄函数 } s = -\alpha + (1-\beta) y \end{cases}$

（2）投资乘数。收入的变化与带来这种变化的投资支出变化的比率。

$$k_i = \frac{\Delta y}{\Delta i} = \frac{1}{1 - MPC} = \frac{1}{1 - \beta} \text{ 或者 } K_i = \frac{1}{MPS}$$

6. 三部门经济

（1）均衡收入决定的公式。

假定：加入政府部门，定量税且税收不随收入变化。

公式推导：$\begin{cases} y = c + i + g \\ c = \alpha + \beta y_d \\ y_d = y - t \end{cases} \Rightarrow y = \dfrac{\alpha + i + g - \beta t}{1 - \beta}$

注意：这里的 t 指净税收（等于总税收－政府转移支付）。如果考虑 t 为总税收，则要加上转移支付 t_r，上述公式写为

$$y = \frac{\alpha + i + g + \beta t_r - \beta t}{1 - \beta}$$

（2）政府购买支出乘数。收入变动对引起这种变动的政府购买性支出变动的比率。

$$k_g = \frac{1}{1 - \beta}$$

（3）税收乘数。收入变动对引起这种变动的税收变动的比率。

$$k_t = \frac{-\beta}{1 - \beta}$$

负号表示增税将导致国民收入下降。

（4）政府转移支付乘数。收入变动对引起这种变动的政府转移支付变动的比率。

$$k_{t_r} = \frac{-\beta}{1 - \beta}$$

提示：就绝对值来看，$|k_t|=|k_{t_r}|<|k_g|$，其原因在于，政府购买直接增加了总支出，而减税或者转移支付只会使可支配收入增加相应的数额，增加的可支配收入只有一部分用于消费支出。正是因为政府购买支出乘数大于税收乘数，因此，如果政府购买和税收等额增加，国民收入仍将增加。

（5）平衡预算乘数。政府收入和支出同时以相等数量增加或减少时，国民收入变动与政府收支变动的比率。

7. 四部门经济

（1）均衡收入决定的公式。

假定：加入外国部门，出口属于外生变量。

公式推导：$\begin{cases} y=c+i+g+(x-m) \\ m=m_0+\gamma y \text{（}y\text{是边际进口倾向）} \\ c=\alpha+\beta y_d \end{cases} \Rightarrow y=\dfrac{\alpha+i+g-\beta t+x-m_0}{1-\beta+\gamma}$

（2）对外贸易乘数。收入变动对引起这种变动的出口变动的比率。

$$k_x=\dfrac{1}{1-\beta+\gamma}$$

二、经典例题

1. 简述产品市场的均衡条件，并加以简要评论。

答案解析：在国民收入中，总支出由消费支出和投资支出构成。E表示总支出，那么
$$E=C+I$$
总收入Y有两个用途：消费C和储蓄S，所以
$$Y=C+S$$

产品市场均衡条件是总支出等于总收入，于是有$C+I=C+S$，那么投资等于消费，即$I=S$。只要这个均衡条件得到满足，产品市场的实现问题就能解决，社会总产品的流通就能顺利进行。

这一均衡条件并没有真正触及社会总资本再生产和流通的关键问题。资本再生产的关键是第一部类和第二部类的生产成比例。同时，产品市场的均衡条件混淆了储蓄和资本积累。资本积累是剩余价值的资本化，它发生在企业内部而不是发生在家庭部门。信用制度固然打破了企业货币资本量的限制，但即使在信贷关系相当发达的现代资本主义条件下，投资仍然主要源于资本积累。家庭储蓄不过是补充。此外，产品市场均衡条件中的投资和储蓄，是经济主体依据自己的心理规律进行决策的结果，因而它们都是捉摸不定的东西，很难对两者真正加以讨论。

2. 简述国民收入决定和国民收入核算的关系。

答案解析：国民收入决定和国民收入核算两者之间既有联系，也有区别。

联系：（1）两者的组成相同。以两部门为例，它们均为C和I，前者把C和I作为经济变量，研究C和I的变化是怎样影响和决定国民收入的；而后者按$Y=C+I$计算国民收入。

（2）共同运用了$AS=AD$的原理。前者把$AS=AD$作为恒定的分析方法，以此来决定国民收入；而后者把$AS=AD$作为恒定的统计方法，据此计算国民收入。

区别：国民收入决定是研究一个国家或地区在一定时间内国民收入水平由什么因素决定的，以及如何不断提高国民收入水平。国民收入核算是回答一个国家或地区在一定时间内国民收入 5 个总量指标的数量是多少，是对客观经济的如实反映。它是要解决国民收入总量计算问题。

3. 请推导四部门经济中国民收入的决定公式。

答案解析：四部门指私人、企业、政府和国外部门。国外部门的经济活动分为经常项目和资本项目，这里只考虑经常项目，一般用净出口表示，净出口为一国出口与进口之差，即

$$NX = X - M$$

其中：NX 为净出口；X 为出口，取决于汇率、国内外价格比和国外的收入水平，是本国国民收入的外生变量；M 为进口，主要受汇率、国内外价格比及本国国民收入的影响，为简化起见，假定产品的国内外价格比及汇率保持不变，进口是本国国民收入的函数，则进口函数可表示为

$$M = M_0 + mY \quad (M_0 > 0, \ 0 < m < 1)$$

其中：M_0 为与收入无关的进口额，称为自发进口；mY 为与收入相关的进口额，称为引致进口；m 为边际进口倾向，表示收入中将转化为对国外产品购买的分量。

在四部门经济中，总收入不变，仍由家庭收入和政府净税收构成，但总支出除包括消费、投资、政府购买外，还包括净出口，即

$$AE = C + I + G + (X - M)$$

根据国民收入均衡条件，可以得到下列简单的宏观经济模型：

$$Y = C + I + G + X - M$$
$$C = C_0 + bY_d$$
$$Y_d = Y - T_N$$
$$T_N = T - R$$
$$T = T_0 + tY$$
$$R = R_0$$
$$I = I_0$$
$$G = G_0$$
$$X = X_0$$
$$M = M_0 + mY$$

联立方程，可解得均衡国民收入的决定公式为

$$Y_e = \frac{1}{1 - b(1 - t) + m} (C_0 + I_0 + G_0 - bT_0 + cR_0 + X_0 - M_0)$$

4. 某国经济总量 $S = -100 + 0.2Y_d$（Y_d 为可支配收入），投资 $I = 50$，政府购买 $G = 200$，政府转移支付 $R = 62.5$，税收 $T = 250$（单位均为 10 亿元），试求：

（1）均衡的国民收入；

（2）投资乘数、政府购买乘数、税收乘数、转移支付乘数和平衡预算乘数。

答案解析：（1）$Y = C + I + G$
$\qquad\quad = (Y_d - S) + I + G$

$$= [100 + (1-0.2) \times (Y - 250 + 62.5)] + 50 + 200$$

解得 $Y = 1\,000$（10 亿元）

（2）投资乘数 $= \dfrac{1}{1-b} = \dfrac{1}{1-0.8} = 5$

政府购买乘数 $= \dfrac{1}{1-b} = \dfrac{1}{1-0.8} = 5$

税收乘数 $= \dfrac{-b}{1-b} = \dfrac{-0.8}{1-0.8} = -4$

转移支付乘数 $= \dfrac{b}{1-b} = \dfrac{0.8}{1-0.8} = 4$

平衡预算乘数 $= 1$

5. 已知消费函数为 $C = 100 + 0.6Y$，投资为自主投资 $I = 60$，求：

（1）均衡的国民收入 Y 为多少？

（2）均衡的储蓄量为多少？

（3）如果充分就业的国民收入水平为 1 000，那么，为使经济达到充分就业的均衡状态，投资为多少？

（4）本题中投资乘数 k_i 为多少？

答案解析：（1）令 $Y = C + I = 100 + 0.6Y + 60$，均衡收入为 $Y = 400$。

（2）储蓄 $S = Y - C = -100 + 0.4Y$，均衡储蓄为 $S = 60$。

（3）由 $Y = C + I = 100 + 0.6Y + I$，得 $I = 0.4Y - 100$，所以对于充分就业的均衡收入，$I = 300$。

（4）因为 $k_i = \dfrac{1}{1 - MPC}$，而由消费函数知 $MPC = 0.6$，故 $k_i = \dfrac{1}{1 - 0.6} = 2.5$。

★基础训练

一、名词解释

1. 均衡产出
2. 平均消费倾向
3. 边际储蓄倾向
4. 投资乘数
5. 生命周期消费理论

二、单项选择

1. 两部门经济中，当（　　）时，达到均衡。

  A. 实际储蓄 = 实际投资　　　　　　B. 实际消费 + 实际投资 = 产出值

  C. 计划储蓄 = 计划投资　　　　　　D. 总支出 = 企业部门的收入

2. 若消费函数为 $c = a + by$，a、$b > 0$，那么，平均消费倾向（　　）边际消费倾向。

  A. 大于　　　　B. 小于　　　　C. 等于　　　　D. 大于、小于或等于

3. 在两部门经济模型中，如果边际消费倾向值为 0.8，那么投资乘数值为（　　）。

  A. 1.6　　　　B. 2.5　　　　C. 5　　　　D. 4

4. 如果边际储蓄倾向值为 0.3，投资支出增加 60 亿元，可以预期，这将使得均衡 GDP 增加（   ）亿元。
   A. 20   B. 60   C. 180   D. 200
5. 下列说法正确的是（   ）。
   A. MPC 与 MPS 成正比   B. MPC + APC = 1
   C. MPC + MPS = APC + APS   D. MPC + MPS > APC + APS
6. 根据生命周期消费理论，退休期人们的生活水平（   ）。
   A. 下降   B. 提高   C. 不变   D. 不确定
7. 根据永久收入理论，永久收入的边际消费倾向应该（   ）当前边际消费倾向。
   A. 大于   B. 小于   C. 等于   D. 均有可能
8. 下面哪一种情况可以使国民收入增加得最多？（   ）
   A. 政府对高速公路的护养开支增加 500 亿美元
   B. 政府转移支付增加 500 亿美元
   C. 个人所得税减少 500 亿美元
   D. 企业储蓄减少 500 亿美元
9. 线性消费曲线与 45°线之间的垂直距离是（   ）。
   A. 自发性消费 B. 储蓄   C. 可支配收入   D. 总消费
10. 如果消费函数为 $c = 100 + 0.8(y - t)$，并且税收和政府支出同时增加 100 元，则均衡的收入水平将（   ）。
    A. 保持不变   B. 增加 200 元 C. 增加 100 元 D. 下降 200 元

三、分析说明

1. 凯恩斯收入决定理论的假设条件是什么？
2. 乘数作用的条件有哪些？
3. 说明边际消费倾向和平均消费倾向总是大于 0 而小于 1。
4. 论述凯恩斯的边际消费递减规律与经济稳定性之间的关系。

四、计算

1. 已知：$C = 50 + 0.75Y$，$I = 150$（单位：亿元）。试求：
   （1）均衡的收入、消费、储蓄和投资各为多少。
   （2）若投资增加 25，在新的均衡下，收入、消费和储蓄各为多少。
   （3）如果消费函数的斜率增大或减小，乘数有何变化。
2. 假定某经济在均衡状态 $Y_0 = 800$ 下运行，如果政府进行一次财政改革，税率 t 增加 0.03，政府购买增加 24，预算盈余是上升还是下降？为什么？
3. 某国的投资函数和消费函数分别为

$$\bar{I} = 150$$
$$C = 0.6Y + 100$$

   （1）求均衡国民收入。
   （2）当消费函数变为 $C = 0.8Y + 100$ 时，均衡国民收入如何变化，比较投资乘数的大小。

（3）当投资函数变为 $\bar{I}=200$ 时，均衡国民收入如何变化？

4. 假设某经济社会储蓄函数为 $s=-100+0.2y$，投资从 300 亿元增加到 600 亿元时，均衡收入是多少？如果从初始期之后，本期消费是上期收入的函数，即 $c_t=\alpha+\beta y_{t-1}$。试求：投资从 300 亿元增加到 600 亿元过程中第一、二期收入各为多少？

五、答案解析

（一）名词解释

1. 均衡产出：当产出水平等于总需求水平时，企业生产就会稳定下来。如果生产（供给）超过需求，企业存货就会增加，企业就会减少生产；如果生产低于需求，企业存货就会减少，企业就会增加生产。总之，由于企业要根据产品销售情况来安排生产，一定会把生产定在和产品需求相一致的水平上。产出或收入的均衡条件是 $E=Y$，即按计划支出等于计划产出，非意愿存货投资等于零。均衡的条件也可表示为 $I=S$，即计划投资等于计划储蓄。

2. 平均消费倾向：指人们的消费支出在其收入中所占比例，可记为 $APC=\dfrac{c}{y}$。

3. 边际储蓄倾向：是指收入增加一单位所引起的储蓄的变化率。边际储蓄倾向可以表示为 $MPS=\dfrac{\Delta S}{\Delta Y}$。

其中，ΔY 表示收入的变化量，ΔS 表示储蓄的变化量。一般而言，边际储蓄倾向在 0 和 1 之间波动。因为全部新增收入要么用来消费，要么用来储蓄，所以边际储蓄倾向与边际消费倾向之和恒为 1。边际消费倾向可以说成是国民收入的储蓄倾向，也可以说成是可支配收入的储蓄倾向。

4. 投资乘数：指收入的变化与带来这种变化的投资变化量的比率。投资乘数的大小与居民边际消费倾向有关：居民边际消费倾向越高，投资乘数越大；居民边际储蓄倾向越高，投资乘数越小。即 $k_i=\dfrac{\Delta Y}{\Delta I}=\dfrac{1}{1-b}$ 或 $k_i=\dfrac{1}{1-MPC}=\dfrac{1}{MPS}$。式中，$\Delta Y$ 是增加的收入，ΔI 是增加的投资，MPC 或 b 是边际消费倾向，MPS 是边际储蓄倾向。投资增加会引起收入多倍增加，投资减少会引起收入大幅减少。由于这是凯恩斯最早提出来的，所以又被称为"凯恩斯乘数"。投资乘数发挥作用的前提假设是：①社会中存在闲置资源；②投资和储蓄的决定相互独立；③货币供应量的增加适应支出增加的需要。

5. 生命周期消费理论：由美国经济学家莫迪利安尼提出，其核心在于，消费不单纯取决于现期收入，人们根据自己一生所能得到的劳动收入和财产，在整个生命周期内平均安排消费，偏重对储蓄动机的分析。人一生的平均消费为 $C=\dfrac{WL}{NL}\times YL$。

（二）单项选择

1. C　2. A　3. C　4. D　5. C　6. C　7. A　8. A　9. B　10. C

（三）分析说明

1. 凯恩斯收入决定理论的核心在于需求决定供给，支出决定收入。这种收入决定理论的假设是：

（1）潜在的国民收入水平不变，即生产能力不变，资源数量不变，技术水平不变。

（2）各种资源没有充分利用，即总供给可以适应总需求的增加而增加。

（3）价格水平不变，或者说具有价格黏性，社会能以不变的价格提供需求的供给量。

2. 乘数作用，是指在消费函数确定的条件下，一定的投资增加可以导致国民收入以初始投资的倍数增加。其能够发挥作用的条件是：一要有可利用的劳动力用于增加生产；二要有一定量的存货用于增加生产。换言之，必须在资源没有被充分利用的情况下，乘数作用才能体现。

3. 平均消费倾向 $APS = \dfrac{c}{y}$，即考查一定收入水平上消费所占的比例；边际消费倾向 $MPC = \dfrac{\Delta c}{\Delta y}$，即考查消费支出变动量与收入变动量之间的关系。$MPC$ 总大于 0 小于 1，因为一般情况下，消费者增加收入后，既不会完全不增加消费，也不会把所有增加的收入全部用于消费，通常一部分用于增加消费，另一部分用于储蓄，这时，平均消费倾向显然会大于 0 小于 1。

4. 凯恩斯收入决定理论假设边际消费倾向随收入的增加而递减。他认为经济在没有达到充分就业的状态下，仍可以处于一种稳定状态，这种稳定状态的存在与边际消费倾向递减有关。具体而言，当社会实际收入下降时，由于边际消费倾向递减（即收入增加时，消费增加的幅度比收入增加的幅度小一些；收入减少时，消费减少的幅度比收入减少的幅度小一些），消费量不会同比减少，这样就不会使经济进一步衰退，即边际消费倾向递减规律事实上起到一种自动稳定器的作用，使经济不会过度繁荣，也不会过度衰退萧条，而处于充分就业之下又在最低就业之上的稳定状态。

（四）计算

1.（1）根据题意可得

$Y = C + I$

$\quad = 50 + 0.75Y + 150$

解得 $Y = 800$ 亿元

从而有 $C = 650$ 亿元

$\quad S = 150$ 亿元

$\quad I = 150$ 亿元

（2）根据题意可得

$Y = C + I$

$\quad = 50 + 0.75Y + 175$

解得 $Y = 900$ 亿元

从而有 $C = 725$ 亿元

$\quad S = 175$ 亿元

（3）若消费函数斜率增大，即 MPC 增大，则乘数也增大；若消费函数斜率减小，乘数也减小。

2. 设原税率为 t_0，则新税率 $t_1 = t_0 + 0.03$。原税收额 $T_0 = 800\, t_0$，由于税率上升，收入

减少,设减少的收入为 ΔY,故税率提高后收入为 $800 - \Delta Y$。

新税收额:$T_1 = (800 - \Delta Y) \times (t_0 + 0.03)$

税收变动量:$\Delta T = T_1 - T_0 = 800 t_0 - t_0 \Delta Y + 24 - 0.03 \Delta Y - 800 t_0 = 24 - \Delta Y (t_0 + 0.03)$

预算盈余变动:$\Delta BS = \Delta T - \Delta G$
$$= 24 - \Delta Y (t_0 + 0.03) - 24$$
$$= -\Delta Y (t_0 + 0.03) < 0$$

因此,预算盈余下降。

3. (1) $Y = C + I$
$$= 0.6Y + 100 + 150$$

解得 $Y = 625$

投资乘数 $k_i = \dfrac{1}{1-b} = \dfrac{1}{1-0.6} = 2.5$

(2) $Y = 0.8Y + 100 + 150$

解得 $Y = 1\ 250$

投资乘数 $k_i = \dfrac{1}{1-b} = \dfrac{1}{1-0.8} = 5$

均衡国民收入由于投资乘数增大 1 倍而增大 1 倍。

(3) $Y = 0.6Y + 100 + 200$

解得 $Y = 750$

均衡国民收入因投资量增加 50 ($=200-150$)而增加 125 ($=750-625$)。

4. (1) 储蓄函数为 $s = -100 + 0.2y$

可知 $\Delta y = \Delta i \times \dfrac{1}{MPS} = (600 - 300) \times \dfrac{1}{0.2} = 1\ 500$(亿元)

提示:此处利用了乘数的原理,投资乘数 $k_i = \dfrac{1}{1-MPC} = \dfrac{\Delta y}{\Delta i}$,$1 - MPC = MPS$。

(2) 根据储蓄函数得消费函数为 $c = 100 + 0.8y$

设初始期均衡收入为 y_0,当投资为 300 亿元时,$y_0 = c_0 + i_0 = 100 + 0.8y_0 + 300$,解得 $y_0 = 2\ 000$ 亿元

当投资增长为 600 亿元,将 $c_1 = 100 + 0.8y_0$ 代入 $y_1 = c_1 + i_1$

得到第一期 $y_1 = 100 + 0.8y_0 + 600 = 700 + 0.8 \times 2\ 000 = 2\ 300$(亿元)

同理,将 $c_2 = 100 + 0.8y_1$ 代入 $y_2 = c_2 + i_2$

得到第二期 $y_2 = 100 + 0.8y_1 + 600 = 700 + 0.8 \times 2\ 300 = 2\ 540$(亿元)

★ **知识拓展**

请结合案例 1 和案例 2,进一步理解收入支出模型及消费的重要作用。

案例 1:"漏出"和"注入"

1. 漏出指储蓄,注入指投资

图 2-2 是一个环形管道,管道中的水流量代表一个社会(或国家)的国民收入。管道左

方的企业表示该社会的全部企业的整体,右方的公众表示同一社会的全部居民,包括劳动者、资本家和土地所有者。管道的左上方和右下方顺次为一个进水孔和出水孔。

在两部门经济中,图中右下方的出水孔代表公众的储蓄,即漏出。公众不一定把全部的收入都用于向企业购买产品,他们把一部分收入存入银行储蓄起来。进水孔代表投资,注入此孔的水代表公众中的资本家进行的投资额,即注入。如果漏出 = 注

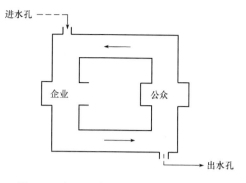

图 2-2 宏观经济"漏出"与"注入"

入,则总需求等于总供给,社会仍处于充分就业的状态。

2. 考虑政府和外国部门的情况

注入是给宏观经济货币循环流中注水(注入货币),用 J 表示,由 I、G、X 三部分构成,分别由银行、政府和外国部门控制阀门。同理,漏出 W 指从宏观货币循环流中抽水,也由 S、T 和 M 三部分构成,分别由银行、政府和外国部门抽取。注意,C 并不属于 J 也不属于 W,因为这部分刚从居民部门漏出来马上又注入了企业,是闭合的,而刚才谈到的银行、政府和外国部门的行为属于 J 或 W,是因为它们有控制货币流量进出大小的能力。

3. 根据简单凯恩斯模型,投资未必一定等于储蓄

当然,由于工资和价格的刚性等其他原因,投资未必经常等于充分就业状态中的储蓄,总供给未必经常等于总需求,管道中流动的国民收入会因之而上下波动。为了稳定宏观经济的运行,国家必须执行干预经济活动的财政政策和货币政策。换句话说,在图中的环形管道中,必须从进水口增添或减少进水量甚至要抽出水量,以便保持管道中流量的稳定。

(资料来源:格里高利·曼昆. 宏观经济学 [M]. 9 版. 北京:中国人民大学出版社,2016.)

案例 2:"消费难题"

凯恩斯之后的许多经济学家认为,凯恩斯提出的绝对收入假说与实证研究不相符合,两者之间的矛盾称为"消费难题"。

凯恩斯所提出的绝对收入假说可以用标准的消费函数来表述,其公式为

$$C = a + bY_d \quad (a > 0, \ 0 < b < 1)$$

上式说明,消费是可支配收入 Y_d 的函数,其中,a 为自发消费,b 为边际消费倾向。将两边同时除以实际可支配收入 Y_d,就可以得出平均消费倾向 APC:

$$APC = \frac{C}{Y_d} = \frac{a}{Y_d} + b$$

上式表明,平均消费倾向 APC 大于边际消费倾向 b。根据绝对收入假说,随着可支配收入的增加,边际消费倾向是递减的;同时,$\frac{a}{Y_d}$ 也将减小,故平均消费倾向也是递减的。

这一研究与对消费统计资料的实证研究并不一致。1946 年,库兹涅茨(Kuznets)运用时期交叠的方法,研究了美国 1869—1929 年的消费支出和收入之间的长期经验关系。他的研究结果进一步说明了凯恩斯消费函数理论的局限性。第一,在长期内,消费支出在收入中所占的比例,即平均消费倾向 APC 没有下降的趋势,所以,当收入沿着长期趋势增长时,

边际消费倾向和平均消费倾向是相等的。这就说明，在长期内，消费函数曲线是经过原点的一条直线。第二，在经济繁荣时期，消费支出在收入中所占的比例，即 APC 低于长期平均水平。以经济萧条时期，消费支出在收入中所占的比例，即 APC 高于长期平均水平。这意味着，消费支出在收入中所占的比例在经济周期性波动过程中，与收入水平本身呈反向变动。因此，在短期内，才有 $MPC < APC$。所以，凯恩斯的绝对消费函数理论只进行了消费的短期分析。

（资料来源：任保平，宋宇.宏观经济学［M］.2版.北京：科学出版社，2017.）

★ 名校考研真题解析

一、名校考研真题

1. （上海理工大学2004研；中央财经大学2009、2010研）棘轮效应。

2. （中南财经大学2001研；武汉大学2002研；北京化工大学2006研；东北财经大学2006研；财政部财政科学研究所2015研）边际消费倾向。

3. （武汉大学2002研；南开大学2008研；厦门大学2009研）持久收入假说。

4. （华中科技大学2003研；北京邮电大学2006、2009、2012研；对外经济贸易大学2006研；中央财经大学2007研；南京财经大学2010研；青岛理工大学2010研）平衡预算乘数。

5. （北京交通大学2005研；北京航空航天大学2006研）什么是乘数原理？乘数原理发挥作用的假设前提是什么？

6. （西安交通大学2006研）为什么投资的边际效率随着投资支出的增加而递减？

7. （华中科技大学2005研）试比较生命周期消费理论与永久收入消费理论。

8. （南京大学2013研）何为消费函数之谜？生命周期假说和持久收入假说对"消费函数之谜"是如何解释的？

9. （中央财经大学2001研）如果政府决定削减转移支付，同时增加等量的政府购买，均衡收入水平是增加、减少还是不变？

10. （中国人民大学2000研）在三部门经济中，已知消费函数为 $C = 100 + 0.9Y_d$，Y_d 为可支配收入，投资 $I = 300$ 亿元，政府购买 $G = 160$ 亿元，税收 $T = 0.2Y$。试求：

（1）均衡的国民收入水平；

（2）政府购买乘数；

（3）若政府购买增加到300亿元时，新的均衡国民收入。

11. （对外经济贸易大学2002研）假设某经济的消费函数为 $C = 100 + 0.8Y_d$（其中 Y_d 为可支配收入），投资 $I = 100$，政府购买性支出 $G = 200$，政府转移支付 $TR = 62.5$（单位均为10亿美元），税率 $t = 0.25$。问：

（1）均衡国民收入是多少？

（2）投资乘数和政府税收乘数分别是多少？

（3）当政府将一笔支出用在政府购买上对国民收入的影响是否和将这一笔支出用在政府转移支付上对国民收入的影响一样？为什么？

12. （北京工商大学 2003 研）假设经济模型为：$C = 20 + 0.75(Y - T)$；$I = 380$；$G = 400$；$T = 0.20Y$；$Y = C + I + G$。

（1）计算边际消费倾向；

（2）税收的公式表明当收入增加 100 时，税收增加 20，所以可支配收入增加 80，消费增加 60（$=0.75 \times 80$）。画出作为收入 Y 的消费函数曲线，标明其斜率及纵横截距；

（3）计算均衡的收入水平；

（4）在均衡的收入水平下，政府预算盈余为多少；

（5）若 G 从 400 增加到 410，计算政府支出乘数，并解释它不等于 $\dfrac{1}{1 - MPC}$ 的原因（MPC 为边际消费倾向）。

二、真题解析

1. 棘轮效应由美国经济学家杜森贝里在《收入、储蓄和消费者行为理论》中提出。杜森贝里认为，消费者易因收入的提高增加消费，但不易随收入之降低而减少消费，以致产生有正截距的短期消费函数，这种特点被称为"棘轮效应"，即上去容易下来难。

现代宏观经济学的奠基人凯恩斯主张消费是可逆的，即绝对收入水平的变动必然立即引起消费水平的变化。针对这一观点，杜森贝里认为这实际上是不可能的，因为消费决策不可能是一种理想的计划，它还取决于消费习惯。这种消费习惯受许多因素影响，如生理和社会需要、个人的经历、个人经历的结果等，特别是个人最高期所达到的消费标准对消费习惯的形成有很重要的作用。

2. 边际消费倾向指增加的消费与增加的收入之间的比例。可以用公式表示如下：$MPC = \dfrac{\Delta C}{\Delta Y}$。其中，$\Delta C$ 表示增加的消费，ΔY 表示增加的收入。一般而言，边际消费倾向在 0 和 1 之间波动。在西方经济学中，任何增加的收入无非两个用途：消费和储蓄。所以，边际消费倾向与边际储蓄倾向之和必定为 1。根据消费统计资料，短期中的边际消费倾向小于平均消费倾向，长期中的边际消费倾向等于平均消费倾向。边际消费倾向既可以指国民收入的消费倾向，也可以指可支配收入的消费倾向。

3. 持久收入假说是美国经济学家弗里德曼提出的一种消费函数理论。他指出个人或家庭的消费取决于持久收入。持久收入可以认为是一个人期望终身从其工作或持有的财富中产生的收入。该理论认为，在保持财富完整性的同时，个人的消费在其工作和财富的收入流量的现值中占有一个固定的比例。持久收入假说的消费函数可以表示为

$$C = b \cdot Y_p$$

其中，C 表示消费，b 表示平均消费倾向，Y_p 表示持久收入。

在实际情况下，个人在任何时期的实际收入可能与持久收入不同，这种情况不一定可以解释在消费函数形式方面相互矛盾。该理论认为，个人的收入和消费都包含一个持久部分和一个暂时部分。持久收入和持久消费分别由一个预计的、有计划的收入成分和消费成分组成；暂时收入和暂时消费则分别由收入方面的意外收益或意外损失以及消费方面不可预知的变化构成。在长期内，个人消费占有持久收入的固定比例，这就解释了长期消费函数在短期内，许多家庭或个人在经济周期中会面临一个负值的暂时收入，然而他们的消费与其持久收

入相关，因而他们的平均消费倾向增加，这就解释了短期消费函数。由于每个家庭和个人都寻求消费其持久收入的一个固定比例，因而意外的收益或损失将不会影响消费。但在实际运用中，持久收入和消费的价值估计极端困难。弗里德曼的持久收入假说也是他的现代货币数量论的重要组成部分。弗里德曼用持久收入的稳定性，证明了货币需求的稳定性，从而说明了货币供给量对经济的决定性作用。

4. 平衡预算乘数指政府收入和支出同时以相等数量增加或减少时，国民收入变动对政府收入变动的比率。假设政府购买和税收各增加同一数量，即 $\Delta G = \Delta T$ 时，

$$\Delta Y = k_b \Delta G + k_T \Delta T = \frac{1}{1-b(1-t)}\Delta G + \frac{-b(1-t)}{1-b(1-t)}\Delta T$$
$$= \frac{1}{1-b(1-t)}\Delta G + \frac{-b(1-t)}{1-b(1-t)}\Delta G = \Delta G \Rightarrow k_b = \frac{\Delta Y}{\Delta G} = 1$$

无论是在定量税还是比例税下，平衡预算乘数均为1。根据平衡预算乘数，财政政策的作用可归纳为三种情况：①政府在增加支出的同时减少税收，将对国民收入有巨大促进作用；②政府在增加支出的同时增加税收，保持平衡，对国民收入的影响较小；③政府在减少支出的同时增加税收，将会抑制国民收入的增长。

5. （1）乘数原理的含义。乘数原理是指自发总支出的增加所引起的国民收入增加的倍数。如果是自发总支出中的投资增加，则乘数是投资乘数；如果是自发总支出中的政府支出增加，则乘数是政府支出乘数，等等。乘数原理说明了各种支出变动对国民收入变动的影响。因为国民经济各部门之间是相互联系的；所以，对某一部门的需求（支出）的增加，不仅会使该部门的生产和收入相应增加，而且会引起其他部门的生产、收入和支出的增加，从而使国民收入增加量数倍于最初增加的支出。设对第一部门最初增加的需求（支出）为 $\Delta \bar{A}$，由这种支出引起的收入的增量为 $\Delta \bar{A}$。设所有部门的边际消费倾向为 C，则由第一部门增加的收入会使消费需求增加 $C \cdot \Delta \bar{A}$，由此引起第二部门的收入增加 $C \cdot \Delta \bar{A}$。第二部门增加的收入中又要消费 $C^2 \cdot \Delta \bar{A}$，于是又使第三部门的收入增加 $C^2 \cdot \Delta \bar{A}$。第三部门由此增加的消费需求 $C^3 \cdot \Delta \bar{A}$，将使第四部门的收入增加 $C^3 \cdot \Delta \bar{A}$。这种由收入增加带动的消费需求增加逐轮连续下去，当整个经济再次到达均衡时，增加的总支出（ΔAE）与国民收入（ΔY）的关系为：$\Delta AE = \Delta Y = \Delta \bar{A} + C \cdot \Delta \bar{A} + C^2 \cdot \Delta \bar{A} + C^3 \cdot \Delta \bar{A} + \cdots = \Delta \bar{A}(1 + C + C^2 + C^3 + \cdots)$。因为 $0 < C < 1$，所以 $\Delta AE = \Delta Y = \frac{1}{1-C}\Delta \bar{A}$。$\frac{1}{1-C}$ 为乘数，表示由于最初自发支出增加了 $\Delta \bar{A}$，当总供给与总需求再次达到均衡时，国民收入的增加量（ΔY）为 $\Delta \bar{A}$ 的 $\frac{1}{1-C}$ 倍。因为 $C < 1$，所以 $\frac{1}{1-C} > 0$，而且乘数的大小取决于边际消费倾向（C）。边际消费倾向越大，乘数越大；边际消费倾向越小，乘数越小。乘数的概念最初由俄国经济学家巴拉诺夫斯基提出。凯恩斯在《通论》中把乘数与边际消费倾向联系起来，说明总支出变动与国民收入变动的关系。所以乘数原理在凯恩斯的国民收入决定理论中占有重要的地位。之后美国经济学家汉森和萨缪尔森把乘数原理与加速原理结合起来解释经济周期的原因。

（2）乘数原理发挥作用的假设前提：①社会中存在闲置资源；②投资和储蓄的决定相

互独立；③货币供应量的增加适应支出增加的需要。

6. 投资的边际效率也称"内在收益率"，是指一笔投资的未来收益折算成现值时的贴现率。它与资本边际效率的区别在于，它指的是短期内投资的贴现率，而在短期内由于各厂商会同时增加投资，而使投资品的供给价格上升。

投资边际效率递减的主要原因：

第一，实际利率的提高会减少企业的实物投资数量。因为利率升高，投资者发现实物投资的回报不如购买国库券或在股市里投机，他们就会增加对金融资产的投资，而减少实物投资；利率下降，实际投资的收益率确实对投资者有利，他们就会减少对金融资产的投资，增加对实物的投资。

第二，投资的边际收益存在递减的趋势。无论是投资的边际效率还是资本的边际效率，都呈现着向右下方倾斜的特征，这在本质上都反映了资本边际收益的递减。因为对于企业家来说，在不考虑其他变量的情况下，资本的边际效益是投资的边际收益，市场的利率是投资的边际成本，为了获得投资利润的最大化，他们必须保持投资的边际收益等于投资的边际成本，也就是随着利率的下降而扩大投资规模，利率下降的轨迹就是资本边际效益递减的轨迹。

第三，投资的边际效益递减是由多方面的原因决定的。一是边际产出递减规律的作用。投资规模的扩大导致生产规模的扩大，生产规模的扩大又导致产出的增长速度越来越慢了。二是商品销售竞争的结果。投资规模的扩大导致产出的增加，企业之间销售的竞争必然导致商品价格的下降，从而造成产出的边际销售收入减少。三是生产要素的竞争推动投资成本的提高。因为许多企业的竞相投资造成所有生产要素，包括物资、资金和劳动力供给的紧张，从而导致这些要素价格的上升，投资成本随之增大。这些原因决定投资边际收益的递减，而递减的程度和速度则在不同的经济条件下有不同的表现。

7. 生命周期消费理论和永久收入消费理论有联系，也有区别。

就联系而言，不管两者强调重点有何差别，它们都体现了一个基本思想：单个消费者是前向预期决策者，因而在如下几点上都是相同的：①消费不只同现期收入相联系，而是以一生或永久的收入作为消费决策的依据。②一次性暂时收入变化引起的消费支出变动很小，即其边际消费倾向很低，甚至接近于零，但来自永久收入变动的消费倾向很大，甚至接近于1。③当政府想用税收政策影响消费时，如果减税或增税只是临时性的，则消费者并不会受到很大影响，只有永久性变动税收，政策才会有明显的效果。

就区别而言，前者偏重对储蓄动机的分析，从而提出以财富作为消费函数变量的重要理由；而后者偏重于个人如何预测自己未来的收入问题。

8. 在凯恩斯提出消费函数不久，经济学家开始搜集数据，以检验该理论。早期的研究证实了凯恩斯的消费函数在短期内确实成立。但是，当西蒙·库茨涅兹以1869—1938年的数据作为样本，将一个10年与另一个10年进行比较时，发现了异常现象。他发现在长期内平均消费倾向APC（消费C与收入Y之比）是相当稳定的，并不像凯恩斯预言的那样：APC随收入增加而下降，该发现被称为"消费函数之谜"。在短期内，凯恩斯的消费函数成立，但在长期内失效了。"消费函数之谜"引发了许多经济学家的研究与讨论。在20世纪50年代，莫迪利安尼和弗里德曼各自提出了自己对"消费函数之谜"的解释。

莫迪利安尼关于消费的理论被称为生命周期假说。根据他的观点，总量消费函数可以简写为

$$C = \alpha W + \beta Y \tag{2-1}$$

其中：W 代表财富；Y 代表总收入；系数 α 是财富的边际消费倾向，而 β 是收入的边际消费倾向；C 代表总消费。

利用式（2-1），可以分析莫迪利安尼对于"消费函数之谜"的解释。用式（2-1）可求出莫迪利安尼消费函数中的平均消费倾向为

$$APC = \frac{C}{Y} = \alpha \left(\frac{W}{Y}\right) + \beta \tag{2-2}$$

由于 α、β 是比较稳定的系数，因此，欲说明 APC 是递减还是不变的，关键在于对比值 W/Y 的说明。莫迪利安尼认为，在短期内，人们的财富水平是稳定的，因此随着收入 Y 的增加，平均消费倾向是递减的；而在长期内，财富 W 也会发生变动，并且与收入 Y 的变动往往保持一致，即 W/Y 在长期内可能是稳定的。因此平均消费倾向在长期内能够保持稳定。

弗里德曼关于消费的理论被称为持久收入假说。弗里德曼认为，现期收入 Y 应该分为持久收入 Y_P 与暂时收入 Y_T 两部分，即

$$Y = Y_P + Y_T \tag{2-3}$$

持久收入是人们预期可以持续到未来的那一部分收入，这部分收入在长期内比较稳定。而暂时收入是人们不可预期的、临时的不稳定收入。弗里德曼认为，消费应主要取决于持久收入，而不是暂时收入。持久收入假说可近似写成如下一个简单消费函数形式：

$$C = \alpha Y_P \tag{2-4}$$

在这里，α 是定值，它衡量持久收入中用于消费的部分。可见消费是与持久收入成比例的。

利用式（2-4）可以说明弗里德曼对于"消费函数之谜"的解释。根据持久收入假说，平均消费倾向如下：

$$APC = \frac{C}{Y} = \alpha \frac{Y_P}{Y} \tag{2-5}$$

式（2-5）表明，平均消费倾向 APC 取决于持久收入（Y_P）与当期收入（Y）的比率。在短期内，由于暂时收入（Y_T）的存在使得收入 Y 会发生波动，从而平均消费倾向在短期内就会发生波动——当期收入暂时高于持久收入时，平均消费倾向暂时下降；当期收入暂时低于持久收入时，平均消费倾向暂时上升。然而，如果以一个长期（每 10 年）的视角来看，暂时收入的影响会相互抵消，此时 Y_P/Y 也倾向于比较稳定。

9. 政府转移支付乘数 $k_{t_r} = \frac{b}{1-b}$，政府购买支出乘数 $k_g = \frac{1}{1-b}$

所以 $\Delta Y = \Delta TR \times k_{t_r} + \Delta G \times k_g = \Delta TR \times \frac{b}{1-b} + \Delta G \times \frac{1}{1-b}$

因为 $\Delta TR = -\Delta G < 0$

所以 $\Delta Y = \Delta G$

即均衡收入水平增加与政府购买增加量相同。

10.（1）根据题意可得
$Y = C + I + G$
$= 100 + 0.9Y_d + 300 + 160$
$= 100 + 0.9（Y - T）+ 300 + 160$
$= 100 + 0.9 \times 0.8Y + 300 + 160$

解得 $Y = 2\,000$ 亿元

（2）由 $b = 0.9$，$t = 0.2$

政府购买支出乘数 $k_g = \dfrac{1}{1 - b（1 - t）} = \dfrac{1}{1 - 0.9 \times 0.8} \approx 3.57$

（3）$Y = C + I + G$
$= 100 + 0.9Y_d + 300 + 300$
$= 100 + 0.9（Y - T）+ 300 + 300$
$= 100 + 0.9 \times 0.8Y + 300 + 300$

解得 $Y = 2\,500$ 亿元

或者政府支出增加 $\Delta G = 300 - 160 = 140$（亿元）

所以收入增加 $\Delta Y = k_g \cdot \Delta G = 500$ 亿元，新的国民收入为 $2\,500$ 亿元。

11.（1）根据题意可得
$Y = C + I + H$
$= 100 + 0.8（Y - 0.25Y + 62.5）+ 100 + 200$
$= 450 + 0.6Y$

解得 $Y = 1\,125$

（2）投资乘数 $k_i = \dfrac{1}{1 - b（1 - t）} = \dfrac{1}{1 - 0.8 \times 0.75} = 2.5$

政府税收乘数 $k_T = \dfrac{-b（1 - t）}{1 - b（1 - t）} = \dfrac{-0.8 \times（1 - 0.25）}{1 - 0.8 \times 0.75} = -1.5$

（3）不一样。

因为政府购买乘数 $k_g = \dfrac{1}{1 - b（1 - t）} = \dfrac{1}{1 - 0.8 \times 0.75} = 2.5$

政府转移支付乘数 $k_{tr} = \dfrac{b（1 - t）}{1 - b（1 - t）} = \dfrac{0.8 \times（1 - 0.25）}{1 - 0.8 \times 0.75} = 1.5$

所以，同样一笔支出用于政府购买比用于转移支付对国民收入的影响更大。

12.（1）因为 $C = 20 + 0.75（Y - T）$

所以，边际消费倾向 $= 0.75$

（2）$C = 20 + 0.75（Y - T）= 20 + 0.75 \times 0.8Y = 20 + 0.6Y$

根据题意，可画出消费函数曲线（见图2-3）。

（3）$Y = C + I + G$
$= 20 + 0.75（Y - T）+ 380 + 400$

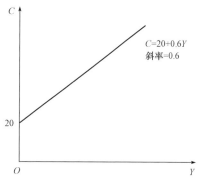

图2-3　消费函数曲线

$$= 20 + 0.75 \times 0.8Y + 380 + 400$$

解得 $Y = 2\,000$

（4）预算盈余 $T - G = 0.20 \times 2\,000 - 400 = 0$

（5）政府支出乘数 $k_g = \dfrac{1}{1 - b(1-t)}$

$$= \dfrac{1}{1 - 0.75 \times (1 - 0.20)} = 2.5$$

k_g 之所以不等于 $\dfrac{1}{1-MPC}$，是因为当税收为收入的函数时，收入中要有一定比例作为税收上缴给政府，因而可支配收入减少了。

均衡时，$Y = C + I + G = a + b(1-t)Y + I + G$

所以，$k_g = \dfrac{1}{1 - b(1-t)} \ne \dfrac{1}{1-MPC}$。

第三章

产品市场与货币市场的一般均衡

★ 核心知识

一、核心知识点

1. 投资的决定
2. 资本边际效率和边际效率曲线
3. 投资边际效率和投资边际效率曲线
4. IS 曲线
5. IS 曲线的斜率和移动
6. 货币需求
7. LM 曲线
8. LM 曲线的斜率和移动
9. IS-LM 分析
10. 凯恩斯的国民收入决定理论框架

二、核心知识脉络图

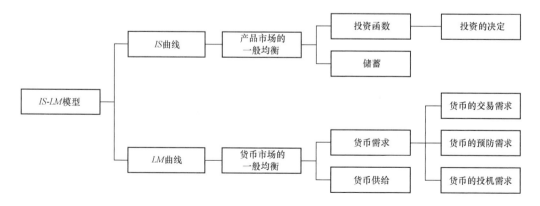

★ 内容总结与经典例题

一、内容总结

1. 投资的决定

现实社会中投资的含义很多，投资支出可以分为3个不同的范畴：企业用于机器、设备等的固定投资；居民用于住房建筑的住房投资；由库存原料、半成品和成品组成的存货投资。

经济学上的投资，不是指资产权转移的投资，而是指资本的形成，即社会实际资本的增加，包括厂房、设备、新住宅的增加等，主要是指厂房、设备的增加。从价值形态讲，投资就是增加厂房、设备所投入的货币量。在西方经济学中，人们购买证券、土地和其他财产不能够作为投资，而只是资产所有权的转移。

投资与消费相比更具有可变性，且对国民经济运行有更重要的影响。从很多国家的宏观经济运行实践来看，经济波动的原因主要是投资的波动，新的经济周期主要是由固定资产更新改造、基本建设投资扩张引起的。

决定投资的因素有利率、预期利润、折旧和预期通货膨胀率。

投资函数，即投资与利率的函数关系，$i=i(r)$。一般而言，假定投资需求与利率存在线性关系，即 $I=e-dr$，其中 e 为自主投资，d 为利率对投资的影响。

自主投资是指由人口、技术、资源、政府政策等外生因素的变动所引起的投资，不受国民收入水平或消费水平等经济情况影响和限制的投资。新产品和新生产技术的发明是促进自发投资的主要力量。社会方面的、心理方面的和政治方面的因素引起的投资也称为自发投资。在现实经济生活中，自发投资的例子有政府投资以及对技术发明做出直接反应的投资等。在西方宏观经济学的收入－支出模型中，自发投资被作为既定的外生变量考虑。

引致投资是由经济中的内生变量引起的投资，即为适应某些现有产品或整个经济的开支的实际增加或预期增加而发生的投资。引致投资产生的主要原因有收入的增长和人口的增加，因为这两者造成对商品和服务的更大需求。引致投资是通过增加更多的设备来提供更多的商品和服务以满足社会的需求。引致投资在收入－支出模型中指收入变动引起的投资，在 IS-LM 模型中指利率变动引起的投资；因此，引致投资与引起这种投资的内生变量之间关系的函数即投资函数。

2. 资本边际效率和边际效率曲线

资本边际效率（MEC）是一种贴现率，这种贴现率正好使资本品在使用期内各预期收益的现值之和等于这项资本品的供给价格或者重置成本。如果知道资本物品的供给价格、资本品的报废价值和各年预期收益，就能算出资本边际效率，如果资本边际效率大于市场利率，则投资就值得，否则就不值得。

其公式为 $R=\sum_{i=1}^{n}\dfrac{R_i}{(1+r)^i}+\dfrac{J}{(1+r)^n}$。其中，$R$ 表示资本品的重置成本，R_i 表示使用期内各年份的预期收益，J 表示资本品在第 n 年年末的处置残值，r 表示资本边际效率。

从公式可知，资本边际效率的曲线由左上向右下倾斜。

凯恩斯在《通论》中用相当多的篇幅讨论过投资引诱。投资引诱理论是其《通论》的最重要部分。按照凯恩斯的看法，只有资本资产的预期收益超过资本资产的供给价格或重置成本，继续投资才是有利可图的，才能对资本家产生投资引诱。

凯恩斯认为，投资取决于资本边际效率与利率之间的相互对比关系，而前者尤为重要。当投资者在购入某项资本设备时，必须预期在该设备报废之前，能在逐年的收益中偿还它的投资并获得利润。由于这些收益尚属未来的预期值，而投资是现在支付的实际额，所以估算这笔收益时，最后用一个贴现率把它折成现值，并使该现值至少等于该项设备的供给价格（如按设备折旧率计算的价格），这样才便于进行比较。把资本边际效率与现行金融市场的利率相对比，若边际效率高于利率，投资者自然乐于投资，甚至借钱投资；反之，投资就会减少，甚至停止。这就是资本边际效率对投资的调节作用。

凯恩斯的资本边际效率也不同于现实的利润率。资本边际效率强调了以下因素：
（1）心理因素，即投资者对未来收益的预期；
（2）时间因素，即将未来一段时间内的收益贴现；
（3）不确定性，即未来收益是可能性而不是确定性。

凯恩斯认为，资本边际效率是随投资增加而递减的，它是一条自左向右下方倾斜的曲线。因为，随着投资的增加，资本存量增加，一方面资本资产的成本会增加（同样一台机器所费更多），另一方面资产所产物品的供给增加，因而预期收益会减少。凯恩斯认为，资本边际效率随投资增加而递减，在短期内主要由于资本资产成本上升，在长期内主要在于资本存量的大量积累（可供选择的投资机会越来越少；资本对劳动的边际替代率递减）。

在凯恩斯宏观经济模型中，一个社会一定时期的投资量由资本边际效率与利率共同决定。资本边际效率随着投资增加而递减。设边际效率为已知，投资量随利率降低而增加，直到某一投资增量的资本边际效率与利率相等为止。

3. 投资边际效率和托宾 Q 理论

资本是存量概念，投资则是流量概念。当利率下降时，如果每个企业都增加投资，资本品的价格会上涨，在相同的预期收益下，资本边际效率必然降低，否则，公式两边无法相等，即这一贴现率（资本边际效率）无法使未来收益折合成等于资本供给价格的现值。

西方一些经济学家认为，MEC 曲线还不能代表企业的投资需求曲线。因为当利率下降时，如果每个企业都增加投资，资本品的价格将会上涨，故资本品收益的折现率（即资本边际效率）将会降低，故称由于 R 上升而被降低的 r 的数值为投资的边际效率（MEI）。

在其他条件不变的情况下，利率水平降低，人们的借款成本减少，人们对投资的需求就扩大。这种投资需求与利率之间的反向关系被定义为投资边际效率，又可称为投资的需求函数；所以利率水平越低，投资需求越大；利率水平越高，投资需求越小。这是因为，如果厂商的投资资金源于金融机构的贷款，在利率水平较高时，厂商的投资成本会相应提高，如果其他条件不变，利润水平就会降低，这会降低厂商投资的积极性，从而使投资需求减少；反之，在利率水平较低时，由于投资成本的降低和厂商利润的相应增加，自然会刺激投资需求的增加。即使厂商的投资资金不是源于银行贷款，而是源于厂商的自有资本，在利率水平较高时，厂商也会由于投资的机会成本较高而减少投资，使整个社会的投资需求减少。

资本边际效率与投资边际效率的关系如下：

投资边际效率是指在资本商品价格发生变化的条件下利率与投资水平的关系。资本边际效率不讨论资本商品价格的变化，所以随着投资规模的扩大，资本商品的价格上升，投资边际效率要低于资本边际效率。

投资边际效率曲线向右下方倾斜，因为随着投资规模的扩大，投资边际效率递减。影响投资边际效率曲线移动的因素，还有经济形势与预期的变化，风险的强弱和趋势，企业筹集资金渠道的不同，税收政策调整的效应，以及成本的高低等。因为资本边际效率递减，利率却不能轻易下降，这就决定投资规模难以持续稳定增长。

经济学家托宾于1969年提出了一个著名的系数，即托宾Q系数（也称托宾Q比率）。该系数为企业股票市值对股票所代表的资产重置成本的比值，在西方国家，Q比率多在$0.5\sim0.6$之间波动。因此，许多希望扩张生产能力的企业会发现，通过收购其他企业来获得额外生产能力的成本比自己从头做起的代价要低得多。

托宾Q理论提供了一种有关股票价格和投资支出相互关联的理论。如果Q高，那么企业的市场价值要高于资本的重置成本，新厂房设备的资本要低于企业的市场价值。在这种情况下，公司可发行较少的股票而买到较多的投资品，投资支出便会增加。如果Q低，即公司市场价值低于资本的重置成本，厂商将不会购买新的投资品。如果公司想获得资本，它将购买其他较便宜的企业而获得旧的资本品，这样投资支出将会降低。反映在货币政策上的影响就是：当货币供应量上升时，股票价格上升，Q上升，企业投资扩张，从而国民收入也扩张。

4. IS 曲线

把投资当作利率的函数以后，经济学家进一步用 IS 曲线来说明产品市场的均衡。所谓产品市场的均衡，是指产品市场上总产出与总需求相等或者总收入与总支出相等。IS 曲线是一条反映利率和收入之间相互关系的曲线。这条曲线上的任何一点所代表的利率和收入组合都满足投资和储蓄相等，即 $I=S$，从而产品市场是均衡的。由于 $I=S$，因此这条曲线称为 IS 曲线。

一般来说，在产品市场上，位于 IS 曲线右方的收入和利率组合，都是投资小于储蓄的非均衡组合，即商品市场上存在过剩的供给；位于 IS 曲线左方的收入和利率组合，都是投资大于储蓄的非均衡组合，即商品市场上存在过度的需求，只有位于 IS 曲线上的收入和利率的组合，才是投资等于储蓄的均衡组合。

两部门经济中的 IS 曲线推导：

$$I=S, I=e-dr, S=-a+(1-b)Y。$$

可以推出 $Y=\dfrac{a+e}{1-b}-\dfrac{d}{1-b}r$ 或者 $r=\dfrac{a+e}{d}-\dfrac{1-b}{d}Y$。

在三部门经济中均衡条件为

$$I+G=S+T, T=T_0+tY, S=-a+(1-b)(Y-T)。$$

可以推出 $Y=\dfrac{a+e+G-bT_0}{1-b(1-t)}-\dfrac{d}{1-b(1-t)}r$ 或者 $r=\dfrac{a+e+G-bT_0}{d}-\dfrac{1-b(1-t)}{d}Y$。

以 r 为纵轴，Y 为横轴所画出的 IS 曲线是由左上到右下倾斜的。

5. IS 曲线的斜率和移动

由 $r=\dfrac{a+e}{d}-\dfrac{1-b}{d}Y=\dfrac{1}{d}[a+e-(1-b)Y]$ 可知斜率为 $-\dfrac{1-b}{d}$，IS 曲线的斜率为负

值，利率与收入呈反方向变化，大小取决于 b、d：d 越大，IS 曲线的斜率的绝对值越小，曲线越平坦；d 越小，IS 曲线的斜率的绝对值越大，曲线越陡峭。b 越大，IS 曲线的斜率的绝对值越小，曲线越平坦；b 越小，IS 曲线的斜率的绝对值越大，曲线越陡峭。在三部门经济中，$\frac{1-b(1-t)}{d}$ 斜率还受到 t 的影响，当 b、d 一定时，t 越小，IS 曲线斜率的绝对值越小，曲线越平坦；t 越大，IS 曲线斜率的绝对值越大，曲线越陡峭。

由 $\frac{a+e+G-bT_0}{d}$ 可知：当 a、e、G 增加或者 T_0 减少时，IS 曲线向右上方平移；反之，IS 曲线向左下方平移。

6. 货币需求

货币需求是人们在一定的条件下愿意以货币的形式持有一部分财富。人们并不是需求货币本身，而是由于货币可以用来购买商品和服务。近些年来，货币需求问题成为现代宏观经济学关注的重心。针对货币需求的观点存在两大学派，即货币需求理论和现代货币数量论。凯恩斯的货币需求理论认为，对货币的需求取决于人们的三种动机：交易动机、预防动机和投机动机。而弗里德曼主张的现代货币数量论则认为，经济中的许多变量，如价格、股息、债券利息、永久性收入等都对货币需求产生影响，而永久性收入作为各种形式的财富综合，是最重要的决定变量，在货币需求中起主导作用。

流动偏好是凯恩斯于 20 世纪 30 年代提出的，指的是人们愿意以货币形式保持某一部分财富，与传统的利率理论相反，凯恩斯完全抛弃了实际因素对利率水平的影响，把利率决定视为纯粹的货币现象。凯恩斯认为利率由货币的供给和需求决定。在这个理论中，货币需求是一个外生变量，由货币当局决定；货币需求就是由流动性偏好动机形成，即人们为满足交易、预防和投机等需求而持有货币的欲望。货币需求为收入的同向函数，为利率的反向函数。均衡利率就是货币供给等于货币需求时的利率。凯恩斯流动性偏好理论的最大特点是把利率视为纯粹的货币现象，从而开创了货币需求理论。

货币需求函数：交易需求和预防需求与收入成正比，即 $L_1 = kY$；投机需求与利率成反比，即 $L_2 = -hr$；货币需求函数为 $L = L_1 + L_2 = kY - hr$。

当利率极低时，人们将全部财富以货币形式保存而不肯再去买有价证券，以免证券价格下跌时遭受损失。这时候，不论货币供给为多少，人们都愿意持有货币，对货币投机需求无限大，这种情况称为"流动性陷阱"。

货币供给是一个存量概念，它是一个国家在某一个时点上所持有的，不属政府和银行所有的硬币、纸币和银行存款的总和。货币供给有狭义和广义之分。狭义的货币供给是指硬币、纸币和银行活期存款额总和。在狭义的货币供给上加上定期存款，变成广义的货币供给。若再加上个人和企业所持有的政府债券等流动资产或"货币近似物"，就是意义更广泛的货币供给。通常认为，货币供给量是由国家用货币政策来调节的，因而是一个外生变量，其大小与利率高低无关。因此，货币供给曲线是一条垂直于收入轴的直线。

7. LM 曲线

LM 曲线是一条反映利率和收入之间相互关系的曲线。这条曲线上的任何一点所代表的利率和收入组合，都满足货币需求和货币供给相等，即 $L = M$，从而货币市场是均衡的。由

于 $L = M$，因此这条曲线称为 LM 曲线。

一般来说，在货币市场上，位于 LM 曲线右方的收入和利率组合，都是货币需求大于货币供给的非均衡组合；位于 LM 曲线左方的收入和利率组合，都是货币需求小于货币供给的非均衡组合；只有位于 LM 曲线上的收入和利率组合，才是货币需求等于货币供给的均衡组合。

货币市场均衡的条件是 m（实际货币供给量）$= \dfrac{M（名义货币供给量）}{P（物价水平）} = L = kY - hr$，即 $Y = \dfrac{hr}{k} + \dfrac{m}{k}$ 或者 $r = \dfrac{k}{h}Y - \dfrac{m}{h}$，以 Y 为横轴，r 为纵轴所画的 LM 曲线是由左下到右上倾斜的。

LM 曲线上斜率的三个区域分别指 LM 曲线从左到右所经历的水平线、向右上方倾斜线、垂直线的三个阶段，LM 曲线这三个区域分别被称为凯恩斯区域、中间区域、古典区域。

其经济含义指，在水平线阶段的 LM 曲线上，货币的需求曲线已处于水平状态，对货币的投机需求已达到利率下降的最低点"灵活偏好陷阱"阶段，货币需求对利率敏感性极大。凯恩斯认为，当利率很低，即债券价格很高时，人们觉得用货币购买债券风险极大，因为债券价格已很高，只会跌，不会涨，因此买债券很可能亏损，人们有货币在手的话，就不肯去买债券，这时，货币投机需求无限大，从而使 LM 曲线呈水平状态，由于这种分析是凯恩斯提出的，所以水平的 LM 区域称为凯恩斯区域。

在垂直阶段，LM 曲线斜率无穷大，或货币的投机需求对利率已毫无敏感性，从而货币需求曲线的斜率 $\left(\dfrac{1}{h}\right)$ 趋向于无穷大，呈垂直状态，表示不论利率怎样变动，货币的投机需求均为零，从而 LM 曲线也呈垂直状态 $\left(\dfrac{k}{h}\text{趋向于无穷大}\right)$。由于古典学派认为货币需求只有交易需求而无投机需求，因此垂直的 LM 区域称古典区域。

介于垂直线与水平线之间的区域则称为中间区域。

8. LM 曲线的斜率和移动

（1）由 $r = \dfrac{k}{h}Y - \dfrac{m}{h}$ 可以看出，LM 曲线的斜率为 $\dfrac{k}{h}$。斜率的大小取决于货币需求对收入的系数 k 和货币需求对利率的系数 h。一般情况下，LM 曲线的斜率为正值，LM 曲线由左下向右上倾斜。凯恩斯区域 LM 曲线为水平线，古典区域 LM 曲线为竖直线。

（2）由 $r = \dfrac{k}{h}Y - \dfrac{m}{h}$ 可以看出，引起 LM 曲线移动的有货币需求对收入的系数 k、货币需求对利率的系数 h 和实际货币供给量 m。名义货币供给量 M 增加或者物价水平 P 下降，LM 曲线向右下方平移；反之，向左上方平移。

9. $IS\text{-}LM$ 分析

（1）IS 曲线使产品市场均衡，LM 曲线使货币市场均衡，能同时使两个市场均衡的点只有一个，联立可解得一般均衡时的利率和收入。

（2）当利率和收入不在均衡点时的调整。当收入与利率组合点位于 IS 曲线左下方时，投资大于储蓄，即 $I > S$，有超额产品需求，从而导致收入上升，组合点会右移；当组合点位于 IS 曲线右上方时，即 $I < S$，有超额产品供给，从而导致收入下降，组合点会左移；当

组合点位于 LM 曲线左上方时，货币需求小于货币供给，即 $L<M$，有超额货币供给，从而导致利率下降，提高货币需求，组合点会下移；当组合点位于 LM 曲线右下方时，即 $L>M$，有超额货币需求，从而导致利率上升，抑制货币需求，组合点会上升。这四种调整都会使不均衡组合点最终趋向均衡利率与均衡收入。

（3）两个市场一般均衡的调整。若两条曲线中的一条发生移动，则均衡利率和均衡收入都会发生改变。

10. 凯恩斯的国民收入决定理论框架（见图 3-1）

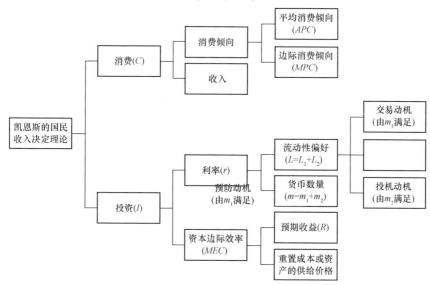

图 3-1 凯恩斯的国民收入决定理论框架

二、经典例题

假设货币需求为 $L=0.2Y-10r$，实际货币供给为 $M=200$，消费需求为 $C=60+0.8Y_d$，税收为 $T=100$，投资需求为 $I=150$，政府支出为 $G=100$。

（1）导出 IS 方程和 LM 方程，求出均衡收入、利率和投资；

（2）其他条件不变，政府支出 G 增加 20，收入、利率和投资有什么变化？

（3）是否存在"挤出效应"？

答案解析：（1）根据可支配收入的定义，将可支配收入 $Y_d=Y-T$ 代入消费函数可得 $C=-20+0.8Y$。把消费函数、投资函数和政府支出函数代入产品市场均衡条件 $Y=C+I+G$，可得到 IS 方程为 $Y=1\,150$。由货币市场均衡条件可得 $200=0.2Y-10r$，可得到 LM 方程为 $Y=1\,000+50r$。联立求解 IS、LM 方程可得均衡收入 $Y=1\,150$，均衡利率水平 $r=3$，均衡投资 $I=150$。

（2）如果政府支出 G 增加 20，把消费函数、投资函数和政府支出函数代入产品市场均衡条件 $Y=C+I+G$，可得到 IS 方程为 $Y=1\,250$。联立求解 IS、LM 方程可得均衡收入 $Y=1\,250$，均衡利率水平 $r=5$，均衡投资 $I=150$。

（3）由（1）和（2）可以看出，不存在挤出效应。因为投资函数为 $I=150$，投资不受利率的影响，利率升高不会导致私人投资的减少。

★ 基础训练

一、名词解释

1. 流动性陷阱
2. IS 曲线
3. LM 曲线
4. 货币需求函数
5. 资本边际效率

二、单项选择

1. 投资是总体经济中最为活跃的一个因素，其主要原因之一是（   ）。
   A. 厂商预期经常变化，从而导致投资需求经常变化
   B. 消费需求经常变化，从而导致投资需求经常变化
   C. 政府购买经常变化，从而导致投资需求经常变化
   D. 利率水平经常变化，从而导致投资需求经常变化

2. IS 曲线上的每一点都表示（   ）。
   A. 使总支出等于总收入的收入和利率的组合
   B. 使总支出等于总收入的均衡货币量
   C. 使货币需求等于货币供给的均衡货币量
   D. 使产品市场和货币市场同时均衡的收入

3. 当经济处于凯恩斯陷阱时，（   ）。
   A. 财政政策无效，货币政策有效
   B. 财政政策有效，货币政策无效
   C. 财政政策和货币政策均有效
   D. 财政政策和货币政策均无效

4. 一般来说，位于 IS 曲线右方的收入和利率组合，都是（   ）。
   A. 总收入小于总支出的非均衡组合
   B. 总收入大于总支出的非均衡组合
   C. 总收入等于总支出的均衡组合
   D. 货币供给大于货币需求的非均衡组合

5. 下列说法正确的是（   ）。
   A. 偏离 IS 曲线的点并不一定代表商品市场没有达到均衡
   B. 处于 IS 曲线右方的点，表示投资规模小于储蓄规模
   C. 处于 IS 曲线右方的点，表示投资规模大于储蓄规模
   D. 处于 IS 曲线左方的点，表示现行的利率水平过高

6. 下列命题中，正确的是（   ）。
   A. 产品市场均衡时，收入与利率正相关；货币市场均衡时，收入与利率正相关

B. 产品市场均衡时，收入与利率正相关；货币市场均衡时，收入与利率负相关
C. 产品市场均衡时，收入与利率负相关；货币市场均衡时，收入与利率正相关
D. 产品市场均衡时，收入与利率负相关；货币市场均衡时，收入与利率负相关

7. 对于三部门经济而言，IS 曲线意味着 $C+I+G=C+S+T$，因此不可能出现（　　）的现象。
   A. 平衡预算政策致使 IS 曲线右移　　B. 购买支出增加致使 IS 曲线右移
   C. 税收增加致使 IS 曲线左移　　　　D. 平衡预算政策不影响 IS 曲线

8. 下列可以使均衡收入减少的是（　　）。
   A. 增加支付转移　　　　　　　　　　B. 增加自发投资
   C. 增加自发消费　　　　　　　　　　D. 增加净税收

9. 令边际税率为 0.2，假定政府购买增加 100 亿美元，IS 曲线向右移动 200 亿美元，那么，边际消费倾向为（　　）。
   A. 0.275　　B. 0.5　　C. 0.625　　D. 0.9

10. 在四部门经济中，若投资 I、储蓄 S、政府购买 G、税收 T、出口 X 和进口 M 同时增加，则均衡收入（　　）。
    A. 不变　　　　　　　　　　　　　　B. 增加
    C. 减少　　　　　　　　　　　　　　D. 变化的趋势不能确定

三、分析说明

1. 请分析持久收入假说与生命周期假说的关系。
2. 什么是货币需求？人们持有货币的三种主要动机是什么？
3. 什么是 LM 曲线的三个区域？其经济含义是什么？
4. 简述凯恩斯乘数理论，并指出其发挥作用的各种前提。

四、计算

1. 假定某经济中有 $C=100+0.75Y_d$，$I=125-600r$，$G=50$，$T=20+0.2Y$，$TR=0$。
   （1）推导 IS 方程。
   （2）求 IS 曲线斜率。
   （3）当 $r=0.15$ 时，Y 是多少？如果充分就业收入 $Y_f=465$，应增加多少政府支出才能实现充分就业？
   （4）当增加政府支出 $\Delta G=10$ 时，收入增加多少？

2. 已知某小国在封闭条件下的消费函数：投资函数 $I=395-200r$，货币的需求函数 $L=0.4Y-100r$，货币供给 $M=150$。
   （1）写出 IS 方程和 LM 方程；
   （2）计算均衡的国民收入和利率；
   （3）如果此时政府购买增加 100，那么均衡国民收入会增加多少？

3. 假定某经济社会的消费函数 $C=30+0.8Y_d$，净税收金额 $T_n=50$，投资 $I=60$，政府购买性支出 $G=50$，净出口余额 $NX=50-0.05Y$，试求：
   （1）均衡收入；

(2) 在均衡收入水平上的净出口余额；

(3) 投资乘数；

(4) 投资从 60 增至 70 时的均衡收入和净出口余额。

4. 假设在一个开放的经济中，消费函数为 $C = 300 + 0.8Y_d$，投资函数为 $I = 200 - 1\,500r$，净出口函数为 $NX = 100 + 0.04Y - 500r$，货币需求函数为 $L = 0.5Y - 2\,000r$，政府支出为 $G = 200$，税收函数为 $t = 0.2Y$，名义货币供给为 $M = 550$，价格水平为 $P = 1$。试求：

(1) LM 方程；

(2) 产品市场和货币市场同时均衡时的收入和利率。

五、答案解析

（一）名词解释

1. 流动性陷阱：又称凯恩斯陷阱或灵活陷阱，是凯恩斯的流动偏好理论的一个概念，具体是指当利率水平极低时，人们对货币需求趋于无限大，即使货币当局增加货币供给，也不能降低利率，从而不能增加投资引诱的一种经济状态。当利率极低时，有价债券的价格会达到很高，人们为了避免因为债券价格跌落遭受损失，都宁愿持有现金而不愿意持有有价债券，意味着货币需求会变得完全有弹性，人们对货币的需求量趋于无限大，表现为货币需求曲线右端会变成水平线。在此情况下，货币供给的增加不会使利率下降，从而无法增加投资引诱和有效需求。当经济出现上述状态时，就称为流动性陷阱。

2. IS 曲线：指将满足产品市场均衡条件的收入和利率的各种组合的点连接起来而形成的一条曲线。它是反映产品市场均衡状态的简单图像，表示的是任一给定利率水平上都有对应的国民收入水平，在这样的水平上，投资恰好等于储蓄。在两部门经济中，IS 曲线的数学表达式为 $I(r) = S(Y)$，它的斜率为负，表明 IS 曲线是一条向右下方倾斜的曲线。

3. LM 曲线：是指描述货币市场上均衡状态时各种收入与利率的变动轨迹的一条曲线。在货币市场上，对应于特定的收入水平，货币需求与货币供给相等时所决定的利率为均衡利率。但不同的收入水平对应着不同货币需求，故在不同的收入水平下也就有不同的均衡利率。

4. 货币需求函数：指表示货币需求量与决定货币需求的各种因素之间关系的函数，通常将决定和影响货币需求的各种因素作为自变量，而将货币需求本身作为因变量。建立货币需求函数主要是满足以下三个用途：一是用于分析各种因素对货币需求的不同影响，包括影响的方向和影响的程度；二是用于验证货币需求理论分析的结果；三是用于预测一定时期全社会货币需求量及其变化的方向，作为制定货币政策、调节货币供给的依据。

5. 资本边际效率：指资本的预期利润率，即增加一笔投资预期可得到的利润率。资本边际效率是一种贴现率，根据这种贴现率，在资本资产的寿命期间所提供的预期收益的现值等于资本资产的供给价格或重置成本。资本边际效率与资本重置成本成反比，与资本预期收益成正比。凯恩斯认为，预期收益的减少与重置成本的增加都会使资本边际效率递减。

（二）单项选择

1. D 2. A 3. B 4. B 5. B 6. B 7. D 8. D 9. C 10. D

（三）分析说明

1. 持久收入假说与生命周期假说都证明了长期边际消费倾向具有稳定性，而短期边际消费倾向具有波动性。它们之间互相补充，基本一致，但是两者还是有些差别的。

持久收入假说强调消费者的消费支出是由持久收入决定的，分析了个人形成对未来收入预期的方法，提出了估算持久收入的方法。生命周期假说认为，人们是根据其预期寿命来安排收入用于消费和储蓄的比例，为了获得一生最大的满足，每个人总想把他一生的全部收入在消费上做最佳的分配。

生命周期假说强调了居民进行储蓄的动机，将财产因素纳入消费函数。在生命周期假说中，居民的消费是由居民一生的收入决定的，居民一生的收入是居民对未来预期的收入，因此生命周期假说包括了收入预期的问题。

持久收入假说对居民收入预期需求问题作了更深入的分析。

持久收入假说与生命周期假说这两个理论都是现代消费函数理论的基础：持久收入假说强调了居民预期的形成；生命周期假说强调了财产问题。现代消费函数理论将这两个理论的特点结合在一起对消费现象进行了解释。

2. 货币需求是在一定的约束条件下，人们愿意以货币的形式持有的那部分财富。凯恩斯认为货币需求就是指特定时期公众能够而且愿意持有的货币量。他认为，人们之所以需要持有货币，是因为存在流动偏好这种普遍的心理倾向。所谓流动偏好，是指人们在心理上偏好流动性，愿意持有货币而不愿意持有其他缺乏流动性资产的欲望；这种欲望构成了对货币的需求。

持有货币的三种动机：

（1）货币的交易动机：是指人们为了应付日常的商品交易而需要持有货币的动机。凯恩斯把交易动机分为所得动机和业务动机两种。所得动机主要是就个人而言，业务动机主要是就企业而言。基于所得动机与业务动机而产生的货币需求，凯恩斯称为货币的交易需求。

（2）货币的预防动机：是指人们为了应付不测之需而持有货币的动机。凯恩斯认为，出于交易动机而在手中保存的货币，其支出的时间、金额和用途一般事先可以确定。但是生活中经常会出现一些未曾预料的、不确定的支出和购物机会。为此，人们也需要保持一定量的货币在手中，这类货币需求称为货币的预防需求。

（3）货币的投机动机：是指人们根据对市场利率变化的预测，需要持有货币以便满足在市场中投机获利的动机。因为货币是最灵活的流动性资产，具有周转灵活性，持有它，可以根据市场行情的变化随时进行金融投机。出于这种动机而产生的货币需求，称为货币的投机需求。

概括起来，凯恩斯提出的货币需求的三个动机包括两个方面：一是交易需求；二是资产需求。交易需求主要由收入 Y 决定，资产需求主要由利率 r 决定。

3. (1) LM 曲线上三个区域分别是指 LM 曲线从左到右所经历的水平线、向右上方的倾斜线和垂直线三个阶段。LM 曲线这三个区域分别称为凯恩斯区域、中间区域和古典区域（见图 3-2）。

从 LM 曲线的斜率来看，由 $r = \dfrac{k}{h}Y - \dfrac{m}{h}$ 可以看出，LM

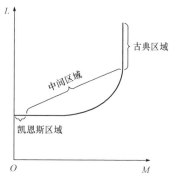

图 3-2 LM 曲线的三个区域

曲线的斜率为$\frac{k}{h}$。LM 曲线的斜率大小取决于以下两个因素：货币需求对收入的敏感系数 k，h 一定时，k 越大，LM 曲线的斜率越大，LM 曲线越陡峭；货币需求对利率的敏感系数 h，k 一定时，h 越大，LM 曲线的斜率越小，LM 曲线越平缓。一般情况下，LM 曲线的斜率为正值，LM 曲线由左下方向右上方倾斜，这一区域称为中间区域；当利率下降到很低时，货币投机需求将成为无限大，即 h 为无限大，LM 曲线的斜率为零，LM 曲线成为一条水平线，这一区域称为凯恩斯区域；当货币的投机需求为零，即 h 为零时，LM 曲线的斜率为无穷大，LM 曲线为竖直线，此时称为古典区域。凯恩斯区域和古典区域之间的区域即中间区域。

（2）从三个区域的经济含义来看。

①在水平阶段的 LM 曲线上，货币的需求函数已处于水平状态，对货币的投机需求已达到"流动性陷阱"的阶段，货币需求对利率的敏感性极大，也就是货币需求的利率弹性无穷大。凯恩斯认为，当利率很低，即债券价格很高时，人们认为用货币购买债券的风险极大，债券只会跌，不会涨，因此买债券很可能亏损，人们愿意长期持有货币，不肯去买债券。这时，货币投机需求成为无限大，从而使 LM 曲线呈水平状态。由于这种分析是凯恩斯提出的，所以水平的 LM 区域称为凯恩斯区域。在凯恩斯区域，经济一般处于萧条时期，货币政策无效，而财政政策有很大效果。

②在垂直阶段，LM 曲线斜率为无穷大，或货币的投机需求对利率已毫无敏感性，从而使货币需求曲线的斜率趋于无穷大，货币需求曲线呈垂直状态，表示无论利率怎么变动，货币的投机需求为零，从而 LM 曲线也呈现垂直状态。由于古典学派认为只有交易需求而无投机需求，货币需求的利率无弹性，因此垂直的 LM 区域称为古典区域。在古典区域，经济一般处于繁荣时期，财政政策无效，而货币政策有效。

③在古典区域和凯恩斯区域之间的这段 LM 曲线称为中间区域，LM 曲线的斜率在古典区域为无穷大，在凯恩斯区域为零，而在中间区域则为正值。因此，在中间区域，货币需求的利率弹性及经济状况介于凯恩斯区域和古典区域之间。

4. 凯恩斯乘数理论中的乘数又称作倍数，是指某种变量增加所引起的国民收入增加的倍数，具体包括政府购买支出乘数、政府税收乘数、政府转移支付乘数、平衡预算乘数。

（1）政府购买支出乘数是指均衡收入的变动与引起这种变动的政府购买变动的比率。k_g 表示存在税收时的政府购买支出乘数，c 表示边际消费倾向，$k_g = \frac{1}{1-c}$。

（2）政府税收乘数是指均衡收入变动与引起这种变动的固定税收变动的比率。

固定税收乘数 $k_t = -\frac{c}{1-c}$

税收乘数为负值，说明税收与均衡收入反方向变化，政府的固定税收增加，均衡国民收入就减少；反之，政府的固定税收减少，均衡国民收入就增加。

（3）政府转移支付乘数是指均衡收入变动与引起这一变动的政府转移支付变动的比率。政府转移支付乘数用 k_v 代表，则 $k_v = \frac{c}{1-c}$。

（4）平衡预算乘数是指政府购买支出和自发税收增加的数量相同时，均衡收入的变动与引起这种变动的政府购买变动的比率。平衡预算乘数为 k_b。

乘数理论揭示了现代经济各部门之间存在密切联系：某一部门支出的增加，一方面会引起该部门生产和收入的增加，另一方面还会导致其他部门生产和收入的增加，从而使得国民收入增加量要高于最初的支出增加量，国民收入增加量的变动要大于支出量的变动。

乘数发挥作用的前提条件是：

（1）经济中存在闲置资源，否则，支出的变动仅仅会带来价格水平的变动。

（2）重要资源没有受到瓶颈约束，如果重要资源受到瓶颈约束，就会限制乘数作用。

（3）乘数理论的分析限于产品市场，没有考虑到货币市场的影响，因而，在现实社会中，乘数的作用是受到限制的。

（四）计算

1. （1） $Y = C + I + G$

$$= 100 + 0.75 \times (Y - 20 - 0.2Y) + 125 - 600r + 50$$
$$= 260 + 0.6Y - 600r$$

解得 $Y = 650 - 1500r$（IS 方程）

（2）由 $Y = 650 - 1500r$，$r = \dfrac{650 - Y}{1500}$，得 IS 曲线的斜率为 $-\dfrac{1}{1500}$。

（3）$r = 0.15$ 时，$Y = 650 - 225 = 425$；若 $Y_f = 465$，缺口 $\Delta Y = 465 - 425 = 40$，这时政府购买支出乘数 $k_g = \dfrac{1}{1 - b(1 - t)} = \dfrac{1}{0.4} = 2.5$，故要充分就业，需增加的政府支出为 $\Delta G = \dfrac{40}{2.5} = 16$

（4）当 $\Delta G = 10$ 时，收入增加为 $\Delta Y = 10 \times 2.5 = 25$。

2. （1）由 $Y = C + I$ 可得

$$Y = 305 + 0.8Y + 395 - 200r$$

解得 $Y = 3500 - 1000r$（IS 方程）

由 $L = M$ 得 $0.4Y - 100r = 150$

解得 $Y = 375 + 250r$（LM 方程）

（2）联立 IS 方程和 LM 方程

$$Y = 375 + 250r$$
$$Y = 3500 - 1000r$$

解得 $r = 2.5$，$Y = 1000$。

（3）由 $Y = C + I + G$

得 $Y = 305 + 0.8Y + 395 - 200r + 100$

即 $Y = 4000 - 1000r$

由方程组

$$Y = 375 + 250r$$
$$Y = 4000 - 1000r$$

得 $r = 2.9$，$Y = 1100$

所以当政府购买增加 100 时，均衡国民收入会增加 100。

3. （1）由四部门经济产品市场均衡条件可得

$$Y = C + I + G + NX = 30 + 0.8(Y - 50) + 60 + 50 + 50 - 0.05Y = 0.75Y + 150$$

解得均衡收入 $Y = 600$。

(2) 将 $Y = 600$ 代入 $NX = 50 - 0.05Y$，可得净出口余额。

(3) 投资乘数 $k = \dfrac{1}{1 - \beta + \gamma} = \dfrac{1}{1 - 0.8 + 0.05} = 4$。

(4) 投资乘数为4，投资从60增至70，即投资增加10，均衡收入增加40，此时均衡收入为640。将 $Y = 640$ 代入 $NX = 50 - 0.05Y$，可得净出口余额 $NX = 18$。

4. (1) 因为货币需求函数为 $L = 0.5Y - 2\,000r$，

实际货币余额供给为 $\dfrac{M}{P} = 550$，由 $L = \dfrac{M}{P}$ 有 $0.5Y - 2\,000r = 550$，可得 LM 方程为 $Y = 1\,100 + 4\,000r$。

(2) 产品市场和货币市场同时均衡时

$$2\,500 - 6\,250r = 1\,100 + 4\,000r$$

解得 $r \approx 0.137$，均衡国民收入为 $Y = 2\,500 - 6\,250 \times 0.137 = 1\,643.75$。

★知识拓展

请结合案例1和案例2，进一步理解消费与储蓄的相互关系及 IS-LM 模型。

案例1：中国的高储蓄率

国际货币基金组织、世界银行和美国中央情报局2015年度《世界概况》显示，世界上收入储蓄水平最高的10个国家和地区分别是卡塔尔、科威特、中国大陆、韩国、博茨瓦纳、挪威、尼泊尔、中国台湾、土库曼斯坦和印度尼西亚。2015年一年，中国大陆的居民新增储蓄就超过了4万亿元人民币。2008年以来，中国大陆的居民储蓄累计增加了35万亿元人民币。按照统计局最新公布的全国总人口13.7亿计算，我国居民人均存款已经达到40 291元人民币，首次突破4万元大关。与高储蓄率相反的是，中国居民的消费意愿却在减弱。一方面，储蓄率过高，消费不够，不足以消化产能，企业的利润恐怕就很难保障，进而阻碍经济发展。另一方面，高储蓄率也影响着人们的幸福生活指数，因为只有消费水平提高才能使得生活水平不断提高。2015年中国人民银行进行了五次降息，降息成为2015年利率政策的主基调。一年内，利率下调1.25个百分点，这个幅度在近年利率政策中前所未有。截至2015年10月24日，一年期存款基准利率已下调至1.5%。

(资料来源：https://wx.jdcloud.com/zixun/article-10106356.html.)

案例2：IS-LM 模型的局限性

IS-LM 模型由英国经济学家、诺贝尔经济学奖获得者希克斯首先提出，后由美国经济学家汉森推广，由帕廷金进行了整理和改进，最后由萨缪尔森写入教科书，其一直作为解释凯恩斯经济学和经济思想的基本分析工具。但是正如希克斯所说，在 IS-LM 模型中，凯恩斯的理论体系"被假定是处在均衡之中，其合意的需求与合意的供给在所有的市场上（劳动力市场除外）都在时价下相等。这是由于假定这个体系在短期内处在均衡之中（有关均衡赖以达到的过程的情况被忽略了）。所以，一种在形式上十分类似新古典静态分析的方法便能够适用于这个体系。我在 IS-LM 图式中总结的正是凯恩斯的这一模型"。希克斯在解释他当

年为何设计这个有缺陷的 IS-LM 模型时说:"《通论》是精心炮制的,是按照专业经济学家的思维习惯最精心炮制的……它提供了这样一个模式,按照这个模式,专业经济学家能够方便地玩弄他们的惯用伎俩。他们不就是这样做了吗?通过 IS-LM,我自己也掉进了这个陷阱。"

(资料来源:高鸿业. 宏观经济学[M]. 6 版. 北京:中国人民大学出版社,2014.)

★ 名校考研真题解析

一、名校考研真题

1. (复旦大学 1997 研)假定经济满足 $Y = C + I + G$,且消费 $C = 800 + 0.63Y$,投资 $I = 7\,500 - 20\,000r$,货币需求 $L = 0.162\,5Y - 10\,000r$,名义货币供给量 $M_S = 6\,000$ 亿美元,价格水平 $P = 1$,试问当政府支出从 7 500 亿美元增加到 8 500 亿美元时,政府购买的增加挤占了多少私人投资。

2. (对外经济贸易大学 2009 研)假设某经济体的消费函数为 $C = 400 + 0.8Y$,投资函数为 $I = 100 - 50r$,政府购买为 $G = 100$,货币需求函数为 $L = 150 + 0.5Y - 125r$,货币供给 $M = 1\,150$,价格水平 $P = 1$。

(1)写出 IS、LM 方程。

(2)计算均衡的国民收入和利率。

(3)如果该国充分就业的国民收入是 4 000,若用政府购买实现充分就业,应该增加多少政府购买?

3. (天津大学 2000 研)简述如何逐步实现 IS-LM 的均衡。

二、真题解析

1. 政府支出增加之前:

由 $Y = C + I + G$,得

$$Y = 800 + 0.63Y + 7\,500 - 20\,000r + 7\,500$$

可知 IS 方程为 $0.37Y = 15\,800 - 20\,000r$

化简得

$$r = \frac{15\,800}{20\,000} - \frac{0.37}{20\,000}Y$$

在 $P = 1$ 的情况下,由货币供给等于货币需求可得 LM 方程为 $0.162\,5Y - 10\,000r = 6\,000$,化简得

$$r = -\frac{6\,000}{10\,000} + \frac{0.162\,5}{10\,000}Y$$

联立两式得

$$\frac{15\,800}{20\,000} - \frac{0.37}{20\,000}Y = -\frac{6\,000}{10\,000} + \frac{0.162\,5}{10\,000}Y$$

整理得 $Y = 40\,000$ 亿美元,此时 $r = -\frac{6\,000}{10\,000} + \frac{0.162\,5}{10\,000} \times 40\,000 = 0.05$

所以投资 $I_1 = 7\,500 - 20\,000 \times 0.05 = 6\,500$(亿美元);

政府支出增加后：
由 $Y = C + I + G$，得
$$Y = 800 + 0.63Y + 7\ 500 - 20\ 000r + 8\ 500$$
可知 IS 方程为 $0.37Y = 16\ 800 - 20\ 000r$
化简得
$$r = \frac{16\ 800}{20\ 000} - \frac{0.37}{20\ 000}Y$$
联立两式得
$$\frac{16\ 800}{20\ 000} - \frac{0.37}{20\ 000}Y = -\frac{6\ 000}{10\ 000} + \frac{0.162\ 5}{10\ 000}Y$$
整理得 $Y \approx 41\ 438.85$ 亿美元，此时 $r = -\frac{6\ 000}{10\ 000} + \frac{0.162\ 5}{10\ 000} \times 41\ 438.85 \approx 0.073\ 4$

所以投资 $I_2 = 7\ 500 - 20\ 000 \times 0.073\ 4 = 6\ 032$（亿美元）；
$\Delta I = I_2 - I_1 = 6\ 032 - 6\ 500 = -468$（亿美元）
即政府支出增加挤占了 468 亿美元的私人投资。

2.（1）由三部门经济产品市场均衡条件可得
$$Y = C + I + G$$
$$= 400 + 0.8Y + 100 - 50r + 100$$
$$= 0.8Y - 50r + 600$$
整理得 $Y = 3\ 000 - 250r$。
即 IS 方程为 $Y = 3\ 000 - 250r$。
由货币市场均衡条件可得
$$\frac{M}{P} = 150 + 0.5Y - 125r$$
当 $P = 1$ 时，整理得 $Y = 2\ 000 + 250r$。
即 LM 方程为 $Y = 2\ 000 + 250r$。

（2）两个市场同时达到均衡时的利率和收入可通过求解以下联立方程求得：
$$\begin{cases} Y = 3\ 000 - 250r \\ Y = 2\ 000 + 250r \end{cases}$$
解得 $Y = 2\ 500$，$r = 2$
即均衡的国民收入为 2 500，均衡利率为 2。

（3）设 $\alpha = \frac{1}{1-\beta}$ 表示不考虑挤出效应的支出乘数，则在 IS-LM 模型中，政府购买支出乘数 $k_g = \frac{\alpha h}{h + \alpha dk}$，将 $\alpha = \frac{1}{1-\beta} = \frac{1}{1-0.8} = 5$、$h = 125$、$k = 0.5$、$d = 50$ 代入政府购买支出乘数，可得 $k_g = \frac{5 \times 125}{125 + 5 \times 50 \times 0.5} = 2.5$。

即在考虑挤出效应的前提下，政府购买支出变动 1 个单位会引起收入变动 2.5 个单位。可以看出，需要增加的国民收入为 $4\ 000 - 2\ 500 = 1\ 500$。

故
$$\Delta G = \frac{\Delta Y}{k_g} = \frac{1\,500}{2.5} = 600$$

即如果该国充分就业的国民收入是 4 000，若用增加政府购买实现充分就业，应该增加 600 单位的政府购买。

3. IS 曲线和 LM 曲线的交点代表产品市场和货币市场同时实现均衡的利率与收入组合点，那些不在 IS 曲线和 LM 曲线上的利率与收入组合点，表明产品市场和货币市场都处于一种非均衡状态。从图 3-3 中可以看出，IS 曲线和 LM 曲线将整个坐标平面划分为四个区域，依次标记为 1、2、3、4 区域，这四个区域内的点都是非均衡的点。

区域 1、4 位于 IS 曲线的右上方，表示在产品市场上存在产品的过度供给；区域 2、3 位于 IS 曲线的左下方，表示在产品市场上存在产品的过度需求。

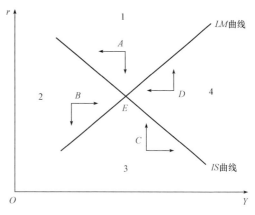

图 3-3 产品市场与货币市场的一般均衡

区域 1、2 位于 LM 曲线的左上方，表示在货币市场上存在货币的过度供给；区域 3、4 位于 LM 曲线的右下方，表示在货币市场上存在货币的过度需求。

在 1、2、3、4 四个区域中存在产品市场与货币市场失衡的不同组合。在区域 1 中，产品供给大于产品需求，货币供给大于货币需求；在区域 2 中，产品供给小于产品需求，货币供给大于货币需求；在区域 3 中，产品供给小于产品需求，货币供给小于货币需求；在区域 4 中，产品供给大于产品需求，货币供给小于货币需求。

经济失衡是一种不稳定的状态，只要 IS 曲线和 LM 曲线不移动，市场力量最终会使经济从失衡状态调整到均衡状态。产品市场的失衡会导致国民收入的变动；货币市场的失衡会导致利率的变动。在产品市场与货币市场的相互作用下，国民收入和利率会不断调整，最终将达到均衡状态，经济也实现了均衡。下面将说明这种经济由失衡状态向均衡状态的调整过程。

假定经济社会处于区域 1 中的一点 A，点 A 表示一个国民收入和利率组合的失衡状态，此时在产品市场上存在超额产品供给，在货币市场上存在超额货币供给。产品市场上超额产品供给的存在，引起国民收入的减少，结果导致点 A 向左水平移动。货币市场上超额货币供给的存在，引起利率下降，结果导致 A 点向下垂直运动。在以上两股力量的共同作用下，A 点将沿对角线方向向左下方移动。

假定 A 点逐渐移动到区域 2 中的 B 点，在 B 点，产品市场上存在超额产品需求，货币市场上存在超额货币供给。产品市场上超额产品需求的存在，引起国民收入增加，结果促使 B 点向右水平移动；货币市场上超额货币供给的存在，引起利率下降，结果促使 B 点向下垂直运动。在以上两股力量的共同作用下，B 点将沿对角线方向向右下方移动。

假定 B 点逐渐移动到区域 3 中的 C 点，在 C 点，产品市场上存在超额产品需求，货币市场上存在超额货币需求。产品市场上超额产品需求的存在，引起国民收入增加，结果促使

C 点向右水平移动；货币市场上超额货币需求的存在，引起利率上升，结果促使 C 点向上垂直运动。在以上两股力量的共同作用下，C 点将沿对角线方向向右上方移动。

假定 C 点逐渐移动到区域 4 中的 D 点，在 D 点，产品市场上存在超额产品供给，货币市场上存在超额货币需求。产品市场上超额产品供给的存在，引起国民收入减少，结果促使 D 点向左水平移动；货币市场上超额货币需求的存在，引起利率上升，结果促使 D 点向上垂直运动。在以上两股力量的共同作用下，D 点将沿对角线方向向左上方移动。

这个过程将一直持续下去，最终国民收入和利率会趋向于两条曲线的交点 E，从而使产品市场和货币市场同时实现均衡。

第四章

总需求与总供给模型

★ 核心知识

一、核心知识点

1. 总需求、总供给的概念,总需求函数、总供给函数的推导原理
2. 古典总供给曲线、凯恩斯主义总供给曲线和简化的凯恩斯主义总供给曲线之间的区别和联系
3. 财产效应(实际余额效应)、利率效应和汇率效应的概念
4. 产品市场、货币市场和劳动力市场的概念、区别和联系及潜在就业量的概念

二、核心知识脉络图

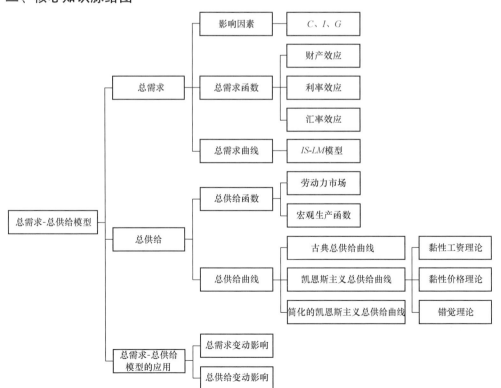

★ 内容总结与经典例题

一、内容总结

1. 总需求函数

总需求函数表示产品市场和货币市场同时达到均衡时的价格水平与国民收入间的依存关系，描述这一函数的曲线称为总需求曲线。总需求是指整个经济社会在每一个价格水平下对产品和劳务的需求总量，它由消费需求、投资需求、政府支出和国外需求构成。在其他条件不变的情况下，当价格水平提高时，国民收入水平下降；当价格水平下降时，国民收入水平上升。总需求曲线向下倾斜，其机制在于：价格水平上升将会同时打破产品市场和货币市场上的均衡。在货币市场上，价格水平上升导致实际货币供给下降，从而使 LM 曲线向左移动，均衡利率水平上升，国民收入水平下降。在产品市场上，一方面由于利率水平上升造成投资需求下降（即利率效应），总需求随之下降；另一方面，价格水平的上升还导致人们的财富和实际收入水平下降以及本国出口产品相对价格的提高，从而使人们的消费需求下降，本国的出口也会减少，国外需求减少，进口增加。这样，随着价格水平的上升，总需求水平就会下降。

2. 总需求曲线的斜率和移动

总需求曲线的斜率反映价格水平变动一定幅度使国民收入（或均衡支出水平）变动多少。从 IS-LM 模型分析中可知，价格水平变动引起实际货币余额变动会使 LM 曲线移动，进而影响收入水平，而 LM 曲线移动究竟会使均衡收入变动多少，取决于 IS 曲线和 LM 曲线的斜率。IS 曲线斜率不变时，LM 曲线越陡峭，则 LM 曲线移动时收入变动就越大，从而 AD 曲线越平缓；相反，LM 曲线斜率不变时，IS 曲线越平缓（即投资需求对利率变动越敏感或边际消费倾向越大），则 LM 曲线移动时收入变动越大，从而 AD 曲线也越平缓。

政府采取扩张性财政政策，如政府支出扩大（$\bar{A}$ 增加），或扩张性货币政策（$\bar{M}$ 增加），都会使总需求曲线向右上方移动；反之，向左下方移动。

3. 总供给

总供给是经济社会的总产量（或者总产出），一般而言是由劳动力、生产性资本存量和技术决定的。宏观经济学一般用宏观生产函数来表示产出与劳动、资本等之间的关系。

宏观生产函数可以表示为

$$Y = f(N, K)$$

其中，Y 为总产出；N 为整个社会的就业水平或者就业量；K 为整个社会的资本存量。

在宏观经济波动分析中，一般把资本存量作为外生变量处理，即

$$Y = f(N, \bar{K})$$

同时，宏观经济学假设宏观生产函数有两条重要性质：一是总产出随总就业量的增加而增加；二是由于"报酬递减规律"的作用，随着总就业量的增加，总产出按递减的比率增加，如图 4-1 所示。

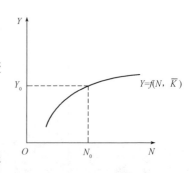

图 4-1 宏观生产函数

4. 潜在就业量与潜在产量

潜在就业量即充分就业量，此时的失业率不为零，而是为自然失业率。在短期，可以认为潜在就业量为一个外生变量，在长期，它会随着人口的增加而增加。而潜在产量就是在现有资本和技术条件下，经济社会的潜在就业量所能生产的产量，即

$$Y^* = f(N^*, \overline{K})$$

5. 劳动力市场

总供给由总就业水平决定，而总就业水平又由劳动力市场的均衡决定，即 $N_d = N_s$。而 $N_d = N_d(W/P)$，其中 W/P 为实际工资，N_d 与 W/P 呈反方向变动关系，即劳动力需求函数向右下方倾斜；$N_s = N_s(W/P)$，劳动力供给函数为 W/P 的增函数。

6. 古典总供给曲线

古典总供给曲线又称为长期的总供给曲线。在长期中，根据西方经济学观点，经济的就业水平并不随价格的变动而变动，而是总处于充分就业的状态，此时，总供给曲线为一条垂直线，即古典总供给曲线（见图4-2）。其原因在于工资的充分弹性或劳动力市场的充分竞争性。劳动力市场的充分竞争性保证了劳动力市场经常处于均衡位置（充分就业状态）。劳动力的供求主要受实际工资的影响。在名义工资既定时，价格变动将引起实际工资变动，从而导致劳动力市场非均衡：或劳动力供大于求，或劳动力求大于供。由于充分竞争性，非均衡将导致名义工资变动，直至重新回到均衡位置。

7. 凯恩斯主义总供给曲线

凯恩斯主义的两个假设为：①货币工资刚性，只能升不能降；②人们有"货币幻觉"，只注意货币的票面价值，而忽略货币的实际购买力。

理解凯恩斯主义总供给曲线应该从满足充分就业量时 (Y_0, P_0) 开始。当价格上升到 P_1 时，实际工资 W_0/P_1 下降，劳动力市场的供给减少，要求货币工资增加，W_1/P_1 恢复原值，就业量不变，总供给不变。当价格下降到 P_2 时，W_0/P_2 增加，劳动力市场需求减少，而货币工资又不能减少，所以导致厂商减少劳动力需求，就业水平小于均衡状态，总供给减少（见图4-3）。

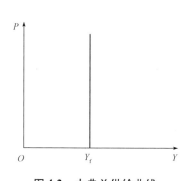

图4-2 古典总供给曲线

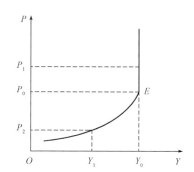

图4-3 凯恩斯主义总供给曲线

8. 简化的凯恩斯主义总供给曲线

简化的凯恩斯主义总供给曲线的经济含义是在未达到充分就业的国民收入 Y_0 前，经济社会能够以不变的价格提供任何数量的国民收入，而在达到了 Y_0 后，不管价格被提到何种

程度，国民收入都不会增长，只会出现通货膨胀。这种假设反映了萧条时期，由于存在大量的闲置劳动力和资本，所以能够在保持一定价格水平的情况下，保证国民收入增长，如图 4-4 中水平线 AS。

9. 凯恩斯主义对经济波动的解释

作为凯恩斯主义重要代表的主流学派经济学家试图用总供给曲线和总需求曲线来解释宏观经济波动（萧条、高涨和滞涨）。他们同时使用长期和短期总供给曲线。也就是说，他们把向右上方倾斜的总供给曲线称为短期总供给曲线，把垂直的总供给曲线称为长期总供给曲线。

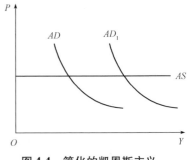

图 4-4　简化的凯恩斯主义总供给曲线

10. 总需求曲线与总供给曲线移动的效应

（1）凯恩斯情形与古典情形下总需求曲线移动的效应。总需求曲线的移动存在两种极端情况：一种是凯恩斯情形；另外一种为古典情形。

在凯恩斯情形下，如图 4-5（a）所示，扩张的财政政策只是提高产量和就业。同样，扩张的货币政策，即名义货币量的增加，也不对价格产生任何影响。

在古典情形下，如图 4-5（b）所示，扩张的财政政策和货币政策都不能改变产出，而只是提高价格。对于货币政策还有如下著名的古典结论：在古典供给条件下，名义货币的增加将促使价格水平同一比例上升，而实际利率和实际产出维持不变。在宏观经济学中，货币存量的变动只会导致价格水平的变化而实际变量（产量、就业）无一发生变化的情况，称为货币是中性的。

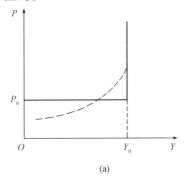 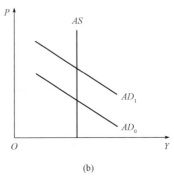

(a) (b)

图 4-5　凯恩斯情形与古典情形下总需求曲线移动的效应

(a) 凯恩斯情形；(b) 古典情形

（2）常规总供给曲线情形下总需求曲线移动的效应。用总需求曲线与总供给曲线可以说明政府旨在刺激总需求的措施所产生的效果，在很大程度上依赖于两条曲线相交于何处。图 4-6 进一步说明了这一问题。

在总供给曲线的平坦（弹性较大）部分，经济存在着过剩的生产能力。这时总需求曲线的移动，比如图 4-6（a）中从 AD_1 移动到 AD_2，这时产量较大的增加只伴随着价格以较小的幅度上升。另一方面，在总供给曲线的陡峭（弹性较小）部分，经济接近于其生产能力。这时总需求曲线的移动，比如图 4-6（b）中从 AD_3 移动到 AD_4，产量增加很少，而价格却显著上升。

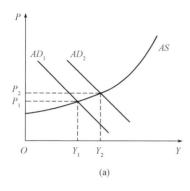
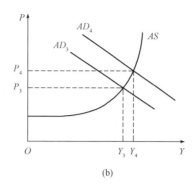

图 4-6 常规总供给曲线情形下总需求曲线移动的效应
（a）供给弹性较大；（b）供给弹性较小

（3）总供给曲线移动的效应。图 4-7（a）说明了总供给曲线移动的效应。这里考虑的是由于经济中企业的设备投资增加而造成生产能力增大的情形。这时，总供给曲线将向右移动，从 AS_0 移动到 AS_1。如果经济最初运行在总供给曲线的陡峭部分而且总需求曲线是相当无弹性的，比如图 4-7（a）中的 AD_1，那么总供给的增加意味着新的均衡价格水平将明显低于初始价格水平。另一方面，如果经济最初运行在总供给曲线的平坦部分，比如图 4-7（a）中的 AD_0，则总供给曲线移动的效果不大。这是因为总供给曲线的平坦部分表明了经济中存在着过剩的生产能力，新追加的生产能力对生产的均衡数量和均衡价格水平的影响都很小。

图 4-7（b）描述了从国外购买的投入品（比如石油）价格上涨的效应，这时总供给曲线向上移动。从微观角度看，为了使厂商愿意生产与以前相同的产量，必须能使他们得到更高的产品价格。从图中可以看出，即使这时经济存在过剩的生产能力，价格水平也会上升。

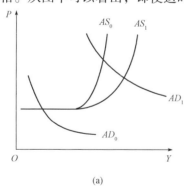
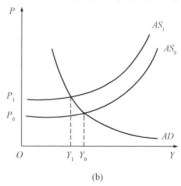

图 4-7 总供给曲线移动效应
（a）设备投资增加；（b）从国外购买投入品价格上涨

11. 总需求和总供给曲线的数学小结

对总需求和总供给曲线的研究涉及三个市场和一个总量函数，即产品市场、货币市场、劳动力市场和总量生产函数。

以短期总需求-总供给模型而论，存在着四个方程，即

产品市场均衡条件：$I(r) + g = s(Y-t) + t$

式中，g 和 t 分别为政府购买和税收。

货币市场均衡条件：$\dfrac{M}{P} = L_1(Y) + L_2(r)$

劳动力市场均衡条件：$f(N) = \dfrac{W}{P}, W = \overline{W}$

总量生产函数：$Y = Y(N, \overline{K})$

由上面四个方程可以确定 Y、N、r、P。

以长期总需求-总供给模型而论，也存在着四个方程：

产品市场均衡条件：$I(r) + g = s(Y-t) + t$

货币市场均衡条件：$\dfrac{M}{P} = L_1(Y) + L_2(r)$

劳动力市场均衡条件：$f(N) = \dfrac{W}{P}, h(N) = \dfrac{W}{P}$

式中，f 和 h 分别为劳动力需求函数和供给函数。

总量生产函数：$Y = Y(N, \overline{K})$

通过四个方程联立，可以求得 Y、N、r、P 的数值。

二、经典例题

1. （1）如果消费需求 $C = 100 + 0.8Y_d$（这里 Y_d 为可支配收入），投资需求 $I = 150 - 6r$，税收 $T_x = 50$，政府支出 $G = 40$，求解产品市场均衡的 IS 方程。

（2）如果经济的名义货币供给为 150，货币需求为 $0.2y - 4r$，在 $P = 1$ 时，LM 方程为 $y = 750 + 20r$；在 $P = 1.2$ 时，LM 方程为 $y = 625 + 20r$，在 $P = 1.5$ 时，LM 方程为 $y = 500 + 20r$。求解在 1、1.2、1.5 的价格水平下，使产品市场和货币市场同时达到均衡的国民收入水平和利率水平。

（3）如果在 $P = 1$ 的价格水平下，名义货币供给从 150 下降到 125，货币市场和产品市场的均衡有何变化？

答案解析：

（1）本题重点考查产品、货币市场均衡的条件。

当产品市场均衡时，有 $y = C + I + G$

即 $y = 100 + 0.8(y - 50) + 150 - 6r + 40$

整理可得 IS 方程为 $y = 1\,250 - 30r$

（2）当 $P = 1$ 时，IS、LM 方程分别为

IS 方程：$y = 1\,250 - 30r$

LM 方程：$y = 750 + 20r$

两方程联立，即可得 $y = 950, r = 10$

当 $P = 1.2$ 时，IS、LM 方程分别为

IS 方程：$y = 1\,250 - 30r$

LM 方程：$y = 625 + 20r$

两方程联立，即可得 $y = 875, r = 12.5$

当 $P = 1.5$ 时，IS、LM 方程分别为

IS 方程：$y = 1\ 250 - 30r$

LM 方程：$y = 500 + 20r$

两方程联立，即可得 $y = 800$，$r = 15$

这就意味着，总需求水平随价格水平的上升而降低，即 AD 曲线为负斜率；在一定的 $\overline{M}$ 水平下，价格水平上升、实际货币供给减少，利率水平上升。

（3）如果在 $P = 1$ 的价格水平下，名义货币供给从 150 下降到 125，实际货币供给水平也就相应从 150 下降到 125。货币市场利率水平上升，国民收入水平将从 950 下降到 875。

2. 假定劳动力的边际产出函数为 $14 - 0.08N$，这里 N 是劳动投入量。

（1）当 $P = 1$，单位劳动的名义工资为 4、3、2、1 美元时，劳动力需求各为多少？

（2）给出劳动力需求方程。

（3）当 $P = 2$ 时，在名义工资分别为 4、3、2、1 美元时，劳动力需求各为多少？

（4）在其他条件不变时，价格水平上升对劳动力需求有何影响？

答案解析：

（1）在完全竞争的市场上，企业在边际产值等于边际成本（即雇佣单位劳动的名义工资）时决定劳动力需要量。这里，边际产值为 $P(14 - 0.08N)$，名义工资为 W，当 $P(14 - 0.08N) = W$ 时，就决定了价格水平 P 下对应于每个名义工资水平的劳动力需要量。于是，$P = 1$ 时，4 美元的工资水平下就业量为 125 单位，3 美元下为 137.5 单位，2 美元下为 150 单位，1 美元下为 162.5 单位。

（2）从（1）中可求解在 P 和 W 水平下的劳动投入量 N

$$P(14 - 0.08N) = W$$
$$0.08PN = 14P - W$$

这样，劳动力需求函数为

$$N = 175 - 12.5\left(\frac{W}{P}\right)$$

（3）当 $P = 2$ 时，根据（2）中的劳动力需求函数即可求出不同 W 水平下的 N：$W = 4$ 时，$N = 150$；$W = 3$ 时，$N = 156.25$；$W = 2$ 时，$N = 162.5$；$W = 1$ 时，$N = 168.75$。

（4）如果（1）（2）中的劳动力需求曲线画在一张图里，可以推测在其他条件不变的情况下，价格水平的上升会使劳动力需求曲线向右移动，斜率变小。

★ 基础训练

一、名词解释

1. 古典总供给曲线
2. 总需求函数
3. 潜在就业量和潜在产量
4. 总需求-总供给模型
5. 实际余额效应

二、单项选择

1. 下面不构成总需求的是（　　）。
   A. 政府支出　　　B. 投资　　　C. 净出口　　　D. 税收

2. 总需求曲线向右下方倾斜是由于（　　）。
   A. 价格水平上升时，投资会减少　　　B. 价格水平上升时，需求会减少
   C. 价格水平上升时，净出口会减少　　　D. 以上几个因素都是

3. 下列哪一种情况会引起总需求曲线向左平行移动？（　　）
   A. 消费增加　　　B. 税收减少　　　C. 物价水平下降　　　D. 投资减少

4. 长期总供给曲线表示（　　）。
   A. 经济中的资源还没有得到充分利用　　　B. 经济中的资源已得到了充分利用
   C. 在价格不变时，总供给可以无限增加　　　D. 经济中存在着严重的失业

5. 短期总供给曲线表明（　　）。
   A. 总需求与价格水平同方向变动　　　B. 总需求与价格水平反方向变动
   C. 总供给与价格水平同方向变动　　　D. 总供给与价格水平反方向变动

6. 导致短期总供给曲线向右下方移动的因素是（　　）。
   A. 社会生产能力降低　　　B. 社会投资减少
   C. 社会投资增加　　　D. 利率水平上升

7. 公式 $I + G + X > S + T + M$ 说明（　　）。
   A. 总供给大于总需求　　　B. 总供给等于总需求
   C. 注入量小于漏出量　　　D. 总需求大于总供给

8. 开放经济的均衡条件是（　　）。
   A. $I = S$　　　B. $I + G = S + T$
   C. $I + G + X = S + T + M$　　　D. $I + T = S + G$

9. 在总需求不变时，短期总供给的增加会引起（　　）。
   A. 国民收入增加，价格水平下降　　　B. 国民收入增加，价格水平上升
   C. 国民收入减少，价格水平上升　　　D. 国民收入减少，价格水平下降

10. 如果（　　），总供给与价格水平正相关。
    A. 摩擦性与结构性失业存在
    B. 劳动力供给立即对劳动力需求的变化做出调整
    C. 劳动力需求立即对价格水平的变化做出调整，但劳动力供给不受影响
    D. 劳动力供给立即对价格水平的变化做出调整，但劳动力需求却不受影响

三、分析说明

1. 假设总供给曲线是非垂直的，根据下列情况预测产品、价格和就业的变化。
   （1）为了平衡预算，政府削减支出。
   （2）为了平衡预算，政府提高税率。
   （3）某项新的减税计划使消费者增加储蓄。
   （4）某项进口税使人们购买国产车而不买进口车。

2. 假定一个经济体最初处于充分就业均衡。

（1）再假定投入品价格不变，用图形说明国外收入增加所带来的影响。

（2）再假定投入品价格不变，用图形说明人力资本存量增加带来的影响。

（3）用图形说明工资增加所带来的影响。

3. 假设一个经济体在投入品价格为既定时国民生产总值由于总需求增加处于充分就业均衡之上。当然，经济不可能长期处于这一水平。用图形说明国民生产总值恢复到充分就业均衡的过程。

4. AD 曲线与 AS 曲线在坐标内水平移动的经济含义是什么？其原因是什么？

四、计算

1. 某国劳动的边际产出是 $MPL = 500 - 0.5L$，L 是劳动数量。劳动力总供给函数为 $L = 400 + 8(1-t)W$，W 为实际工资，t 为对收入征税的所得税税率。

（1）当 $t = 0.5$ 时，计算税前实际工资和劳动总量。

（2）当 $t = 0.25$ 时，计算税前实际工资和劳动总量。与（1）的结果进行比较并给出简明的解释。

2. 假定短期供给函数为 $Y = 14N - 0.04N^2$，劳动力需求函数为 $N_d = 175 - 12.5\left(\dfrac{W}{P}\right)$。劳动力供给函数为 $N_g = 70 + 5.0W$。劳动者预期，$P = 1$ 的价格会持续下跌。如果经济开始处于 1 000 的充分就业产出水平，价格水平为 1，名义工资为 6 美元，实际工资为 6 美元，就业量为 100。试问：

（1）当政府支出扩大使总需求曲线右移，总产出扩大到 1 011.40，价格水平上升到 1.10 时，就业量、名义工资、实际工资有何变化？

（2）当工人要求增加 10% 的名义工资（因为价格水平上升了 10%）使总供给曲线左移、总产出下降到 1 005.95、价格水平上升到 1.15 时，就业量、名义工资、实际工资有何变化？

（3）为什么实际产出会超过 1 000 美元的充分就业产出水平？

3. 设 IS 方程为 $r = 0.415 - 0.000\,018\,5Y + 0.000\,05G$，LM 方程为 $r = 0.000\,016\,25Y - 0.000\,1 \times \dfrac{M}{P}$，$r$ 为利率，Y 为收入，G 为政府支出，P 为价格水平，M 为名义货币量。试导出总需求曲线，并说明名义货币量和政府支出对总需求曲线的影响。

4. 某国的宏观经济模型为

消费函数：$C = 0.75(Y - T) + 120$

投资函数：$I = 500 - 4\,000r$

财政收支：$G = T = 48$

货币交易需求：$L_1 = 0.25Y$

货币投机需求：$L_2 = 268 - 1\,000r$

货币供给：$M = 500$

生产函数：$Y = 1.664N$

充分就业时的产出：$Y_f = 1\,248$

（1）产品市场、货币市场、劳动力市场是否同时实现了均衡？
（2）求充分就业量 N_f。

五、答案解析

（一）名词解释

1. 古典总供给曲线：是一种长期总供给曲线。根据西方经济学观点，在长期中，经济的就业水平并不随着价格的变动而变动，而是总处于充分就业的状态，此时，总供给曲线为一条垂直线，即古典总供给曲线。其原因在于工资的充分弹性或劳动力市场的充分竞争性。劳动力市场的充分竞争性保证了劳动力市场经常处于均衡位置（即充分就业状态）。劳动力的供求主要受实际工资的影响。在名义工资既定时，价格变动将引起实际工资变动，从而导致劳动力市场非均衡：或劳动力供大于求，或劳动力求大于供。由于充分竞争性，非均衡将导致名义工资变动，直至重新回到均衡位置。

2. 总需求函数：指表示产品市场和货币市场同时达到均衡时的价格水平与国民收入间的依存关系的函数。描述这一函数的曲线称为总需求曲线。总需求是指整个经济社会在每一个价格水平下对产品和劳务的需求总量，它由消费需求、投资需求、政府支出和国外需求构成。在其他条件不变的情况下，当价格水平上升时，国民收入水平下降；当价格水平下降时，国民收入水平上升。由产品市场均衡条件 $I(r)+g=s(Y-t)+t$ 和货币市场均衡条件 $\dfrac{M}{P}=L_1(Y)+L_2(r)$，可以求得总需求函数。

3. 潜在就业量：指一个社会在现有激励条件下，所有愿意工作的人都参加生产时所达到的就业量。由于经济中存在的一些难以避免的原因，当就业量等于潜在就业量时，失业率并不为零，这时的失业率被称为自然失业率。一般当就业量低于潜在就业量时，失业率高于自然失业率；反之，当就业量高于潜在就业量时，失业率低于自然失业率。在宏观经济学中，潜在就业量通常被看作一个外生变量，即它不取决于产量、消费、投资和价格水平等宏观经济变量。但另一个方面，一个社会的潜在就业量又不是固定不变的，它随着人口等增长而稳定增长。

潜在产量指在现有资本和技术条件下，经济社会在潜在就业水平处所能生产的最大产量，即

$$Y^*=f(N^*,\overline{K})$$

式中，N^* 为潜在就业量，Y^* 为潜在产量。因为潜在就业量不受价格水平等宏观经济变量的影响，所以潜在产量也不受价格水平等经济变量的影响，也被视为一个外生变量。当一个经济社会的生产达到了其潜在产量时，意味着该经济社会比较充分地利用了现有经济资源。

4. 总需求-总供给模型：是把总需求与总供给结合起来分析国民收入与价格水平等决定其变动的国民收入决定模型。在图4-8中，横轴代表国民收入（Y），纵轴代表价格水平（P），AD_1 代表原来的总需

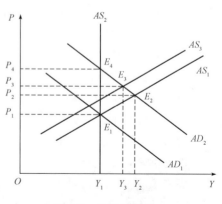

图4-8　总供求模型

求曲线，AS_1 代表短期总供给曲线，AS_2 代表长期总供给曲线。最初，经济在点 E_1 时实现了均衡，均衡国民收入为 Y_1，均衡价格水平为 P_1。这时点 E_1 又在长期总供给曲线 AS_2 上，所以，Y_1 代表充分就业的国民收入水平。在短期内，政府通过扩张性的财政政策或货币政策，增加了总需求，从而使总需求曲线从 AD_1 向右上方平行地移动到 AD_2。AD_2 与短期总供给曲线 AS_1 相交于 E_2。这样，总需求的增加使国民收入水平从 Y_1 增加到 Y_2 并使价格水平从 P_1 上升到 P_2。但是，价格的上升必然引起工资增加，总供给减少，短期总供给曲线从 AS_1 向左上方平行移到 AS_3，AS_3 与 AD_2 相交于 E_3。这样，国民收入水平从 Y_2 减少到 Y_3，价格水平从 P_2 上升到 P_3。在长期中，总供给曲线是一条垂直线（AS_2）。AD_2 与 AS_2 相交于 E_4，国民收入水平为充分就业的国民收入 Y_1，而价格水平上升到 P_4。这一模型是用总需求来说明国民收入决定的收入－支出模型的发展。它说明，总需求与总供给对国民收入与价格水平的决定都有重要的作用，因此，应该同时运用需求管理与供给管理政策。

5. 实际余额效应：价格水平上升，使人们所持有的货币及其他以货币衡量的具有固定价值的资产的实际价值降低，人们会变得相对贫穷，于是人们的消费水平就相应降低，这种效应称为实际余额效应，也称为庇古效应。在实际余额效应的影响下，如果国内物价总水平上升，必然导致国内总支出水平下降，总需求曲线向右下方倾斜。

（二）单项选择

1. D 2. D 3. D 4. B 5. C 6. C 7. D 8. C 9. A 10. C

（三）分析说明

1. 总供给是经济社会的总产量（或总产出），它描述了经济社会的基本资源用于生产时可能有的产量。一般而言，总供给主要是由劳动力、生产性资产存量和技术决定的。总供给函数是指总产量与一般价格水平之间的关系。在以价格水平为纵坐标、总产量为横坐标的坐标体系中，总供给函数的几何表达即总供给曲线。垂直的古典总供给曲线和水平的凯恩斯总供给曲线分别代表两种极端状态。前者来自货币市场工资（W）和价格水平（P）能够立即进行调整的假设；后者则来自货币工资（W）和价格水平完全不能进行调整的假设。西方学者认为，在通常或常规的情况下，短期总供给曲线位于两个极端之间，如果假定供给曲线是非垂直的，则可以根据题意做以下分析：

（1）政府支出的下降使得 IS 曲线和总需求曲线左移，从而降低了产出、价格和就业水平。

（2）税率的提高减少了税后可支配收入和消费支出，使得 IS 曲线和总需求曲线左移，从而降低了产出、价格和就业水平。

（3）储蓄的增加使得 IS 曲线和总需求曲线左移，从而降低了产出、价格和就业水平。

（4）用于国产商品支出的增加使得 IS 曲线和总需求曲线右移，从而提高了产出、价格和就业水平。

2. （1）如图 4-9 所示，经济最初的宏观经济均衡在 a 点，总需求曲线为 AD_0。国外收入增加引起

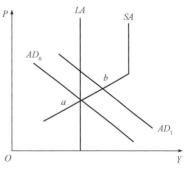

图 4-9 国外收入增加与均衡产出变动

对国内需求大幅增加（国内出口增加），所以，总需求曲线向右方移动，即从 AD_0 移动到 AD_1，新的均衡在 b 点时，物价水平上升了，实际国民生产总值也增加了。

（2）如图 4-10 所示，经济最初均衡点为 a，这时长期总供给曲线 LAS_0 与短期总供给曲线 SAS_0 相交。人力资本存量增加（即资源增加）会使长期总供给曲线和短期总供给曲线都向右方移动，即 LAS_0 移动到 LAS_1，SAS_0 移动到 SAS_1。新的均衡在 b 点时，物价水平下降了，实际国民生产总值增加了。这就是在总需求不变（总需求曲线始终为 AD）的情况下，总供给增加所引起的物价水平下降和国民生产总值增加，这说明人力资本的增加可以增加总供给，从而在物价下降的同时增加国民生产总值。这正是各国重视人力资本投资的原因，也是人力资本增加对经济的贡献。

（3）如图 4-11 所示，最初的均衡点 a 在短期总供给曲线 SAS_0 上。工资增加使短期总供给曲线向上方移动，即从 SAS_0 移动到 SAS_1。新的均衡在 b 点时，物价水平上升了，实际国民生产总值减少了。

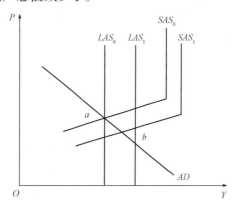

图 4-10　人力资本增加与均衡产出变动

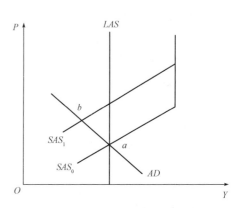

图 4-11　工资增加与均衡产出变动

3. 如图 4-12 所示，总需求增加，总需求曲线从 AD_0 向右方移动到 AD_1，这时的均衡在 b 点，实际国民生产总值高于充分就业均衡的水平。这是因为当工资不变时，企业的劳动的实际成本下降了，从而刺激产量增加。产量由原来均衡的 a 点沿着短期总供给曲线变动为 b 点。这样，实际国民生产总值增加，物价上升。物价上升使工资的购买力下降（即实际工资减少）。所以，工人要求更高的工资，企业也愿意提高工资。同样，其他投入品价格也会上升。投入品价格的上升使短期总供给曲线向上移动，即

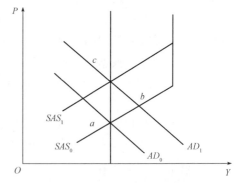

图 4-12　国民生产总值动态调整

从 SAS_0 移动到 SAS_1。SAS_1 与 AD_1 相交决定了新的均衡点 c。这时实际国民生产总值又恢复到最初的水平，但物价水平上升了。这就说明，总需求的增加如果使实际国民生产总值大于充分就业的水平，尽管短期内会增加实际国民生产总值，使经济繁荣，但这种状态不能持久。它迟早会引起工资与投入品价格上升，最终实际国民生产总值要回到充分就业的水平，但物价水平上升了，即引发了通货膨胀。

4. 总需求曲线（AD 曲线）表示的是商品市场和货币市场同时达到均衡时的物价水平与收入之间的关系；总供给曲线（AS 曲线）表示的是劳动力市场达到均衡时物价水平与收入之间的关系。将总需求曲线和总供给曲线放在同一个平面图上，就构成了总需求-总供给模型，简称 AD-AS 模型。

（1）AD 曲线的右移与通货膨胀。在图 4-13 中，可以观察 AS 曲线保持不变、AD 曲线不断向右方移动所产生的均衡点的变动情况：AD_1 向右移动到 AD_2，与 AS 曲线产生的交点表明，价格水平由 P_1 上升至 P_2，产出水平则由 Y_1 扩大至 Y_2，由于价格的上涨伴随着产出水平的增加，这里的价格上涨被称为"价格的恢复性上涨"；AD_2 向右移动至 AD_3，与 AS 曲线产生的交点则表明，价格水平虽然由 P_2 上升至 P_3，但产出水平则仍然维持在原有的水平 Y_2，这种价格上涨被称为"通货膨胀"。

AD 曲线向右方移动的原因有很多，比如投资和需求的扩大、政府采购的宏观扩张政策、货币（通货）流通的增长（膨胀）等，但主要的原因是货币流通等增长超过了经济增长的正常需要，而且由其他原因造成的通货膨胀也必然伴随着货币流通的非正常增长。

（2）AD 曲线的左移与通货紧缩。如图 4-14 所示，可以观察到 AS 曲线保持不变、AD 曲线不断向左方移动所产生的均衡点的变动情况：AD_1 向左移动至 AD_2 与 AS 曲线产生的交点表明，价格水平由 P_1 下降至 P_2，产出水平则由 Y_1 缩减至 Y_2；AD_2 继续向左移动至 AD_3 与 AS 曲线产生的交点表明，价格水平进一步由 P_2 下降至 P_3，而产出水平则由 Y_2 缩减至 Y_3；这种价格的持续下跌并伴随着产出水平收缩的经济现象即"通货紧缩"或"经济衰退"。

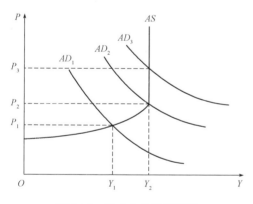

图 4-13 需求上升通货膨胀

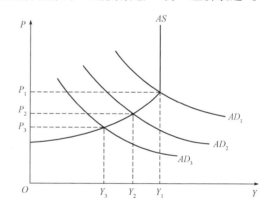

图 4-14 需求缩减通货紧缩

AD 曲线向左移动的原因有很多，比如投资和需求的萎缩、政府采购的宏观紧缩政策、货币（通货）流通的收缩（紧缩）等，但主要的原因是货币流通的收缩，而且由其他原因造成的通货紧缩和经济衰退也必然伴随着货币流通的非正常收缩。

（3）AS 曲线的左移与滞涨。在图 4-15 中，可以观察到 AD 曲线保持不变、AS 曲线向左方移动所产生的均衡点的变动情况：AS_1 向左移动至 AS_2，与 AD 曲线产生的交点表明，价格水平由 P_1 上升至 P_2，但产出水平由 Y_1 缩减至 Y_2，这种价格上涨（通货膨胀）与经济衰退（增长停滞）同时并存的现象就是"滞涨"。

导致 AS 曲线向左移动的原因，主要是生产要素包括劳动力和资源价格上升对经济造成的紧缩作用，例如 20 世纪 70 年代初期，由于中东石油危机导致全球原油价格的暴涨，从而使包括美国、日本和西欧国家在内的主要工业化国家经历了长达 10 多年的滞涨。

（4）AS 曲线的右移与创新。在图 4-16 中，可以观察到 AD 曲线保持不变，AS_1 向右移动至 AS_2，与 AD 曲线产生的交点表明，价格水平由 P_1 下降至 P_2，但产出水平则由 Y_1 扩大至 Y_2；由于 AS 曲线在横轴上的投影意味着一个国家在现有资源条件下的生产可能性边界，而 AS 曲线向右方移动则意味着这一边界的扩大，所以带来了宏观经济的良性发展。

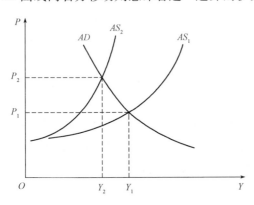

图 4-15　总供给下降与经济滞涨　　　　图 4-16　创新与总供给增加

导致 AS 曲线向右移动的原因主要是创新，因为一个国家的生产可能性边界受到现有资源状况的制约，虽然在极偶然的情况下一个国家有可能因为发现新的、大规模的资源而导致 AS 曲线右移，但更一般的情况是因为创新导致在资源不变条件下 AS 曲线的右移，使潜在的生产能力大幅度提高。创新可以包括生产方式的创新、生产技术的创新、需求市场的创新以及制度的创新。20 世纪 80 年代以后我国的经济体制改革，90 年代以后美国所谓的"新经济"，都是创新带来的长期经济增长的例子。

（四）计算

1.（1）劳动力市场均衡时 $MPL = W$。因此可以得到以下方程组：

$$W = 500 - 0.5L$$
$$L = 400 + 8(1-t)W$$

将 $t = 0.5$ 代入以上方程组后可以解得

$$L = 800, W = 100$$

（2）劳动力市场均衡时 $MPL = W$。因此可以得到以下方程组：

$$W = 500 - 0.5L$$
$$L = 400 + 8(1-t)W$$

将 $t = 0.25$ 代入以上方程组后可以解得

$$L = 850, W = 75$$

与（1）的结果进行比较，所得税税率的降低增加了均衡时的劳动数量，降低了均衡名义工资水平。这是因为税率的降低使得同样名义工资下劳动力供给数量增加，劳动力供给曲线向右移动而劳动力需求曲线保持固定，从而增加了均衡时劳动数量、降低了均衡名义工资水平。同时，工人的税后实际工资也有所降低，即减税的政策并未改善工人的福利。

2.（1）当价格水平上升时，劳动力市场有

$$N_d = N = 175 - 12.5\left(\frac{W}{1.10}\right)$$

$$N_g = N = 70 + 5.0W$$

解得均衡时 $W \approx 6.42$，$N \approx 102$

从以上数据可知，随着政府支出的增加，均衡就业量从 100 单位增加到 102 单位，名义工资从 6.00 美元上升到 6.42 美元，实际工资从 6 美元下降到 5.84（6.42÷1.1）美元。

（2）当工人要求增加 10% 的名义工资水平时，劳动力市场有

$$N_d = N = 175 - 12.5\left(\frac{W}{1.15}\right)$$

$$N_g = N = 70 + 5.0W$$

均衡时可得：$W \approx 6.62$，$N \approx 103$

这样，均衡就业量就从 102 单位上升到 103 单位，名义工资从 6.42 美元上升到 6.62 美元，实际工资从 5.84 美元下降到 5.76（6.62÷1.15）美元。

（3）只要工人不预期原来的价格水平会有所提高，那么，面对价格水平的上升就不会立即反映到名义工资的上升中。工人实际工资水平的下降就会促使工人多就业，使实际产出超过充分就业水平。

3. 由 IS 函数：$r = 0.415 - 0.0000185Y + 0.00005G$

LM 函数：$r = 0.00001625Y - 0.0001 \times \dfrac{M}{P}$

由 $IS = LM$ 得总需求函数为：$347.5Y = 1000\dfrac{M}{P} + 500G + 4150000$

政府支出的变化会导致总需求曲线的平行移动，名义货币的变化会带来总需求函数的斜率变化，而不是简单的平行移动。

4. （1）产品市场均衡条件：

$$\begin{cases} Y = C + I + G \\ C = 0.75(Y-T) + 120 \\ I = 500 - 4000r \\ G = T = 48 \end{cases}$$

整理后得 IS 方程为 $r = 0.158 - 0.0000625Y$

货币市场均衡条件为

$$\begin{cases} M = L_1 + L_2 \\ L_1 = 0.25Y \\ L_2 = 268 - 1000r \\ M = 500 \end{cases}$$

整理后得 LM 方程为 $r = 0.00025Y - 0.232$

产品市场和货币市场同时均衡条件为

$$r = 0.158 - 0.0000625Y$$

$$r = 0.00025Y - 0.232$$

解此方程组得：$r = 0.08$，$Y = 1\,248$

由于产品市场和货币市场同时均衡时的收入水平正好与充分就业时的收入水平相等，说明劳动力市场也同时实现了均衡，即三个市场同时达到均衡。

（2）由生产函数 $Y = 1.664N$ 得 $N = \dfrac{Y}{1.664}$

而充分就业时的产出 $Y_f = 1\,248$，所以：

$$N_f = \dfrac{1\,248}{1.664} = 750$$

★ 知识拓展

请结合案例1和案例2，理解总需求-总供给模型对于国民收入决定的重要价值。

案例1：供给侧结构性改革的经济学理论内涵——基于总需求-总供给模型

人类社会在不断发展过程中，虽然离不开消费等需求的动力源，但从长期考查更为主要的支撑因素不是需求，而是有效供给对于需求的回应与引导。从更综合、更本质的层面上讲，经济发展的停滞其实不是因为需求不足，而是由供给（包括生产要素供给和制度供给）不足引起的。因此，可以说供给侧结构性改革的思维逻辑与供给侧学派的基本理论其实一脉相承，深谙经济学的基本规律和市场作用。

过去一段时间以来，我国政府习惯于也得益于对经济的需求侧管理，并且利用需求侧管理促进了经济增长。政府在社会总需求中往往充当主角，在拉动经济增长的投资、消费、出口"三驾马车"中，政府投资、政府消费以及政府推动出口的比重都很高。但是需求侧管理适合的土壤是"社会有效需求不足"，而且需求管理仅仅解决短期经济增长问题，这种政府主导的需求管理走到一定阶段必然面临一个问题：由于民间需求有硬性预算约束，如企业和居民受自身收入约束，但是相比之下政府需求是软约束，政府可通过印发、超发货币，利用赤字工具等进行支付，结果政府需求很可能会超过合理的限度而对民间投资需求形成"挤出效应"。因此，当前供给侧结构性改革的任务，一方面是清理过去积累的"无效需求"，另一方面就是改变需求管理的方式、方向和力度，与供给端的结构性改革相配合、相适应。而从经济学理论角度看，供给侧结构性改革的实质就是对社会生产力的进一步解放和发展，尤其是要通过科技创新来提高全要素生产率，使社会有效生产能够发生"质"的飞跃，宏观经济能够达到一个较高的"稳态"增长水平，同时改革一切不适应和阻碍生产力发展的生产关系，包括体制机制束缚、要素价格扭曲、行政干预、法制不健全等问题，从而激发微观主体的经济活力和竞争力。从这一点看，供给侧结构性改革将会为探索中国特色的经济发展理论提供丰富的实践基础和素材。

（资料来源：王海军，冯乾. 供给侧结构性改革的经济学理论内涵——基于总供给总需求的分析框架［J］. 西安交通大学学报：社会科学版，2016，36（6）：9-15.）

案例2：破解中国经济困局

在经历了长期出口导向型的经济增长模式后，由于受到国际金融危机、国内刘易斯拐点等的冲击，我国经济正面临越来越多的挑战，总需求调整受到不少制约，如外需无法回至危机前；消费需求短期也难以大幅提升；投资需求受前期房价高及金融危机后融资条件等约束，刺激空间也明显缩小等。因此，单靠传统的逆周期宏观调控政策难以彻底破解我国经济的困局，有必要在宏观经济分析中找寻更加系统性的解决方案。

在总需求－总供给（AD-AS）的系统性分析框架下，为了实现更加合意的经济均衡，现阶段我国应特别强化宏观经济政策组合的力量，避免走过度依赖投货币、上项目的老路：一方面，应继续坚持逆周期的总需求调控，但在后金融危机期间要格外注重追求投资效率、把握刺激力度，充分考虑物价对总需求（尤其是投资）扩张的敏感程度；另一方面，应试图寻求破解困局的突破点，全方位推进总供给调整进程。具体来说，就是要找准中国供给端的突破点，如推进户籍制度改革及社会保障，增加劳动力的有效供给；实施减税以及税制改革，增强微观主体供给能力；努力改善资本融资方式，降低资金要素供给的扭曲；破除垄断及推进国企改革，激发制度对供给的提升效力；重新审视政府与市场的边界，发挥生产率对提升总供给的根本性作用等。总之，总需求、总供给两者不可偏废，应加强相互协调，使之相得益彰，共同促进我国当前宏观经济困局的破解，使我国迈向未来的可持续健康发展之路。

（资料来源：伍戈，刘琨. 破解中国经济困局：基于总供给－总需求的分析框架 [J]. 国际经济评论，2013（5）：40－54.）

★名校考研真题解析

一、名校考研真题

1. （中国人民大学 2002 研）根据西方主流经济学的相关理论，在什么情况下需要扩大总需求？通过哪些途径扩大总需求？

2. （中南财经大学 2011 研）总供给曲线有哪些类型？请分别说明。

3. （武汉大学 2008 研）在宏观层面上，决定一国总体经济表现的根本力量是总供给与总需求，所有的因素可以划归这两个方面。请回答：

（1）说明如下概念或原理和总供给与总需求的关系：乘数原理，消费、投资、政府购买和进出口，商品与劳务、货币或资产、劳动力，IS-LM 模型，财政政策与货币政策。

（2）在推动经济增长的过程中，总供给与总需求各起到什么样的作用？谁更重要？

（3）从总供给与总需求的角度讨论通货膨胀的可能原因是什么，中国目前的物价上涨的主要因素是什么。

（4）综合考虑问题（1）中所有方面，说明影响投资乘数的因素有哪些。

4. （南京大学 2011 研）某国经济总量生产函数为 $Y=10\sqrt{L}$，求：

（1）劳动力需求函数；

（2）用实际工资表示产出；

（3）如果名义工资为 2，价格水平为 1.5，计算产出水平；

（4）按照工资黏性模型，假设名义工资固定在 $W=2$，求总供给方程。

5. （南京大学 2011 研）总需求曲线为什么向右下方倾斜？

二、真题解析

1. （1）总需求是指整个社会经济在每一价格水平下对产品和劳务的需求总量。总需求函数表示产品市场和货币市场同时达到均衡时的价格水平和国民收入之间的数量关系。描述这一函数关系的曲线被称为总需求曲线。总需求曲线向右下方倾斜，表明在其他条件不变等情况下，价格水平和国民收入的反方向变动关系。可以从简单的凯恩斯模型和 IS-LM 模型中推导出总需求曲线。

（2）当总需求小于总供给，也就是有效需求不足，出现通货紧缩趋势时，应采取措施扩大总需求，促进经济增长和结构调整，抑制通货紧缩。政府采取扩张性财政政策，如政府支出扩大，或扩张性货币政策，都会使总需求扩大。

2. 总供给曲线的理论主要由总量生产函数和劳动力市场理论推导出来，在劳动力市场理论中，经济学家对工资和价格的变化及调整速度的看法存在分歧，因此不同的经济理论推导出不同的总供给曲线。总供给曲线主要有三类：古典总供给曲线、凯恩斯总供给曲线和常规总供给曲线。

（1）古典总供给理论认为，劳动力市场运行没有阻力，在工资和价格可以灵活变动的情况下，劳动力市场得以出清，使经济的就业总量维持充分就业状态，从而在其他因素不变的情况下，经济的产量总能保持在充分就业的产量或潜在产量水平上。因此，在以价格为纵坐标、总产量为横坐标的坐标体系中，古典总供给曲线是一条位于充分就业产量水平的垂直线。

（2）凯恩斯总供给理论认为，在短期，一些价格是刚性的，从而不能根据需求的变动而调整。由于工资和价格刚性，短期总供给曲线不是垂直的，凯恩斯总供给曲线在以价格为纵坐标、收入为横坐标的坐标体系中是一条水平线，表明经济体中的厂商在现有价格水平上，愿意供给所需的任何数量的商品。凯恩斯总供给曲线的基础思想是，作为工资和价格刚性的结果，劳动力市场不能总维持在充分就业状态，由于存在失业，厂商可以在现行工资下获得所需劳动力，因而它们的平均生产成本被认为是不随产出水平变化而变化的。

（3）一些经济学家认为，古典总供给曲线和凯恩斯总供给曲线分别代表着劳动力市场的两种极端的情况。在现实中，工资和价格的调整经常介于两者之间。在这种情况下，以价格为纵坐标、产量为横坐标的坐标体系中，总供给曲线是向右上方延伸的，即常规总供给曲线。

总之，针对总量劳动力市场关于工资和价格的不同假设，宏观经济学中存在着三种类型的总供给曲线。

3. （1）乘数原理与总需求的关系体现在当总需求构成中的任何一项增加时，就通过乘数效应使总需求发生若干倍的变化；消费、投资、政府购买和进出口构成总需求；商品与劳务、货币或资产、劳动力共同作用构成总供给和总需求，总需求曲线代表商品市场和货币市场的同时均衡，总供给曲线则代表劳动力市场均衡；IS-LM 模型在价格变动时可以推导出总需求的方程；财政政策与货币政策可以使总需求发生变动，同时总供给和总需求模型可以用来分析财政政策和货币政策的效果。

（2）在推动经济增长的过程中，在短期内，总需求起到主导作用，总需求决定总产出；在长期内，总供给更重要，当总供给达到潜在 GDP 水平时，总需求的提高不提高总产出。

（3）从总供给与总需求的角度讨论通货膨胀的可能原因是：

①需求拉动的通货膨胀。需求拉动的通货膨胀，又称超额需求通货膨胀，是指总需求超过总供给所引起的一般价格水平的持续显著的上涨。需求拉动的通货膨胀理论把通货膨胀解

释为"过多的货币追求过少的商品"。

②成本推动的通货膨胀。成本推动的通货膨胀,又称为成本通货膨胀或供给通货膨胀,是指在没有超额需求的情况下,由于供给方面成本的提高所引起的一般价格水平持续和显著的上涨。西方学者认为,成本推动通货膨胀主要是由工资的提高造成的。他们把这种成本推动通货膨胀叫作工资推动通货膨胀,以区别于利润提高造成的成本推动通货膨胀。

(4)影响投资乘数的因素有边际消费倾向、边际进口倾向、边际税率、投资需求对利率变动的反应程度、货币需求对利率变动的敏感程度、货币需求对收入的敏感程度等。

4. (1)生产函数 $Y = 10\sqrt{L}$,对 L 求一阶导数得到劳动的边际产出:

$$MPL = \frac{dY}{dL} = \frac{5}{\sqrt{L}}$$

令实际工资率 $\frac{W}{P}$ 等于劳动的边际产出 MPL,得

$$\frac{W}{P} = MPL = \frac{5}{\sqrt{L}}$$

令劳动力需求函数为

$$L = 25/(W/P)^2$$

(2)将(1)中的劳动力需求函数代入总量生产函数并整理得

$$Y = 10\sqrt{L} = 50/(W/P)$$

(3)把 $W = 2$、$P = 1.5$ 代入(2)中的式子即得出产出水平:

$$Y = 50/(W/P) = 50/(2/1.5) = 37.5$$

(4)如果工资具有黏性且名义工资固定在 $W = 2$,则将其代入(2)中的产量表达式得总供给方程为

$$Y = 50/(W/P) = 25P$$

5. (1)从总需求曲线的获得方法看:总需求曲线表示在满足产品市场的均衡条件和满足货币市场的均衡条件时,价格和国民收入之间的关系。下面从收入-支出曲线和 IS-LM 曲线两种方式来导出总需求曲线。

①据简单收入决定模型推导,如图4-17、图4-18所示。

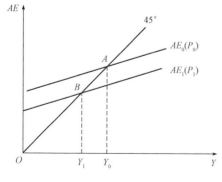

图 4-17 简单国民收入决定

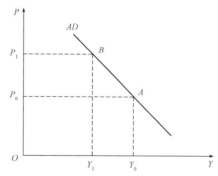

图 4-18 总需求曲线

在图4-17中,当价格水平为 P_0 时,均衡的总支出或收入为 Y_0,于是图4-18中得到的

P_0 对应 Y_0,即图 4-18 中的 A 点。A 即总需求曲线上的一点。

但价格水平发生变动,如从 P_0 上升为 P_1,在构成总支出的其他因素不发生变动的情况下,价格上升将导致消费支出和投资支出的下降,从而使总支出下降,表现在图 4-17 中,总支出从 AE_0 下降为 AE_1,从而使均衡收入从 Y_0 下降为 Y_1,于是又得到了图 4-18 中的 B 点,B 点也是总需求曲线上的一点。

将 A、B 等这类的点用曲线连接起来,便得到图 4-18 中的总需求曲线,向右下方倾斜。

②据 IS-LM 曲线模型推导,如图 4-19、图 4-20 所示。

图 4-19 为 IS-LM 曲线;图 4-20 表示价格水平和总需求量之间的关系,即总需求曲线。当价格为 P_1 时,此时的 LM 曲线(P_1)与 IS 曲线相交于 E_1,E_1 点所表示的国民收入和利率顺次为 Y_1 和 r_1。将 P_1 和 Y_1 标在图 4-20 中便得到总需求曲线上的 D_1 点。

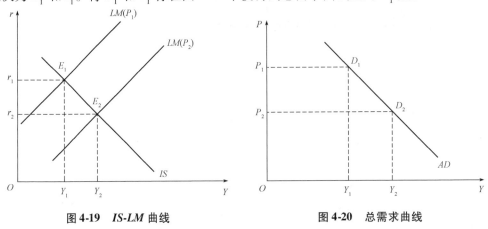

图 4-19　IS-LM 曲线　　　　　　　　　图 4-20　总需求曲线

现假设 P 由 P_1 下降为 P_2。由于 P 的下降,LM 曲线右移到 P_2 位置,它与 IS 曲线的相交点为 E_2,又可在图 4-20 中找到 D_2 点。D_2 点也是总需求曲线上的一点。

按照同样的程序,随着 P 的变化,LM 曲线和 IS 曲线可以有许多交点,每一个交点都标志着一组特定的 Y 和 r,于是就有许多对 P 和 Y 的组合,从而构成图 4-20 中的一系列点。把这些点连在一起,便得到总需求曲线,向右下方倾斜。

(2) 从总需求曲线的产生效应来看。总需求曲线向右下方倾斜主要取决于实际余额效应、时际替代效应和开放替代效应三个因素。

①实际余额效应。当价格水平上升时,人们手中名义资产的数量不会改变,但以货币实际购买力衡量的实际资产数量会减少。因此,人们在收入不变的情况下就会减少对商品的需求量,而增加名义资产数量以维持实际资产数额不变,这就是实际余额效应。实际余额效应的结果是价格水平上升时,人们愿意购买的商品总量减少;价格水平下降时,人们愿意购买的商品总量增加。因此,需求曲线向右下方倾斜。

②时际替代效应。一般来讲,价格上升时会提高利率水平。利率水平的提高也就意味着当前消费的机会成本增加,以及未来消费的预期收益提高。因此,人们会减少当前消费量,增加未来消费量。因此,随着总价格水平的提高,人们会用未来消费替代当前消费从而减少对商品的需求总量;而随着总价格水平的下降,人们会用当前消费替代未来消费从而增加对商品的需求总量,这就是时际替代效应。时际替代效应也会导致总需求

曲线向右下方倾斜。

③开放替代效应。当一国价格水平上升时，在其他国家生产的产品就会变得相对便宜，本国居民就会用外国产品来替代本国产品，增加对进口产品的需求；而外国居民就会用本国产品替代外国产品，减少对出口产品的需求，因此，净出口需求量和商品需求总量就会减少。因此，总价格水平上升，人们就会用进口替代出口，从而减少对国内商品的需求量；而总价格水平下降，人们则会用出口替代进口，从而增加对国内商品的需求量，这就是开放替代效应。当一个经济体对外开放时，开放替代效应就构成了总需求曲线向右下方倾斜的另一个原因。

第五章

失业与通货膨胀

★ 核心知识

一、核心知识点

1. 失业的定义及失业率的测量、失业的分类、充分就业和自然失业率
2. 古典失业理论、凯恩斯失业理论以及20世纪80年代以后的失业理论
3. 失业的损失与社会影响
4. 治理摩擦性失业、结构性失业、周期性失业的政策
5. 通货膨胀的定义与度量、通货膨胀的分类
6. 货币数量论、需求拉动通货膨胀、成本推动通货膨胀、结构性通货膨胀以及膨胀的持续
7. 通货膨胀"促进论"和"促退论"的争论、通货膨胀的收入分配效应
8. 菲利普斯曲线的提出及政策含义、附加预期的菲利普斯曲线、长期菲利普斯曲线

二、核心知识脉络图

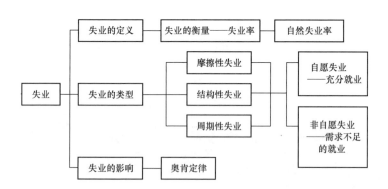

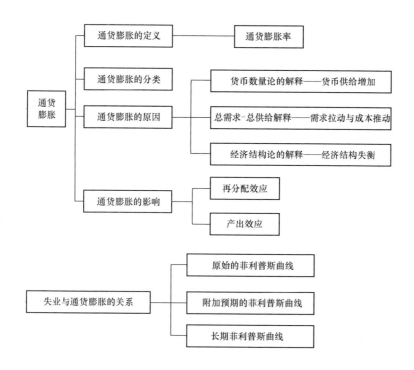

★内容总结与经典例题

一、内容总结

1. 失业的描述

（1）失业的定义及失业率的测量。

①失业的定义。失业是指有劳动能力的人想工作而找不到工作的社会现象。就业者和失业者的总和就是劳动力，失业者占劳动力的百分比称为失业率。

②失业率的测量。不同的国家，测量失业率的方法和口径有所差异。其中，我国一直使用城镇登记失业率这一指标来测量。城镇登记失业率是指在报告期期末城镇登记失业人数占期末城镇从业人员总数与期末实有城镇登记失业人数之和的比重。在城镇单位从业人员中，不包括使用的农村劳动力、聘用的离退休人员、港澳台及外方人员。我国政府决定，从2011年开始，我国不再使用"城镇登记失业率"这一指标，而采用"调查失业率"这一指标。

（2）失业的分类。宏观经济学通常将失业分为以下三种类型，即摩擦性失业、结构性失业以及周期性失业。

①摩擦性失业。摩擦性失业是指在生产过程中由于难以避免的摩擦而造成的短期、局部性失业，即劳动力市场供求信息的不完善以及劳动力在异地之间流动的成本引起的失业。

②结构性失业。结构性失业是指劳动力的供给和需求不匹配所造成的失业，其特点是既有失业，又有职位空缺，失业者或者没有合适的技能，或者居住地点不当，因此无法填补现有的职位空缺。结构性失业可以看作摩擦性失业较为极端的形式。

③周期性失业。周期性失业是指在经济周期中的衰退或萧条时期,因需求下降而造成的失业。这种失业是由整个经济的支出和产出下降造成的,在经济萧条时期上升,在经济繁荣时期下降。

除了上述三种失业类型外,在宏观经济学中还有一种关于失业的分类,即所谓的自愿失业和非自愿失业。其中,前者指工人不愿接受现行工资水平而形成的失业;后者指愿意接受现行工资水平但仍找不到工作的失业。

(3) 充分就业和自然失业率。自然失业率是指经济社会在充分就业下的失业率,它是劳动力市场处于供求稳定状态时的失业率,这里的稳定状态被认为是既不会造成通货膨胀也不会导致通货紧缩的状态。现代宏观经济学中经常使用的自然失业率概念中的失业是指摩擦性失业和结构性失业之和。

令 l 表示离职率,f 表示就职率,则自然失业率为 $\dfrac{l}{l+f}$。公式表明,自然失业率取决于离职率和就职率。离职率越高,自然失业率越高;就职率越高,自然失业率越低。从中可以看出,任何一种旨在降低自然失业率的政策都应该或降低离职率,或提高就职率。同样,任何一种影响离职率和就职率的政策也会改变自然失业率。

2. 失业理论概述

(1) 古典失业理论。古典经济学家始终认为,资本主义制度可以通过市场机制的自动调节解决各种矛盾,因此经济社会中不存在失业,充分就业是一个始终存在的倾向。针对自 1825 年第一次经济危机之后西方社会经常存在的大量失业现象,古典经济学家认为,这些失业属于摩擦性失业和自愿失业的范畴,而不是真正的失业,只是生产过程中局部的、暂时的失调,而不是真正的劳动力需求的不足,因而这些失业的存在并不能否认社会常态是充分就业。

图 5-1 中描述的是竞争性的劳动力供给和需求的一般情况。在价格水平 $\left(\dfrac{W}{P}\right)^*$ 下,雇佣的数量为 N_E,$(N^* - N_E)$ 的工人被认为是自愿失业的,即不愿意在现行的市场工资率下工作。

(2) 凯恩斯失业理论。凯恩斯认为除了摩擦性失业和自愿失业之外,社会还存在着大量的"非自愿失业",其原因在于社会有效需求不足,

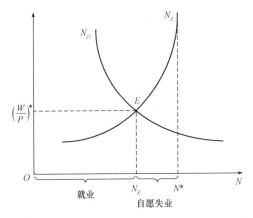

图 5-1 古典失业理论

故凯恩斯失业理论也被称为有效需求不足失业理论。凯恩斯用有效需求不足理论来说明失业,并在此基础上提出解决失业问题的方法,即国家积极干预经济,以达到社会的"充分就业"。

(3) 20 世纪 80 年代以后的失业理论。从美国 20 世纪 80 年代以来的失业率与实际工资率的统计看,失业率的波动较大,而实际工资率的变化较小,这显然用古典经济学的劳动供求理论无法解释,该理论认为失业率的变化将对实际工资率产生影响。为此,经济学家提出各种理论加以解释,其中工资刚性理论和效率工资理论颇具代表性。

①工资刚性理论。工资刚性理论认为，工资率具有向下刚性或黏性的特征，失业率并不会随劳动力需求的变动做出充分调整。工资刚性存在的原因有以下三种主要解释：第一，劳动工资合同阻止了工资率降低；第二，隐含合同论；第三，"局内人—局外人"理论。此外，政府普遍制定的最低工资法，也被认为是造成工资刚性的原因。

②效率工资理论。效率工资理论认为，在一定限度内，企业通过支付给工人比劳动力市场出清时更高的工资率，可以促使劳动生产率的提高，获得更多的利润。根据效率工资理论，社会工资的调整过程是缓慢的。

3. 失业的影响

（1）失业损失。奥肯定律说明的是实际国内生产总值与失业率之间的关系。该定律是美国经济学家阿瑟·奥肯（Arthur Okun）在研究上述两者之间的关系时发现的一种规律。奥肯利用美国 55 个季度（从 1947 年第二季度到 1960 年第四季度）中失业率变化和实际国内生产总值变化的资料，通过简单的回归方程，估算出反映两者之间变化关系的一个数值。奥肯定律是指失业率每高于自然失业率 1 个百分点，实际 GDP 将低于潜在 GDP 2 个百分点。

奥肯定律用公式表示为

$$\frac{y - y_f}{y_f} = -\varepsilon (\mu - \mu^*)$$

其中，y 为实际产出，y_f 为潜在产出，μ 为实际失业率，μ^* 为自然失业率，ε 为大于零的参数。

奥肯定律的一个重要结论是实际 GDP 必须保持与潜在 GDP 同样快增长，以防止失业率的上升。也就是说，GDP 必须不断增长才能保证失业率留在原地，如果想让失业率下降，实际 GDP 的增长必须快于潜在 GDP 的增长。

不同的国家有不同的国情，奥肯定律所揭示的数量关系未必适用于所有国家，但它毕竟说明了经济增长与就业或失业之间存在着相关关系。

（2）失业的社会影响。对失业者及其家庭来说，失业意味着经济拮据以及生活方式的改变；失业者及其家庭的地位和声望也会因失业而下降，因而他们的身心健康也会受到摧残。在失业率很高时，社会秩序也会受到影响。

4. 反失业的政策

（1）治理摩擦性失业的具体政策：

①建立完善的就业机构，为失业人员提供各种完备的就业信息；

②降低最低工资标准，使企业增加工人在职培训；

③鼓励劳动力流动，政府对失业率高的地区提供就业补贴，用高工资吸引劳动力跨地区就业；

④实行负所得税政策，对收入低于一定标准的家庭按其实际收入的多少给予补贴，以鼓励人们参加工作。

（2）治理结构性失业的主要措施：

①进行劳动力再培训，包括对失业者的培训和在职人员的训练，使非熟练劳动者能够迅速满足市场的需求；

②发展职业介绍所，提供劳动力市场的信息，帮助企业和失业者及时了解准确情况，使企业与工人迅速了解对方；

③增加劳动力的流动性，帮助劳动者和企业进行地区转移，解决劳动力在地区间流动的困难。

（3）凯恩斯学派认为失业的主要原因在于总需求不足，因此提出了需求管理政策，通过政府干预经济的政策来提高社会有效需求，从而达到促进生产、提高就业的目的。具体措施包括：

①实行扩张性的财政政策，用举债的方式增加政府开支，通过政府的投资和消费弥补私人投资、消费的不足，以提高国民收入和就业水平；

②实行扩张性的货币政策，通过中央银行增加货币供应量，影响利率的变动来间接影响社会总需求，扩大就业；

③政府干预对外贸易，扩大出口，以利于增加就业；

④改变收入再分配政策，实行高额累进税进行收入再分配以提高消费倾向，从而增加消费，扩大就业。

5. 通货膨胀的定义与度量

（1）通货膨胀的定义。一般来说，通货膨胀总是同物价上涨和货币贬值联系在一起，通货膨胀的必然结果是物价上涨，货币购买力下降。当一个经济体中的大多数商品和劳务的价格连续在一段时间内普遍上涨时，宏观经济学就称这个经济体经历着通货膨胀。理解通货膨胀这个概念时，需注意以下几个问题：

①物价上涨是指一般物价水平的普遍上涨，即包括大多数商品和劳务价格在内的总物价水平的上涨；

②物价上涨的形式可以是公开的，也可以是隐蔽的；

③上涨持续一段时间。

（2）通货膨胀的衡量。宏观经济学用价格指数来描述整个经济中的价格水平。宏观经济学中常涉及的价格指数主要有 GDP 折算指数、消费价格指数（简记为 CPI）和生产价格指数（简记为 PPI）。

①消费价格指数。消费价格指数表示的是不同时期为购买一篮子商品所支付的成本的价格指数。这一篮子商品通常包括食品、衣服、住房、燃油、交通运输、教育及其他日常生活所必需的商品和服务。消费价格指数的公式为

$$CPI = \frac{一组固定商品按当期价格计算的价值}{一组固定商品按基期价格计算的价值} \times 100$$

目前，我国 CPI 统计中包括八大类商品，分别是食品、娱乐教育文化用品及服务、居住、交通通信、医疗保健个人用品、衣着、家庭设备及维修服务、烟酒及用品。

②生产价格指数。作为衡量生产原材料和中间投入品等价格平均水平的价格指数，生产价格指数是对给定的一组商品的成本的度量。它与 CPI 的一个不同之处在于，它包括原材料和中间产品。生产价格指数主要反映了生产企业销售商品价格变动情况。

通货膨胀的程度通常用通货膨胀率来衡量。通货膨胀率被定义为从一个时期到另一个时期价格水平变动的百分比。用公式表示为

$$\pi_t = \frac{P_t - P_{t-1}}{P_{t-1}} \times 100\%$$

式中　π_t——t 时期的通货膨胀率；

　　P_t、P_{t-1}——t 时期和 $t-1$ 时期的价格水平。

(3) 通货膨胀的分类：

①按照价格上升的速度，通货膨胀可分为温和的通货膨胀、奔腾的通货膨胀和超级通货膨胀。其中，温和的通货膨胀指每年物价上升的比例在 10% 以内；奔腾的通货膨胀指年通货膨胀率在 10% 以上和 100% 以内；超级通货膨胀指通货膨胀率在 100% 以上。

②按照对不同商品的价格影响的大小加以区分，通货膨胀可分为平衡的通货膨胀和非平衡的通货膨胀。其中，平衡的通货膨胀即每种商品的价格都按相同比例上升；非平衡的通货膨胀即各种商品价格上升的比例并不完全相同。

③按照人们的预期程度加以区分，通货膨胀可分为未预期到的通货膨胀和预期到的通货膨胀。其中，未预期到的通货膨胀即价格上升的速度超出人们的预料，或者人们根本没有想到价格会上涨；并不是所有的通货膨胀都是可以预期的。在一个开放世界中，由于影响价格水平变动的因素多种多样，并且变化莫测，因此，在大多数情况下，通货膨胀都是不可预期的。

6. 通货膨胀的原因

作为货币现象的通货膨胀，货币数量论在解释通货膨胀方面的基本思想是，每一次通货膨胀背后都有货币供给的迅速增长。对费雪方程式（$MV = PY$）变换可得

通货膨胀率 = 货币增长率 – 货币流通速度变化率 + 产量增长率

根据方程，通货膨胀源于三个方面，即货币流通速度的变化、货币增长和产量增长。如果货币流通速度不变且收入处于其潜在的水平上，则显然可以得出，通货膨胀的产生主要是货币供给增加的结果。货币主义强调货币和货币政策的重要作用，认为通货膨胀只是一种货币现象，通货膨胀的最根本原因是货币供给量多于需求量，于是"通货膨胀是一定会到处发生的货币现象"。

关于通货膨胀的原因，经济学家给出了各种解释，可大致分为三个方面：一是传统货币数量论，这种解释强调货币在通货膨胀过程中的重要性；二是用总需求与总供给来解释，包括从需求的角度和供给的角度；三是从经济结构因素变动的角度来说明通货膨胀的原因，即所谓结构性通货膨胀。

(1) 需求拉动的通货膨胀。供给表现为市场上的商品和服务，需求表现为用于购买和支付的货币，因此这种通货膨胀又称为"过多的货币追求过少的商品"。凯恩斯学派认为，货币数量的增加不会直接影响物价，而是首先使利率下降，从而使投资增加；投资增加通过乘数效应，使总需求大幅度增加。

凯恩斯学派还认为，社会总需求的增加，是否会引起物价上升和通货膨胀，还要视供给的情况而定。图 5-2 中，总供给曲线 AS 起初呈水平状，总需求的增加不会引起价格水平的上涨。在

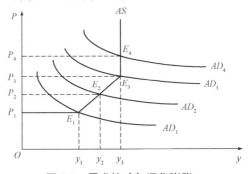

图 5-2　需求拉动与通货膨胀

当总产量达到 y_1 以后，继续增加总需求，就会遇到生产过程中所谓的瓶颈现象，即由于劳动、原料、生产设备等的不足而使成本提高，从而引起价格水平的上涨。当总产量达到充分就业的产量 y_f 时，整个社会的经济资源全部得到利用。价格水平从 P_1 上涨到 P_2 和 P_3 的现象被称作瓶颈式的通货膨胀。在达到充分就业的产量 y_f 以后，如果总需求继续增加，总供给就不再增加，因而总供给曲线 AS 呈垂直状。这时总需求的增加只会引起价格水平的上涨。

（2）成本推动的通货膨胀。成本推动的通货膨胀理论把推动通货膨胀的成本因素归结为工资和利润两个方面，所以，成本推动的通货膨胀理论又分为两种，即工资推动的通货膨胀理论和利润推动的通货膨胀理论。

①工资推动的通货膨胀是指不完全竞争的劳动力市场造成的过高工资所导致的一般价格水平的上涨。工资推动的通货膨胀理论把这种工资和价格的螺旋上升运动，即工资—价格螺旋视为通货膨胀的直接原因，把工会的存在所导致的不完全竞争的劳动力市场视为通货膨胀的根源。

②利润推动的通货膨胀是指垄断企业和寡头企业利用市场势力谋取过高利润所导致的一般价格水平的上涨。如果市场是垄断市场或寡头垄断市场，垄断企业和寡头垄断企业就可以利用其垄断的优势，通过控制产量和提高产品价格来获取高额垄断利润，这必然会推动价格水平上升，并使价格水平的上升速度超过生产成本的增长速度，从而引发通货膨胀。

在总需求曲线不变的情况下，包括工资推动的通货膨胀和利润推动的通货膨胀在内的成本推动的通货膨胀，可以用图5-3来说明。

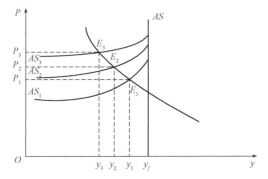

图 5-3 成本推动的通货膨胀

如图 5-3 所示，总需求是既定的，不发生变化，变动只出现在供给方面。当总供给曲线向左移动的时候，对应的价格水平不断上涨，而总产量不断下降。

（3）结构性通货膨胀。在经济运行过程中，在既不存在需求拉动，也不存在成本推动的情况下，仅仅由于经济结构因素的变化也可以导致价格水平持续、显著上涨，引发通货膨胀，这就是结构性通货膨胀。这种理论认为，通货膨胀的起因不在于需求增加或成本上升，而在于经济结构本身所具有的特点。

从经济结构本身所具有的特点来看，国民经济中的部门各具特点且千差万别，这是导致结构性通货膨胀的根源。在现代社会，由于资本和技术在不同的经济部门具有不同的特征，因此，现代社会的经济结构很难使资本和技术从一个部门流转到另一个部门。

但是，货币工资的增长速度通常是由生产率较高的部门、处于发展上升阶段的部门和开放度较高的部门决定的。如果出现这种情况，在社会追求工资均等化和公平原则的压力下，在劳动力市场竞争的作用下，那些劳动生产率较低的部门、发展缓慢处在衰退阶段的部门和非开放的部门，其工资的增长速度会向生产率提高较快、正处于上升期和开放度高的先进部门看齐，使整个社会的货币工资增长速度具有同步增长的趋势。如果整个社会的工资增长速度都向那些先进的经济部门看齐，势必会导致全社会的工资增长率高于社会劳动生产率的平均增长率,这必然会导致价格水平的普遍上涨,从而引发通货膨胀,这种通货膨胀就是结构性通货膨胀。

通货膨胀不是价格水平的一次性改变,而是价格水平的持续上升。事实上,无论通货膨胀的原因如何,只要通货膨胀开始,就会自行持续下去。

在图5-4(a)中,经济初始时处于均衡点E。假定出现总需求冲击,总需求曲线从AD_0移到AD_1,结果价格上升到P_1。价格上升会引起工资提高,较高的工资使总供给曲线向上移动,反映为图5-4(b)总供给曲线由AS_1移动到AS_2,更高的工资率导致更多货币收入,使得总需求曲线由AD_1移动到AD_2。在新的价格水平P_1下,新的总需求曲线AD_2与新的总供给曲线AS_2之间仍有差距,于是又存在一个对商品的超额需求,导致价格进一步上涨,又引发了另一轮的工资上涨。

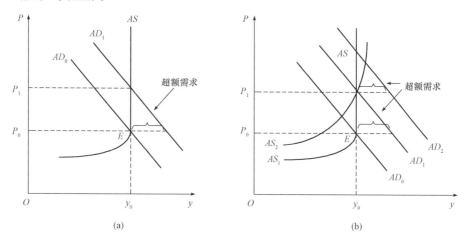

图5-4 通货膨胀的持续

(a)经济处于均衡点;(b)总供给曲线上移

7. 通货膨胀的效应及影响

(1)通货膨胀"促进论"和"促退论"的争论。世界各国经济发展经验表明,通货膨胀所带来的效应总是弊大于利,但也不能一概而论,这需要具体情况具体分析。通货膨胀的效应如表5-1所示。

表5-1 通货膨胀的效应

通货膨胀的类型	平衡的通货膨胀	不平衡的通货膨胀
预期到的通货膨胀	通货膨胀没有代价	效率损失
未预期到的通货膨胀	收入和财产再分配	效率损失和再分配

(2)通货膨胀的收入分配效应。通货膨胀降低固定收入阶层的实际收入水平。即使就业工人的货币工资能与物价同比例增长,在累进所得税下,货币收入增加也使人们进入更高的纳税等级。此外,税率的上升也会使工人的部分收入丧失。

通货膨胀对储蓄者不利。随着价格上涨,存款的实际价值或购买力会降低。

通货膨胀还可以在债务人和债权人之间产生促使收入再分配的作用。通货膨胀靠牺牲债权人的利益而使债务人获利,只要通货膨胀率大于名义利率,实际利率就为负值。

8. 失业与通货膨胀的关系——菲利普斯曲线

(1) 菲利普斯曲线的提出。经济学家菲利普斯于 1958 年在《经济学》杂志发表论文《1861—1957 年间英国货币工资变化与失业之间的关系》,论文中详细说明一种基本关系:货币工资增长率与失业率之间存在反比例关系,失业率增长时,货币工资增长率较小;失业率降低时,货币工资增长率较大。这就是当年意义上的菲利普斯曲线。

菲利普斯所提出的这种关系尽管从经验统计中得到了证实,但缺乏一种理论来解释这种关系。1960 年,加拿大经济学家利普西提出了过度需求模型,提供了理论解释。该模型的基本思想是:工资的增长可以用劳动力市场上存在的过度需求来解释,而失业率则是衡量过度需求的一个指标。

后凯恩斯主义代表人物萨缪尔森和索洛等人利用美国的经济资料进行类似的研究,但用物价上涨率(即通货膨胀率)代替货币工资上涨率,以表示物价上涨率与失业率之间也有对应关系:物价上涨率增加时,失业率下降;物价上涨率下降时,失业率上升。这就是一般所说的经过改造后的菲利普斯曲线。

图 5-5 中横轴表示失业率 μ,纵轴表示通货膨胀率 π,向右下方倾斜的曲线即菲利普斯曲线。若设 μ^* 表示自然失业率,则菲利普斯曲线可表示为 $\pi = -\varepsilon(\mu-\mu^*)$,式中参数 ε 衡量通货膨胀率对失业率的敏感度。方程描述的是,当失业率超过自然失业率,即 $\mu > \mu^*$ 时,价格水平就下降,当失业率低于自然失业率时,价格水平就上升。

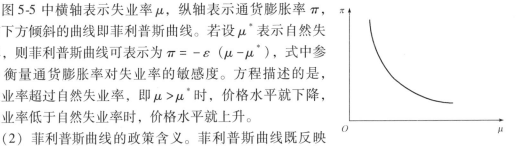

图 5-5 改造后的菲利普斯曲线

(2) 菲利普斯曲线的政策含义。菲利普斯曲线既反映出通货膨胀与失业的替代关系,又可用于分析抑制通货膨胀的对策。在一定的时点上,政府可设置一个经济能够最大限度承受的通货膨胀与失业的界限,通过总需求管理政策把通货膨胀和失业都控制在此界限之内。当通货膨胀率过高时,可通过紧缩性的经济政策使失业率提高,以换取低通货膨胀率;当失业率过高时,采取扩张性的经济政策使通货膨胀率提高,以获得较低的失业率。这就是经济学中经常运用的"相机抉择"的宏观经济政策。

(3) 附加预期的菲利普斯曲线。20 世纪 60 年代后期,一些国家出现了通货膨胀率和失业率同时上升的滞涨现象,菲利普斯曲线无论在理论上还是在实证研究上都受到了尖锐的批评。于是,对失业和通货膨胀的研究进入第二个时期,即所谓的"自然失业率说"时期。

货币主义代表人物弗里德曼认为,菲利普斯曲线的最大缺陷是采用名义工资率代替通货膨胀率,这种分析忽视了工人对通货膨胀的预期。事实上,企业和工人关注的不是名义工资,而是实际工资。为此,弗里德曼等人提出了短期菲利普斯曲线的概念,即预期通货膨胀率保持不变时,表示通货膨胀率与失业率之间关系的曲线。这里所说的"短期"是指从预期到需要根据通货膨胀做出调整的时间间隔。现代菲利普斯曲线或附加预期的菲利普斯曲线方程为

$$\pi = \pi^e - \varepsilon(\mu-\mu^*)$$

其中，π^e 表示预期通货膨胀率。

附加预期的菲利普斯曲线的性质：

①当实际通货膨胀率等于预期通货膨胀率时，失业处于自然失业率水平；

②在预期的通货膨胀率不等于实际的通货膨胀率的短期中，失业率与通货膨胀率之间仍存在着替换关系；

③不同的预期的通货膨胀率有着不同的菲利普斯曲线，即预期通货膨胀率的变化将引起菲利普斯曲线的移动。这也就是说，所谓的自然失业率就是非加速通货膨胀的失业率，即经济的通货膨胀率既不加速也不减速时的失业率，如图5-6所示。

附加预期的菲利普斯曲线表明，在预期的通货膨胀率低于实际的通货膨胀率的短期中，失业率与通货膨胀率之间仍存在替换关系。由此，向右下方倾斜的短期菲利普斯曲线的政策含义就是，在短期中引起通货膨胀率上升的扩张性财政政策与货币政策是可以起到减少失业作用的。换句话说，调节总需求的宏观经济政策在短期是有效的。

（4）长期菲利普斯曲线。经济学者认为，在以失业率为横坐标、通货膨胀率为纵坐标的坐标系中，长期菲利普斯曲线是一条垂直线，表明失业率与通货膨胀率之间不存在替换关系。而且，在长期中，经济社会能够实现充分就业，经济社会的失业率将处在自然失业率的水平。长期菲利普斯曲线形成过程如图5-7所示。

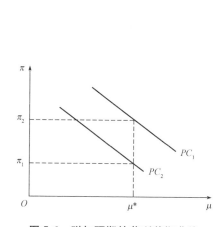

图5-6 附加预期的菲利普斯曲线

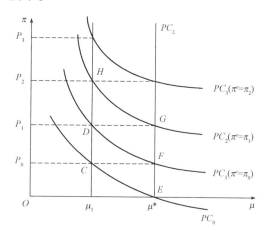

图5-7 长期菲利普斯曲线

从长期来看，工人预期的通货膨胀与实际通货膨胀是一致的。因此，企业不会增加生产和就业，失业率也就不会下降，从而便形成了一条与自然失业率重合的长期菲利普斯曲线。长期菲利普斯曲线的政策含义是，从长期来看，政府运用扩张性政策不但不能降低失业率，还会使通货膨胀率不断上升。

二、经典例题

1. 什么是失业？通货膨胀如何定义？

答案解析：失业是指愿意并有能力工作的人没有得到就业岗位的现象。而当一个经济体中的大多数商品和劳务的价格持续在一段时间内普遍上涨时，宏观经济学就称这个经济体经历着通货膨胀。

2. 什么是充分就业?

答案解析：充分就业是指在某一工资水平之下，所有愿意接受工作的人，都获得了就业机会。大多数经济学家认为存在4%~6%的失业率是正常的，此时社会经济处于充分就业状态。

3. 充分就业与自然失业率之间有何关系?

答案解析：由于摩擦性失业和结构性失业的共同作用，即使是处于充分就业水平时，一个经济体的失业率也不可能为零。当产出和就业处于充分就业水平时，仍然存在的那个失业率即自然失业率。

4. 失业与通货膨胀有什么关系?

答案解析：在宏观经济研究的过程中，不少专家学者认为失业与通货膨胀之间存在着某种关系，而后来的菲利普斯曲线表明了失业与通货膨胀间的一种经验性关系。菲利普斯曲线表明，高失业对应低通货膨胀，而低失业则对应高通货膨胀。通货膨胀与失业之间存在取舍的思想源于经济学家菲利普斯于1958年发表的文章。在考查了英国97年内失业与名义工资增长的数据后，菲利普斯发现英国历史上名义工资增长快的年份，失业率低；而名义工资增长慢的年份，失业率高。其他经济学家在菲利普斯理论的基础上，将研究的重点从失业与名义工资增长率的关系转移到失业与通货膨胀（价格的增长率）的关系上。在20世纪五六十年代，许多统计研究对不同国家、不同时期的通货膨胀与失业的数据进行了检验。多数情况下，检验结果表明这两个变量之间存在负向相关关系。这种失业与通货膨胀之间检验上的负向相关关系被称为菲利普斯曲线。

经济学理论认为，总体上，通货膨胀与失业之间的负向相关关系是不稳定的。相反，在一个总需求增长率存在未预期到的变化的经济体中，未预期到的通货膨胀与周期性失业之间应该存在负向相关关系。特别需要指出的是，真实的通货膨胀与预期通货膨胀相等时（此时未预期到的通货膨胀等于零），实际发生的失业率等于自然失业率（此时周期性失业等于零）。未预期到的通货膨胀与周期性失业之间的这种负向相关关系被称为附加预期的菲利普斯曲线。

根据附加预期的菲利普斯曲线，宏观经济政策制定者只能通过使真实通货膨胀高于预期通货膨胀的方法来把实际发生的失业率降低至低于自然失业率的水平。古典主义经济学家认为，由于理性预期和价格的迅速调整，经济政策在有目的地制造未预期到的通货膨胀方面是无效的。因此，政策制定者不能有效地利用菲利普斯曲线关系在失业和通货膨胀之间进行取舍。凯恩斯主义者则相信，不是所有的价格都能迅速调整以反映新信息，因此政策制定者能够暂时制造未预期到的通货膨胀，从而在短期内对通货膨胀和失业进行取舍。

古典主义和凯恩斯主义一致认为，在长期中，预期通货膨胀率和真实的通货膨胀率相等。因此无论通货膨胀率处于什么水平，长期的真实失业率等于自然失业率。长期菲利普斯曲线是一条经过自然失业率的垂直直线，说明长期中不存在通货膨胀与失业的取舍关系。

5. 度量通货膨胀有哪些途径?

答案解析：通货膨胀的度量，从世界各国的实际做法看，主要采取三个标准：消费物价指数、批发物价指数和国内生产总值折算指数。

6. 试述通货膨胀的成因以及如何应对。

答案解析：通货膨胀的成因分为三种：（1）需求拉动的通货膨胀；（2）成本推动的通货膨胀；（3）结构性的通货膨胀。

针对需求拉动的通货膨胀（传统的凯恩斯经济学派观点），可以采用紧缩性的财政政策和货币政策。针对成本推动的通货膨胀，则实行收入政策和促进竞争的政策。收入政策包括两方面的内容：一是工资物价指导；二是工资物价控制。针对结构性通货膨胀，一要逐步改变实际负利率的状况，抑制仍然过强的投资需求；二要增加短缺农产品的供给，抑制农产品价格过快增长；三是增加对中低收入家庭的食品补贴；四是通过信息引导、规范市场行为，降低通货膨胀预期。

7. 试述菲利普斯曲线的特性、经济含义及其依据。

答案解析：菲利普斯曲线的特性：曲线向右下方倾斜。经济含义：某年工资增长率较高，则失业率比较低；某年工资增长率比较低，则失业率较高。依据：英国近百年的实际资料。

8. 附加预期的菲利普斯曲线与传统的菲利普斯曲线有什么不同？根据附加预期的菲利普斯曲线理论，在什么条件下，数据能够呈现出传统的菲利普斯曲线关系？

答案解析：附加预期的菲利普斯曲线表明未预期到的通货膨胀与周期性失业负向相关；而传统的菲利普斯曲线认为真实的通货膨胀与实际发生的失业率之间呈负向相关关系。根据附加预期的菲利普斯曲线理论，只有在预期通货膨胀率和自然失业率保持不变时，数据才能呈现出传统的菲利普斯曲线关系。预期通货膨胀率和自然失业率的任何变动都会引起传统菲利普斯曲线的移动。

9. 短期内，政策制定者能否根据菲利普斯曲线关系，用高通货膨胀换取低失业？长期的状况又如何？分别用古典理论和凯恩斯理论的观点进行解释。

答案解析：根据附加预期的菲利普斯曲线，宏观经济政策制定者只能通过使真实通货膨胀高于预期通货膨胀的方法来把实际发生的失业率降至低于自然失业率的水平。古典主义经济学家认为，由于理性预期和价格的迅速调整，经济政策在有目的地制造未预期到的通货膨胀方面是无效的。因此，政策制定者不能有效地利用菲利普斯曲线关系在失业与通货膨胀之间进行取舍。凯恩斯主义者则相信，不是所有的价格都能迅速调整以反映新信息，因此政策制定者能够暂时制造未预期到的通货膨胀，从而在短期内对通货膨胀和失业进行取舍。而在长期中，古典主义和凯恩斯主义一致认为，预期通货膨胀率和真实的通货膨胀率相等，因此无论通货膨胀率处于什么水平，长期的真实失业率等于自然失业率。长期的菲利普斯曲线是一条经过自然失业率的垂直线，说明长期中不存在通货膨胀和失业的取舍关系。

10. 政府治理通货膨胀的对策有哪些？

答案解析：政府治理通货膨胀的对策主要体现在两个方面：一是用衰退来降低通货膨胀；二是采用收入政策，通过影响实际因素来达到控制通货膨胀的目的，包括工资与物价的控制、道德的劝说和改变预期。

11. 如果将 2000 年定为基期年份，其时某国普通家庭每个月购买一组商品的费用为 900 元，2005 年购买同样一组商品的费用是 1 500 元，求该国 2005 年的消费价格指数。

答案解析：$CPI = \dfrac{一组固定商品按当期价格计算的价值}{一组固定商品按基期价格计算的价值} \times 100$。$CPI_{2005} = \dfrac{1\,500}{900} \times 100 =$

167，即 2005 年消费价格指数为 167。

12. 如果 2000 年商品价格水平为 90，到 2005 年商品价格水平变为 100，试求 2005 年的通货膨胀率。

答案解析：根据 $\pi_t = \dfrac{P_t - P_{t-1}}{P_{t-1}}$ 得

$$\pi_{2005} = \frac{100-90}{90} = 11.1\%$$

13. 假设菲利普斯曲线为 $\pi = -2(\mu - 0.06)$
   （1）若将失业率控制在 3%、4%、5%，通货膨胀率分别是多少？
   （2）若通货膨胀预期为 1%，通货膨胀率分别为多少？

答案解析：（1）根据公式 $\pi = -2(\mu - 0.06)$ 可得：若失业率为 5%，则通货膨胀率为 2%；若失业率为 4%，则通货膨胀率为 4%；若失业率为 3%，则通货膨胀率为 6%。

（2）根据公式 $\pi = 0.01 - 2(\mu - 0.06)$，可得：若失业率为 5%，则通货膨胀率为 3%；若失业率为 4%，则通货膨胀率为 5%；若失业率为 3%，则通货膨胀率为 7%。

14. 预计货币发行量增加 6% 可使经济增长达到 4%，若货币需求的收入弹性为 0.5，根据现代货币主义的观点，这会引起多大的通货膨胀率？

答案解析：
$$\frac{\Delta P}{P} = \frac{\Delta M}{M} - \frac{\Delta L}{L}$$
$$= \frac{\Delta M}{M} - E\left(\frac{\Delta Y}{Y}\right)$$
$$= 0.06 - (0.5 \times 0.04) = 0.04 = 4\%$$

即通货膨胀率为 4%。

★基础训练

一、名词解释
1. 黏性价格模型
2. 不完备信息模型
3. 菲利普斯曲线
4. 适应性预期
5. 需求拉动的通货膨胀

二、单项选择
1. 失业率的计算是用（　　）。
   A. 失业工人数量除以工人数量　　B. 劳动力总量除以失业工人数量
   C. 失业工人数量除以劳动力总量　　D. 就业工人数量除以劳动力总量
2. 自然失业率（　　）。
   A. 恒为零　　B. 是历史上最低限度水平的失业率
   C. 恒定不变　　D. 是经济处于潜在产出水平时的失业率

3. 下列关于自然失业率的说法正确的是（　　）。
   A. 自然失业率是经济周期自然产生的失业
   B. 自然失业率包含摩擦性失业
   C. 自然失业率是历史上最低限度水平的失业
   D. 自然失业率与一国经济效率关系密切
4. 摩擦性失业是一种（　　）失业。
   A. 在衰退时期上升繁荣时期下降的
   B. 当那些求职者放弃找到工作的希望时出现的
   C. 当失业者缺乏新创造出来的工作机会所要求的工作技能时出现的
   D. 从一种工作转换到另一种工作的过程中产生的
5. 当大学生完成学业开始找工作时，在他们找到工作之前的这段短期失业阶段被称为（　　）。
   A. 季节性失业　　B. 自愿性失业　　C. 结构性失业　　D. 摩擦性失业
6. 当失业者缺乏新创造出来的工作机会所要求的工作技能时出现的失业被称为（　　）。
   A. 季节性失业　　　　　　　　B. 摩擦性失业
   C. 自愿性失业　　　　　　　　D. 结构性失业
   E. 周期性失业
7. 在充分就业的情况下，（　　）最可能导致通货膨胀。
   A. 出口减少　　　　　　　　　B. 进口增加
   C. 工资不变但劳动生产率提高　D. 税收不变但政府支出增加
8. 抑制需求拉动的通货膨胀，应该（　　）。
   A. 控制货币供应量　　　　　　B. 降低工资
   C. 解除托拉斯组织　　　　　　D. 减税
9. 经济处于充分就业均衡时，（　　）。
   A. 减少政府支出会使经济的通货膨胀率一直降下去
   B. 在短期内降低名义货币供给的增长会降低通货膨胀率但不会影响产量
   C. 在短期内降低名义货币供给的增长会降低通货膨胀率和产量水平
   D. 在短期内减少政府支出会降低通货膨胀率但不影响产量
10. 长期菲利普斯曲线表明（　　）。
    A. 通货膨胀和失业之间长期不存在相互替代关系
    B. 在预期通货膨胀很高的情况下通货膨胀与失业之间仍有替代关系
    C. 传统菲利普斯曲线在长期仍然有效
    D. 对通货膨胀的预期不变，所以通货膨胀与失业不存在相互替代关系

三、分析说明

1. 摩擦性失业与结构性失业相比，哪一种失业问题更严重些？
2. 能不能说所有具备劳动能力的人都有了工作才是充分就业？
3. 通货膨胀是否意味着不同商品的价格按相同的比例上升？
4. 什么是菲利普斯曲线？

5. 简述短期与长期菲利普斯曲线的关系。

四、计算

1. 假定失业率为 7%，GDP 为 40 000 亿美元。如果非加速通货膨胀的失业率为 5%，粗略估计一下潜在 GDP 是多少。假设潜在 GDP 每年增长 3%，两年后潜在 GDP 将是多少？要跟上潜在 GDP 的增长，未来两年 GDP 的增长速度应是多少？

2. 如果失业率与实际国内生产总值之间满足奥肯定律：$\dfrac{y-y_f}{y_f} = -\varepsilon(\mu-\mu^*)$，其中 μ 是实际失业率，μ^* 是自然失业率，y 是实际 GDP，y_f 是潜在 GDP。又假定 2001 年、2002 年、2003 年、2004 年的失业率分别是 8%、4%、5%、6%。求：

（1）当自然失业率为 6% 时，2001—2004 年各年失业率所对应的 GDP 缺口；

（2）比较四年实际 GDP 和潜在 GDP 的关系；

（3）若 2003 年的实际 GDP 为 25 万亿元，计算当年的潜在 GDP 水平。

3. 假定某国某时期有 1.9 亿达到工作年龄的人口，其中有 1.2 亿人有工作，1 000 万人在寻找工作，1 500 万人放弃寻找工作，4 500 万人不要工作，求：

（1）劳动力人数；

（2）劳动力参与率；

（3）官方统计的失业率；

（4）将所有放弃寻找工作的人也看作失业者时的失业率。

4. 已知劳动力需求函数 $N_D = 20 - 0.5 \times \dfrac{W}{P}$，劳动力供给函数 $N_S = 0.5\dfrac{W}{P}$，寻找工作的人数供给 $J_S = 0.2\dfrac{W}{P}$，求：

（1）均衡的实际工资；

（2）均衡的就业水平；

（3）寻找工作的人数；

（4）失业人数；

（5）劳动力总人数。

5. 若某国价格水平在 2001 年为 107.9，2002 年为 111.5，2003 年为 144.5，试问，2002 年和 2003 年通货膨胀率各是多少？如果人们以前两年的通货膨胀率平均值作为第三年通货膨胀率的预期值，则 2004 年的预期通货膨胀率应该为多少？如果 2004 年名义利率为 5%，计算该年的实际利率。

五、答案解析

（一）名词解释

1. 黏性价格模型：即阐述黏性价格对总供给影响的模型。黏性价格指不能迅速地反映产品市场供求的变动，只能缓慢地根据产品市场状况改变而调整的价格。

黏性价格模型假设市场是完全竞争的。完全竞争企业是价格接受者，而不是价格制定者。该模型用公式表示为：$Y = \bar{Y} + \alpha(P - P^e)$，说明了产出与自然率水平的背离和物价水平与预期物价水平的背离是正相关的。

2. 不完备信息模型：即阐述经济主体在做出经济决策时，并不能掌握所有相关信息从而影响总供给的模型。

不完备信息模型假设市场出清，即所有工资和价格具有完全弹性，可以自由调整使供求平衡，短期和长期总供给曲线的不同是因为对价格有暂时的错觉。此外，该模型假设经济中的每个供给者生产一种单一产品并消费许多产品。由于产品数量如此之多，供给者无法在所有时间中观察到所有价格。他们密切注视他们所生产产品的价格，但对他们消费的所有产品的价格关注较不密切。由于信息不完全，他们有时混淆了物价总水平的变动与相对价格的变动。这种混淆影响了供给多少的决策，并导致物价水平与产出之间在短期的正相关关系。当物价水平发生了未预期到的上升时，经济中所有供给者都观察到自己所生产的产品价格的上升。他们都错误地推断，他们生产的产品的相对价格上升了。他们会更努力地工作，并生产得更多。

总之，不完备信息模型说明，当实际物价超过预期物价时，供给者增加其产出。由 $Y = \bar{Y} + \alpha(P - P^e)$ 可知，当实际物价水平背离预期物价水平时，产出背离自然率水平。

3. 菲利普斯曲线：是表示货币工资变动率与失业率之间交替关系的曲线。它是由英国经济学家菲利普斯根据1861—1957年英国的失业率和货币工资变动率的经验统计资料提出来的，故称为菲利普斯曲线。这条曲线表示，当失业率高时，货币工资增长率低；反之，当失业率低时，货币工资增长率高。因此，如图5-8所示，横轴代表失业率（U），纵轴代表货币工资增长率（W），菲利普斯曲线（PC）是一条向右下方倾斜的曲线。

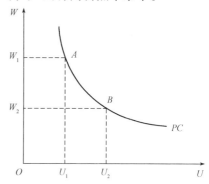

图 5-8　原始菲利普斯曲线

根据成本推动的通货膨胀理论，货币工资增长率决定了价格增长率，所以菲利普斯曲线也可以表示通货膨胀率和失业率之间的交替关系，即当失业率高时，通货膨胀率低；反之，当失业率低时，通货膨胀率高。新古典综合派经济学家把菲利普斯曲线作为调节经济的依据，即当失业率高时，实行扩张性财政政策与货币政策，以承受一定的通货膨胀为代价换取较低的失业率；当通货膨胀率高时，实行紧缩性的财政政策与货币政策，借助提高失业率以降低通货膨胀率。

货币主义者对菲利普斯曲线所表示的通货膨胀率与失业率之间的交替关系提出了质疑，并进一步论述了短期菲利普斯曲线、长期菲利普斯曲线和附加预期的菲利普斯曲线，以进一步解释在不同条件下，通货膨胀率与失业率之间的关系。

理性预期学派进一步以理性预期为依据解释了菲利普斯曲线。他们既反对凯恩斯主义的观点，也不同意货币主义的说法。他们认为，由于人们的预期是理性的，预期的通货膨胀率与以后实际发生的通货膨胀率总是一致的，不会出现短期内实际通货膨胀率大于预期通货膨胀率的情况。所以，无论在短期或长期中，菲利普斯曲线所表示的失业与通货膨胀之间都不存在稳定的交替关系，菲利普斯曲线只能是一条垂直线。

4. 适应性预期：是根据以前的预期误差修正以后的预期的方式。"适应性预期"这一术语由菲利普·卡甘于20世纪50年代在一篇讨论恶性通货膨胀的文章中提出。由于它比较适用于当时的经济形势，因而很快在宏观经济学中得到了应用。适应性预期模型中的预期变量依赖于该变量的历史信息。例如，某个时点的适应性预期价格等于上一个时期的预期价格加上常数乘以上期价格的误差。

适应性预期在物价较为稳定的时期能较好地反映经济现实，西方国家的经济在20世纪50—60年代正好如此，因此，适应性预期非常广泛地流行起来了。适应性预期后来受到新古典宏观经济学的批判，被认为缺乏微观经济学基础。适应性预期的权数分布是既定的几何级数，没有利用与被测变量相关的其他变量，对经济预期方程的确定基本上是随意的，没有合理的经济解释。因此，新古典宏观经济学派的"理性预期"逐渐取代了"适应性预期"。

5. 需求拉动的通货膨胀：又称为超额需求通货膨胀，指总需求超过总供给所引起的一般价格水平的持续显著上涨，可解释为"过多货币追求过少的商品"。

需求拉动的通货膨胀的成因是在总产量达到一定水平后，当需求增加时，供给会增加一部分，但供给的增加会遇到生产过程中的瓶颈现象，即由于劳动、原料、生产设备的不足使成本提高，从而引起价格上升；或者在产量达到最大时，即充分就业的产量时，当需求增加，供给也不会增加，总需求增加只会引起价格的上涨。消费需求、投资需求或来自政府的需求、国外需求都会导致需求拉动的通货膨胀，需求方面的原因或冲击主要包括财政政策、货币政策、消费习惯的改变和国际市场的需求变动等。

引起需求扩大的因素有两大类：一类是实际因素，即消费需求、投资需求的扩大，政府支出的增加、减税，净出口增加等（通过曲线右移），它们都会导致总需求的增加，需求曲线右移；另一类是货币因素，即货币供给量的增加或实际货币需求量的减少，即实际货币余额增加（通过曲线右移），导致总需求增加。

（二）单项选择

1. C 2. D 3. B 4. D 5. D 6. D 7. D 8. A 9. C 10. A

（三）分析说明

1. 一般来说，结构性失业比摩擦性失业问题更严重。因为摩擦性失业是由于劳动力市场运行机制不完善或者因为经济变动过程中的工作转换而产生的失业。摩擦性失业的失业者都可以胜任可能获得的工作。增强失业服务机构的作用、增加就业信息、协助劳动者家庭搬家等都有助于减少摩擦性失业。而结构性失业是由于经济结构的变化、产业兴衰转移而造成的失业，是劳动力市场失衡造成的失业，一些部门需要劳动力，存在职位空缺，但失业者缺乏到这些部门和岗位就业的能力，而这种能力的培训需要一段较长时间才能完成，所以结构性失业的问题更严重些。

2. 不能。因为充分就业并不意味着100%就业，因为即使有足够的职位空缺，失业率也不会等于零，经济中仍然会存在摩擦性失业和结构性失业。在一个日新月异的经济体中，永远会存在职业流动和行业结构性兴衰，所以总有少部分人处于失业状态。凯恩斯认为，如果消除了"非自愿失业"，失业仅限于摩擦性失业和自愿失业的话，经济就实现了充分就业。所以充分就业不可能做到有劳动能力的人都拥有工作。只要有劳动能力且愿意工作的人都有了工作就是充分就业。

3. 否。通货膨胀衡量的是平均价格水平的走向，如果说某国或地区在某一时期消费价格指数（CPI）上升了10%，这并不意味着所有商品的价格都相同上升了10%，而只是平均价格水平上升了10%。这一"平均"指的是各种商品价格变动的"加权平均",而非简单的"算术平均"。

4. 菲利普斯曲线是西方经济学家用来描述失业率与货币工资变动率之间关系的曲线。1958年,当时在英国伦敦经济学院工作的新西兰经济学家菲利普斯通过整理英国1861—1957年近一个世纪的统计资料,发现货币工资增长率与失业率之间存在一种负相关关系,这种关系可用曲线形式表现出来。在一个坐标系中,如横轴表示失业率,纵轴表示货币工资变动率,则货币工资变动率与失业率之间的关系大体上可呈现为一条负向倾斜曲线,它表示:货币工资上涨率越高,失业率越低,反之亦然。对于这种负相关的关系,英国经济学家利普赛的解释是:货币工资变动是劳动力市场超额需求程度的函数,劳动力市场上失业率越低,即劳动力市场上有超额需求,雇主间竞争会驱使货币工资率上升,反之,失业率越高,劳动力市场上越是供过于求,货币工资率上升就越少。

菲利普斯曲线本来只描述失业率与货币工资变动率之间的关系,但西方经济学家认为,工资是产品成本主要构成部分,从而对产品价格有决定性影响,因此,他们把菲利普斯曲线描述的那种关系延伸为失业率与通货膨胀率的替代关系:失业率高,通货膨胀率就低,失业率低,通货膨胀率就高,并认为两者间这种替代关系可为政府进行总需求管理提供一份可供选择的菜单,即通货膨胀率或失业率太高时,可用提高失业率的紧缩政策或提高通货膨胀率的扩张政策来降低通货膨胀率或降低失业率,以免经济过分波动。

5. 在短期,菲利普斯曲线表现的是在一定的通货膨胀率的预期水平下,通货膨胀率与失业率之间的关系。货币主义者认为,在工作谈判中,工人们关心的是实际工资而不是货币工资。当通货膨胀率不太高,工人还没有形成新的通货膨胀预期时,失业率与通货膨胀率之间存在着替代关系。短期菲利普斯曲线是一条向右下方倾斜的曲线,而且对应于不同的预期通货膨胀率的水平就有不同的菲利普斯曲线,预期的通货膨胀率越高,相应短期菲利普斯曲线的位置也就越高。在长期,人们开始调整预期的通货膨胀率,在理性预期的假定下,人们对通货膨胀率的预期与现实的通货膨胀率保持一致,在每一条短期菲利普斯曲线上都有一点,在这点上预期通货膨胀率与实际通货膨胀率相同,把这些点连接起来就得到一条长期菲利普斯曲线,它表明通货膨胀率与失业率在长期不存在替代关系,因而,长期菲利普斯曲线是在自然失业率水平上的一条垂直线。

随着时间的推移,工人们发现他们的实际工资随物价上涨而下降,就会要求雇主相应地增加货币工资,以补偿通货膨胀给自己造成的损失。由于工人们不断地形成新的通货膨胀预期,使换取一定失业率的通货膨胀率越来越高,一条菲利普斯曲线不断向右上方移动,最终演变成一条垂直的菲利普斯曲线,这就是长期菲利普斯曲线,可以说长期菲利普斯曲线是由短期菲利普斯需求不断运动,在理性预期的假定条件下形成的。

(四) 计算

1. (1) 经济中的潜在产出往往与非加速通货膨胀的失业率相对应,根据题意,当非加速通货膨胀的失业率为5%时,其产出达到潜在产出水平,设潜在产出为Q。根据奥肯定律,相对于潜在GDP,GDP每下降2个百分点,失业率就会大约上升1个百分点,则有

$$[(40\,000 - Q)/Q] \div 2 = -(7\% - 5\%)$$

解得潜在GDP为$Q \approx 41\,667$(亿美元)。

（2）如果潜在GDP每年增长3%，则两年后潜在GDP将是

41 667×1.03×1.03≈44 205（亿美元）

（3）假设未来两年GDP的增长率为α，则

40 000×$(1+\alpha)^2$ = 44 205（亿美元）

解得 α≈5%。

因此，未来两年的GDP增长速度必须大于5%，才能保证跟上潜在GDP的增长。

2.（1）按照奥肯定律，在自然失业率为6%的水平下，各年GDP缺口分别为：2001年：$\frac{y_{2001} - y_f}{y_f}$ = -3×（8%-6%）= -6%

同理可计算2002年、2003年、2004年缺口分别为6%、3%、0%。

（2）由（1）可知，在2001年实际GDP低于潜在GDP水平，2002年、2003年实际GDP高于潜在GDP水平，2004年缺口消除。

（3）如果2003年实际GDP为25万亿元，由已知条件和奥肯定律可得

$$\frac{25 - y_f}{y_f} = -3 \times (5\% - 6\%) = 3\%$$

解得 y_f = 24.27，即2003年潜在GDP水平为24.27万亿元。

3.（1）就业人数加失业人数为劳动力人数，故劳动力人数为

1.2+0.1=1.3（亿）

（2）劳动力占可工作年龄人口数的百分比为劳动力参与率，故劳动力参与率为

1.3/1.9=68.4%

（3）官方统计的失业率为：失业者（不包括泄气而放弃寻找工作的工人）占劳动力的百分比，故失业率为

0.1/1.9=5.26%

（4）如果把气馁而放弃工作的人算作失业者，则失业率为

（0.1+0.15）/1.9=13.16%

4.（1）均衡的实际工资为劳动力供给等于劳动力需求时的实际工资，$20 - 0.5 \times \frac{W}{P} = 0.5 \frac{W}{P}$，解得 $\frac{W}{P} = 20$。

（2）均衡的就业水平为劳动力供给等于劳动力需求时的就业人数，当 $\frac{W}{P} = 20$ 时，$N_S = N_D = 20 - 0.5\left(\frac{W}{P}\right) = 20 - 0.5 \times 20 = 10$。

（3）寻找工作的人数可根据均衡实际工资计算得出，$J_S = 0.2 \frac{W}{P} = 0.2 \times 20 = 4$。

（4）失业人数为正在寻找工作的人数，所以 $U = 4$。

（5）劳动力总人数为：$N = 10 + 4 = 14$。

5. $\pi_{2002} = \frac{p_{2002} - p_{2001}}{p_{2001}} \times 100\% = \frac{111.5 - 107.9}{107.9} = 3.34\%$

同理可得 $\pi_{2003} = 29.60\%$。

如果预期通货膨胀率为前两年的平均值，在 2004 年预期通货膨胀率为

$$\pi_{2004} = (3.34\% + 29.60\%) / 2 = 16.47\%$$

根据费雪效应中名义利率、实际利率和预期通货膨胀率的关系，可得

实际利率$_{2004}$ = 名义利率$_{2004}$ - π_{2004} = 5% - 16.47% = -11.47%

★知识拓展

请结合案例 1 和案例 2，进一步理解失业、通货膨胀及菲利普斯曲线。

案例 1：如何用凯恩斯的就业原理解决失业问题？

面对失业问题，我们可以从凯恩斯的就业原理出发，寻求解决问题的途径。凯恩斯认为除了摩擦性失业和自愿失业还有非自愿失业，而非自愿失业是有效需求（有效需求是指总供给价格与总需求价格达到均衡时的总需求）不足造成的。由此可以知道，解决了有效需求不足的问题就可以解决非自愿失业的情况，有效需求扩大则就业量扩大，但是达到一定程度时，就业已经充分了，此时增加有效需求就不能增加就业量了。这个原理的指导意义是：增加工资以增加消费，采用累进税增加穷人的收入，实行赤字预算与适度的通货膨胀政策，刺激投资比刺激消费更重要，所以国家通过制定相应的政策拉动内需，增加投资环境建设，吸引外资开阔就业市场，从而减少失业增加工人工资。面对较严重通货膨胀的问题，可以通过降低经济发展的速度来阻止通货膨胀，具体的方式是用紧缩性财政政策和货币政策，例如，增税、减少政府投资和购买、加息。在收入政策中，政府通过强制手段控制工资和物价，降低人们的收入。温和的通货膨胀可以增加收入、增加产量。成本推动的通货膨胀则会造成收入或产量减少，从而引起失业。超级通货膨胀则会导致经济崩溃。所以一定要杜绝超级通货膨胀的现象出现。面对失业和通货膨胀两个相悖的解决方式，我们则应根据两者之间的关系和菲利普斯曲线来采取恰当的方式解决，使得失业问题和通货膨胀问题达到一个彼此平衡的状态。

（资料来源：魏玮. 凯恩斯的就业理论与我国当前的失业问题 [J]. 商洛学院学报，1999 (3)：15 - 19.）

案例 2：供给冲击下的菲利普斯曲线

在推导菲利普斯曲线时，主要的依据是总需求的冲击会导致均衡点沿着短期总供给曲线移动，从而得出菲利普斯曲线与短期总供给表达了同样思想的结论。然而，在描述价格与产出的关系时，短期总供给曲线本身的移动也不可忽视。短期总供给曲线的移动对菲利普斯曲线带来的影响可以视为一种供给冲击。供给冲击对菲利普斯曲线会造成怎样的影响呢？为此还需要回到短期总供给曲线的表达式中去，不难发现，如果短期总供给曲线向右平移（被称为正的供给冲击），在新的短期总供给曲线上，一定的价格水平所对应的产出（供给）相比之前移动更大了。根据奥肯定律，产品增加对应着失业率的降低。因此正的供给冲击会使一定的价格水平所对应的失业率降低。

（资料来源：焦莉莉. 供给冲击、制度冲击：菲利普斯曲线与中国的通货紧缩 [J]. 云南财贸学院学报：经济管理版，2003 (3X)：51 - 53.）

★ 名校考研真题解析

一、名校考研真题

1. (北京大学 2013 研)(1) 假设某个国家债务—GDP 比例为 30%，名义利率为 12%，通货膨胀率为 7%，总预算赤字为 GDP 的 4%，请计算经过通货膨胀调整后的赤字占 GDP 比。

(2) 假设你发现在一个通货膨胀的经济体里，通货膨胀修正赤字处于盈余状态，如果政府只能找到一种方法把通货膨胀率降到初始水平，那么在这种情况下政府为什么能维持一个低的通货膨胀率？

(3) 有人说实行工资—价格管制能解决通货膨胀问题，你觉得可以吗？为什么？

2. (武汉大学 2010 研) 简述经济社会总有些人是失业者的原因和失业的主要代价。

3. (华中科技大学 2006 研) 试述我国目前存在的失业类型、原因，并根据你所学的经济理论分析我国经济增长方式的转变对就业的影响。

4. (中央财经大学 2011 研) 假设生产函数和劳动力供给函数分别由以下两个式子 $F(N)=20N-N^2$ 和 $N_s=\frac{1}{2}\times\frac{W}{P}$ 刻画，其中，N 为工人人数，W 为名义工资，P 为价格水平。

(1) 求解劳动力市场均衡工资水平和均衡雇用人数。

(2) 假设价格水平外部给定，若政府推行最低名义工资水平，计算存在最低工资时的均衡价格水平和就业人数。

(3) 在最低名义工资水平为 50 时，推导总供给曲线。

二、真题解析

1. (1) 通货膨胀调整赤字 = 总赤字 − 通货膨胀率 × 债务总数，则该经济体经过通货膨胀调整后的赤字占 GDP 比为 4% − 7% × 30% = 1.9%。

(2) 根据上面的公式，盈余的情况下，总赤字 − 通货膨胀率 × 债务总数 < 0，所以要么增加总赤字，要么缩减政府债务。但现在又处于通货膨胀下，增加政府支出会增加赤字，但会加剧通货膨胀，所以应该减少债务。当政府缩减债务，市场看到政府控制通货膨胀的决心，则预期通货膨胀率下降，实际通货膨胀率也就保持在较低水平。

(3) 控制价格和工资是为了避免工资—价格螺旋的产生，因此可以解决短期内的通货膨胀问题，但这样会以失业为代价。所以有效性要以失业代价的大小来判断。

2. (1) 经济社会中存在自然失业的原因。经济社会中总有些人是失业者，这是因为经济体中存在着自然失业。自然失业率是经济社会在正常情况下的失业率，是劳动力市场处于供求均衡状态的失业率。自然失业包括摩擦性失业和结构性失业。摩擦性失业是指劳动力在正常流动过程中所产生的失业；结构性失业是因为对某种劳动需求增加，而对另一种劳动需求减少，与此同时，供给没有迅速做出调整而造成的劳动力供求不一致时产生的失业。

(2) 失业的代价。对于个人来说，如果是自愿失业，则会给他带来闲暇的享受；但如果是非自愿失业，则会使他的收入减少，从而使他的生活水平下降。

对于社会来说，失业增加了社会福利支出，造成财政困难，同时，失业率过高又会影响社会的安定，带来其他社会问题。

从整个经济看，失业在经济上最大的损失就是实际国民收入的减少。美国经济学家阿瑟·奥肯研究了失业率变动对实际国民收入的影响，提出了奥肯定律。其主要内容是：GDP 每下降 2 个百分点，失业率就会大约上升 1 个百分点。奥肯定律揭示了产出市场和劳动力市场之间极为重要的联系，它指出实际 GDP 必须保持与潜在 GDP 同样快的增长，以防止失业率的上升。

3.（1）我国的劳动力市场供求结构比较特殊。在高级复杂劳动力市场上，高级人才比较稀缺；在中级劳动力市场上，存在着结构性失业；在低级劳动力市场上，存在着总体上供给过多，但在有些局部地区严重缺乏。这就造成了我国的失业率的构成与发达国家明显不同。

①我国的失业率中周期性失业率所占比例不大，而发达国家的周期性失业率的比例相对来说比较大。

②我国的结构性失业比较严重，而发达国家由于各种政策使结构性失业相对来说不太严重。

③由于我国经济的快速发展使摩擦性失业的现象比较多，因为有能力的工人相对稀缺，他们面临的选择比较多，而发达国家的经济比较稳定，工人的机会相对来说比较少。

④我国的隐性失业比较严重。在农村和城镇存在大量的隐性失业者，他们大部分属于低级劳动者并且缺乏竞争力，仅靠土地和微薄的社会补贴维持生活，可能名义上不是失业者，可实际上全是失业者。

总之，就处于转轨过程中的我国来说，劳动力市场条件乃至整个经济体制都处于不断变化之中。特别是近年来产业结构变动速度加快，劳动力市场改革力度加大，都会导致自然失业率的提高。总体来说，中国经济具有较高的并且继续升高的自然失业率，表明单纯依靠宏观反周期政策不能完全消除或缓解失业现象，扩大就业和治理失业，要求综合一系列政策手段解决失业问题。

（2）经济增长方式的转变对劳动就业的影响。我国是一个人口众多的大国，劳动力存量大，隐性失业人数较多。一方面，随着我国经济增长方式的逐步转变，工业行业中一些企业的技术进步和资本有机构成的提高，特别是当今一些企业调整、兼并、破产等，为数不少的一部分职工必将下岗重新择业；另一方面，无论是在城市，还是在农村，劳动力的素质偏低，相当一部分企业新进职工的素质比过去没有多大的提高，甚至比过去还有所下降，成为制约我国经济发展的重要因素。丰富的劳动力资源，而又相对偏低的劳动力素质，给劳动力的就业带来了沉重的压力。

从短期来看，经济增长方式的转变将形成更严重的结构性失业，劳动力的质与量的矛盾将更为突出，失业人数有可能进一步增加。

皮萨瑞德等通过建立数理模型分析得出，科技进步和空缺职位出现的速率是成正比的。因此，从长期来看，随着我国经济增长由粗放型向集约型转变，经济增长中科学技术进步的贡献份额越来越大，从而带动就业结构、资本的技术构成、组织管理方式等发生相应的变化；劳动生产率得到较大的提高，使全社会的产业结构发生改变，虽然在某些特定产业中劳动就业的容量会减小，但就全社会来考察，随着时间的推移，会提供更多的就业岗位，从而使就业人数增加。

4. (1) 根据生产函数可知劳动的边际产出为：$MPL = 20 - 2N$。劳动力需求由劳动的边际产出决定，因此劳动力需求函数为 $\frac{W}{P} = 20 - 2N$，即 $N_D = \frac{1}{2} \times \left(20 - \frac{W}{P}\right)$。已知劳动力供给函数，可知劳动力市场均衡时有

$$\frac{1}{2} \times \frac{W}{P} = \frac{1}{2} \times \left(20 - \frac{W}{P}\right)$$

解得 $\frac{W}{P} = 10$。

将均衡工资水平 $\frac{W}{P} = 10$ 代入劳动力需求函数或劳动力供给函数，可得均衡雇用人数 $N = 5$。

(2) 如果最低名义工资水平 $W = 50$，且此时达到劳动力市场力均衡，则有劳动力需求函数 $\frac{50}{P} = 20 - 2N$；劳动力供给函数为 $N = \frac{1}{2} \times \frac{50}{P}$，联立方程可得价格水平 $P = 5$，就业人数 $N = 5$。

(3) 在最低名义工资水平为 50 时，劳动力需求函数为 $\frac{50}{P} = 20 - 2N_D$，可得 $N_D = 10 - \frac{25}{P}$，劳动力供给函数为 $N_S = \frac{25}{P}$，劳动力市场均衡时，价格水平为 $P = 5$，就业人数 $N = 5$。

①当价格水平 $P < 2.5$ 时，厂商生产亏损，没有劳动力需求，此时代入生产函数，可得此时总供给曲线为 $F(N) = 0$；

②当价格水平 $2.5 < P < 5$ 时，此时劳动力市场供过于求，就业人数为劳动力需求量，此时代入生产函数，可得总供给曲线为 $F(N) = 20N - N^2 = 20 \times \left(10 - \frac{25}{P}\right) = 100 - \frac{625}{P^2}$；

③当价格水平 $P \geq 5$ 时，此时劳动力市场供不应求，就业人数为劳动力供给人数，代入生产函数，可得此时总供给曲线为 $F(N) = 20N - N^2 = 20 \times \frac{25}{P} - \left(\frac{25}{P}\right)^2 = \frac{500}{P} - \frac{625}{P^2}$。

第六章

宏观经济政策的理论与实践

★核心知识

一、核心知识点

1. 宏观经济政策的作用机制
2. 宏观经济政策的主要目标
3. 财政政策效果和货币政策效果
4. 财政政策及其工具
5. 货币政策及其工具

二、核心知识脉络图

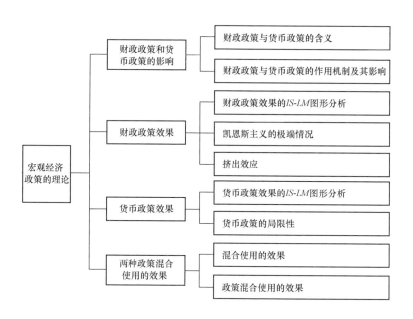

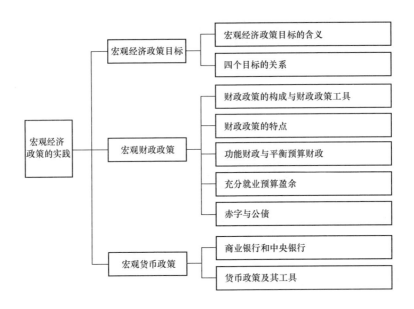

★ 内容总结与经典例题

一、内容总结

1. 财政政策和货币政策的影响

（1）财政政策与货币政策的含义。

①财政政策：是政府变动税收和支出以便影响总需求进而影响就业和国民收入的政策。变动税收是指改变税率和税率结构。变动政府支出是指改变政府对商品与劳务的购买支出以及转移支付。

②货币政策：是货币当局（即中央银行）通过银行体系变动货币供给量来调节总需求的政策。货币政策的工具主要有公开市场业务、存款准备金制度、再贴现政策和道义劝告等。

（2）作用机制及其影响。财政政策与货币政策都通过影响利率、消费、投资进而影响总需求，使就业和国民收入得到调节。这些影响都可以在 *IS-LM* 图形中看出，其中，财政政策的实施将使 *IS* 曲线左右平移，货币政策的实施将使 *LM* 曲线左右平移。财政政策和货币政策的净效果分析如表6-1所示。

表6-1 财政政策与货币政策作用机制

政策种类	对利率的影响	对消费的影响	对投资的影响	对GDP的影响
财政政策（减少所得税）	上升	增加	减少	增加
财政政策（增加政府开支）	上升	增加	减少	增加
财政政策（投资津贴）	上升	增加	增加	增加
货币政策（扩大货币供给）	下降	增加	增加	增加

2. 财政政策效果

（1）财政政策效果的 IS-LM 图形分析。财政政策效果是指财政政策变动对于总需求的影响。从 IS 和 LM 图形看，财政政策效果的大小随 IS 曲线和 LM 曲线斜率的不同而有所区别。

首先，LM 曲线位置不变、IS 曲线斜率变化对财政政策效果的影响。

IS 曲线之所以影响财政政策效应，是与投资的利率弹性以及乘数相关的。IS 曲线的斜率大小主要由投资的利率弹性大小决定。即

$$r = \frac{\alpha + e}{d} - \frac{1-\beta}{d}y, \text{ 或 } y = \frac{\alpha + e - dr}{1-\beta}$$

d 为投资的利率弹性，IS 曲线的斜率越小，IS 曲线越平缓，说明 d 越大。由 $i = e - dr$ 可知，利率变动一定幅度将引起投资 i 较大幅度的反向变动（称投资对利率变动的反应较为敏感）。此时政府采取扩张性的财政政策使国民收入 y 增加的同时，对货币的交易需求 L_1 也会增加，引起利率 r 上升；利率 r 的上升必将使投资 i 减少许多，"挤出效应"较大，国民收入 y 增加的幅度较小。因此，IS 曲线越平缓，实行扩张性财政政策时挤出效应就越大，被挤出的投资 i 就越多，国民收入 y 增加得越少，即财政政策效果越小。

IS 曲线越陡峭，可知 d 越小。由 $i = e - dr$ 可知，利率 r 变动一定幅度将引起投资 i 较小幅度的反向变动（称投资对利率变动的反应不敏感）。投资 i 需求对利率 r 的弹性越小，政府支出增加产生的"挤出效应"较小，因而国民收入 y 增加得较多，财政政策效果较大。

其次，IS 曲线斜率不变、LM 曲线斜率变化对财政政策效果的影响。

由公式 $r = \frac{k}{h}y - \frac{m}{h}$ 可知，LM 曲线较陡峭，货币需求的利率弹性 h 越小。由 $L = ky - hr$ 可知，货币需求 L 对利率 r 的反应较不敏感，一定货币需求 L 的增加需要利率 r 较多地上升，利率 r 上升得越多，对私人投资 i 挤占得就越多，"挤出效应"越大，导致了财政政策效果越小。同时，LM 曲线越陡峭，货币需求的收入弹性 k 越大，一定的国民收入水平 y 提高所引起的货币需求 L 增加得越多，在货币供给量 m 不变的情况下，货币需求 L 增加得越多，利率 r 上升越高；利率 r 上升得越高，私人投资 i 减少得越多，国民收入 y 增加得越少，财政政策的效果越小。

LM 曲线越平坦，表示货币需求的利率弹性 h 越大，说明货币需求对利率的反应越敏感，当政府增加支出时，即使通过发行公债向私人部门借了大量的货币，也不会使利率 r 上升许多，利率 r 上升得越小，对私人投资 i 产生的影响越小，"挤出效应"越小；当政府支出增加时，将会使国民收入增加许多，即财政政策效果较大。同时，LM 曲线越平坦，货币需求的收入弹性 k 越小，在货币供给量 m 不变的情况下，一定国民收入水平 y 提高所引起的货币需求 L 增加得越少，利率 r 就上升得越少，从而私人投资 i 减少得也越少，"挤出效应"则越小，国民收入 y 增加得就多，财政政策的效果就大。

最后，支出乘数对财政政策效果的影响。支出乘数表达式：

$$\frac{dy}{dg} = \frac{1}{(1-\beta)(1-t) + \frac{dk}{h}}$$

从支出乘数表达式可以看出，当 β、t、d、k 既定时，h 越大，LM 曲线越平坦，支出乘

数就越大，财政政策效果越大。当 $h \to \infty$ 时，LM 曲线成为一条水平线，财政政策效果极大。相反，若 h 越小，支出乘数越小，财政政策效果就越小。同样，若其他参数不变，d 越大，即投资需求的利率弹性越大，IS 曲线越平坦，财政政策乘数越小，即财政政策效果也越小。同时，边际消费倾向 β、边际税率 t 以及货币需求的收入弹性 k 这些参数的大小，同样会影响财政政策乘数，影响财政政策效果。

（2）凯恩斯主义的极端情况。

$$LM：r = \frac{k}{h}y - \frac{m}{h} \text{ 或 } y = \frac{hr}{k} + \frac{m}{k}$$

$$IS：r = \frac{a+e}{d} - \frac{1-\beta}{d} \text{ 或 } y = \frac{a+e-dr}{1-\beta}$$

凯恩斯主义的极端情况：LM 曲线为水平线、IS 曲线为垂直线。此时，货币政策完全失效，财政政策非常有效（见图6-1）。

IS 曲线垂直：投资需求的利率系数 d 为零，由 $i = e - dr$ 可知；投资 i 不随利率 r 变动而变动，此时货币政策无效。

LM 曲线水平：货币需求的利率弹性 $h \to \infty$，由 $m = L = ky - hr$ 可知，货币供给量增加不会降低 r 和促进 i，对于收入没有作用，货币政策无效。

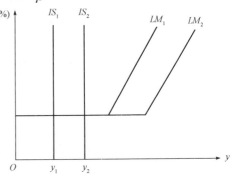

图6-1 凯恩斯极端下财政政策效果

（3）挤出效应。政府支出增加引起利率上升，从而抑制私人投资及消费的现象。

影响挤出效应的因素包括：①支出乘数（β）的大小；②货币需求的收入弹性（k）；③货币需求的利率弹性（h）；④投资的利率弹性（d）。如表6-2所示。

$$L = ky - hr \quad LM：r = \frac{k}{h}y - \frac{m}{h} \quad IS：r = \frac{\alpha+e}{d} - \frac{1-\beta}{d}y$$

表6-2 影响挤出效应的因素

因素	趋势	挤出效应	机制
β	↑	↑	支出乘数 β 的大小。β 越大，利率提高越多，投资的减少导致民间投资减少，挤出效应越大
k	↑	↑	货币需求对产出的敏感程度 k 的大小。k 越大，交易需求多，投机需求少，利率大，挤出效应越大
h	↓	↓	货币需求对利率的敏感程度 h 的大小。h 越小越敏感，利率变动越大，挤出效应越小
d	↑	↑	投资需求对利率的敏感程度 d 的大小。d 越大，挤出效应越大

挤出效应的表现主要包括：

一是挤占投资。由于政府支出增加，物价水平上涨，如果在这时货币的名义供给量不变，实际的货币供给量必然会由于价格的上涨而减少。由于产出水平不变，用于交易需求的货币量（m_1）也不变，只有使用于投机需求的货币量（m_2）减少。结果，债券价格会下跌，利率会上升，必然导致私人投资的减少。

二是挤占消费。短期中，如果工人由于存在货币幻觉或受工资契约的约束，货币工资不能随物价上涨同步增加，企业会由于工人实际工资水平的降低而增加对劳动力需求，因此，短期内就业和产量会增加，消费不变。但从长期来看，工人会由于物价的上涨要求增加工资，企业也将把对劳动力需求稳定在充分就业的水平上，工人的收入不会相应增加，因此，政府支出的增加只能完全地挤占私人的投资和消费。

3. 货币政策效果

货币政策效果是指变动货币供给量对于总需求的影响。

（1）货币政策效果的 IS-LM 图形分析。

① LM 曲线形状基本不变，IS 曲线的斜率变化对货币政策效果的影响。

首先，IS 曲线越平缓，d 越大，由公式 $r = \frac{\alpha+e}{d} - \frac{1-\beta}{d}y$，$i = e - dr$ 可知，利率 r 变动一定幅度将引起投资 i 较大幅度的反向变动（称投资对利率变动的反应较为敏感）。当货币供给量 m 的增加导致利率 r 下降时，投资 i 将增加许多，国民收入 y 水平将有较大幅度的提高，货币政策的效果就大。

其次，IS 曲线越陡峭，可知 d 越小，由 $i = e - dr$ 可知，利率 r 变动一定幅度将引起投资 i 较小幅度的反向变动（称投资对利率变动的反应不敏感）。当货币供给量 m 增加使 LM 曲线向右移动而导致利率 r 下降时，投资 i 不会增加许多，国民收入 y 增加就越小，即货币政策的效果越小。

② IS 曲线的位置不变，LM 曲线的斜率不同对扩张性货币政策效果的影响。

由公式 $r = \frac{k}{h}y - \frac{m}{h}$，$L = m_0 + m_1 = ky - hr$ 可知，LM 曲线越陡峭，货币需求的利率弹性 h 越小，表示货币需求 L 受利率 r 的影响较小，货币供给量 m 只要稍有增加就会使利率 r 下降许多，因而货币供给量 m 变动对利率 r 变动的作用较大，使得增加货币供给量 m 的货币政策将对投资 i 和国民收入 y 有较大的影响。

LM 曲线越平坦，货币需求的利率弹性 h 越大，表示货币需求 L 受利率 r 的影响大，利率 r 稍有变动会使货币需求 L 变动很多，因而货币供给量 m 变动对利率 r 变动影响较小，货币政策对投资 i 和国民收入 y 的影响较小，即货币政策的效果较小。

③ 货币政策乘数对货币政策效果的影响。货币政策乘数是指在 IS 曲线不变或者说产品市场均衡状况不变时，实际货币供给量的变化能使均衡的国民收入实际变动多少。其表达式为

$$\frac{dy}{dm} = \frac{1}{k + \frac{h(1-\beta)(1-t)}{d}}$$

从货币政策乘数表达式可以看出，当 β、t、d、k 既定时，h 越大，LM 曲线越平坦，则货币政策乘数就越小，货币政策效果越小。当 $h \to \infty$ 时，LM 曲线成为一条水平线，货币政策效果为零。相反，若 h 越小，货币政策乘数越大，货币政策效果越大。

同样，若其他参数不变，d 越大，IS 曲线越平坦，货币政策乘数就越大，即货币政策效

果也越大。另外，边际消费倾向 β、边际税率 t 以及货币需求的收入弹性 k 这些参数的大小，同样会影响货币政策乘数，影响货币政策效果。

④古典主义极端情况下的货币政策效果极大化分析。与凯恩斯主义的极端情况相反，当水平的 IS 曲线与垂直的 LM 曲线相交时，财政政策完全无效、货币政策十分有效，这就是古典主义的极端情况。

a. 财政政策完全无效的原因：一方面，垂直的 LM 曲线说明货币需求的利率系数 h 等于零，推出投机需求所持的货币量 $L_2 = -hr$ 为零。此时，人们会将手中的全部货币拿去购买有价证券，这时，政府如果推行扩张性的财政政策而向私人部门借钱（出售公债），由于私人部门的手中没有闲置货币，财政部门只能通过私人部门投资支出的减少来获得货币，而私人部门认为只有投资支出的减少量等于政府借款的数目对自己有利的时候，政府才能借到这笔款项。因此，政府的借款利率 r 一定得上升，直到上涨到政府公债产生的收益大于私人投资的预期收益。这样，政府支出 g 增加多少，将使投资支出 i 减少多少。在这种情况下，政府支出对私人投资的"挤出效应"就是完全的，因此，扩张性的财政政策完全无效。另一方面，水平的 IS 曲线说明投资需求的利率弹性 d 无限大，由 $i = e - dr$ 知，利率 r 的稍微变动都会使投资 i 大幅度反向变动。当政府因增加支出或减少税收而向私人部门借钱时，利率 r 稍有上升，私人投资 i 便会大大减少，使"挤出效应"达到完全的地步，财政政策无效；只能寄希望于货币政策了。

b. 货币政策完全有效的原因：垂直的 LM 曲线说明当货币需求的利率弹性 h 为零时，货币需求 L 对利率 r 完全缺乏弹性，不论 r 如何变化，人们不会对利率 r 的变动做出任何反应，即人们没有对货币的投机需求。因此，增加的货币供给会被人们全部用来增加交易需求，为此，国民收入 y 必须大大增加。另外，水平的 IS 曲线说明投资对利率极为敏感，货币供给 m 的增加使利率 r 有一点点下降，都会使投资 i 极大地增加，从而使国民收入 y 极大增加。

（2）货币政策的局限性。第一，在通货膨胀时期实行紧缩的货币政策，效果可能比较显著，但在经济衰退时期，实行扩张的货币政策效果就不明显。

第二，从货币市场均衡的情况看，增加或减少货币供给要影响利率进而对经济运行产生影响，必须以货币流通速度不变为前提。如果这一前提并不存在，货币供给变动对于经济的影响就要打折扣。

第三，货币政策作用的外部时滞也影响政策效果。货币从投放到产生效果有一个时间差。

第四，在开放的经济中，货币政策的效果还因为资金在国际上的流动而受到影响。

4. 两种政策混合使用的效果

财政政策和货币政策单独使用，会引起利率大起大落；而搭配使用，则能实现利率稳定的充分就业下的收入。

（1）混合使用的效果。

①假定经济起初位于图 6-2 中 E_0 点，收入为 y_0，利率为 r_0，而充分就业的收入为 y_2。为克服萧条，达到充分就业，政府可实行扩张性财政政策将 IS 右移；也可实行扩张性货币政策将 LM 右移。两种办法虽然都可使收入增加，但会使利率大幅度上升或下降。

②在稳定利率的同时，增加收入。如果既想增加收入，又不使利率（r_0）变动，可采用

扩张性财政和货币政策相混合的办法。实行扩张性财政政策，使产出水平上升。但为了使利率不由于产出上升而上升，可相应地实行扩张性货币政策，增加货币供应量，使利率保持原有水平，投资不被挤出。这种混合的政策效果，可使 IS 和 LM 移动的幅度相同，产出增加（至 y_2）时，利率不变。

（2）政策混合使用的效果（见表6-3）。

Ⅰ：当经济萧条但又不太严重时，实行扩张性财政政策刺激总需求，紧缩性货币政策抑制通货膨胀。

Ⅱ：当经济发生严重通货膨胀时，用紧缩性财政政策来提高利率，降低总需求，同时紧缩财政，以防止利率过高。

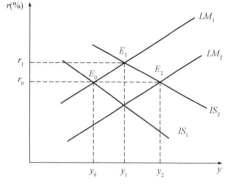

图6-2　财政政策与货币政策混合使用

Ⅲ：当经济中出现不严重的通货膨胀时，用紧缩性财政政策压缩总需求，同时用扩张性货币政策降低利率，以免财政过度紧缩而引起衰退。

Ⅳ：当经济严重萧条时，用扩张性财政政策增加总需求，同时用扩张性货币政策降低利率以克服"挤出效应"。

表6-3　政策混合使用的效果

	政策混合使用	产出	利率
Ⅰ	扩张性财政政策 紧缩性货币政策	不确定	上升
Ⅱ	紧缩性财政政策 紧缩性货币政策	下降	不确定
Ⅲ	紧缩性财政政策 扩张性货币政策	不确定	下降
Ⅳ	扩张性财政政策 扩张性货币政策	上升	不确定

综上所述，可以得出如下结论：

首先，依靠市场机制的力量可以使两个市场同时均衡，却不能实现充分就业均衡，为此需要依靠国家运用财政政策与货币政策进行调节。

其次，财政政策与货币政策的效果有多大，取决于政策出台时国民经济运行的实际情况，如果用 IS-LM 图形来分析这种实际情况，则取决于两条曲线的斜率变化。

再次，从 IS-LM 图形来分析，当 LM 形状不变，IS 曲线较平坦时，货币政策效果较大；当 LM 形状不变，IS 曲线较陡峭时，货币政策效果较小；当 IS 形状不变，LM 曲线较平坦时，货币政策效果小；当 IS 形状不变，LM 曲线较陡峭时，货币政策效果较大；当 IS 呈水平状，LM 呈垂直状时，货币政策效果极大。

最后，根据政策调节的需要，扩张性和紧缩性财政政策与货币政策可以搭配使用。

5．宏观经济政策目标及各目标间关系

（1）宏观经济政策目标。宏观经济政策是指国家或政府为了增进整个社会经济福利、改进国民经济的运行状况，达到一定的目标而有意识和有计划地运用一定的政策工具而制定的解决经济问题的指导原则和措施。

宏观经济政策目标是指宏观经济政策最终所要达到的目的。宏观经济政策目标主要包括充分就业、物价稳定、经济增长和国际收支平衡四大目标。

①充分就业。充分就业一般意义上是指一切生产要素都有机会以自己愿意的报酬参加生产的状态。西方经济学家通常用失业率来衡量充分就业的状态：

$$失业率 = \frac{失业者人数}{劳动力人数} \times 100\%$$

公式说明：劳动力是指一定年龄范围内有劳动能力、愿意工作的人；老人、小孩以及由于种种原因放弃找工作的人不能算作劳动力。失业者是劳动力中那些想找工作但未找到工作的人。凯恩斯认为，如果非自愿性失业已经消失，失业仅限于摩擦性失业与自愿失业，就是实现了充分就业。

②物价稳定。物价稳定是指价格总水平稳定，一般用价格指数来表达一般价格水平的变化。物价稳定不是指每种商品的价格固定不变，而是指价格指数的相对稳定，即不出现通货膨胀。常用价格指数有消费物价指数（CPI）、生产价格指数（PPI）、国内生产总值折算指数（GDP deflator）。

③经济增长。经济增长指在一个特定时期内经济社会所生产的人均产量和人均收入的持续增长，通常用一定时期内实际国内生产总值年均增长率来衡量。

④国际收支平衡。国际收支平衡是指既无国际收支赤字又无国际收支盈余。从长期看，一国的国际收支状况无论是赤字还是盈余，对一国经济的稳定发展都会产生不利的影响，会对其他宏观政策经济目标的实现造成障碍。

（2）四个目标的关系。从长期来看，宏观经济政策的四个目标是一致且相互促进的。经济增长是充分就业、物价稳定和国际收支平衡的物质基础；物价稳定又是经济持续稳定增长的前提；国际收支平衡有利于国内物价的稳定，有利于利用国际资源扩大本国的生产能力，加速本国经济的增长；充分就业本身就意味着资源的充分利用，这当然会促进本国经济的增长。

在短期中，从迄今为止的各国宏观经济政策实践来看，宏观经济政策的四个目标之间并不总是一致的，而是相互之间存在着矛盾。因此，政府在制定宏观经济政策时既需要考虑各种因素来应对各种经济政策目标的影响，又需要考虑诸政策之间的矛盾选择，还需要考虑政策执行对时机的把握程度，进而采取协调的经济政策以全面实现这四个宏观经济政策目标。

6. 财政政策实践

（1）财政政策的构成与财政政策工具。

①政府支出。政府支出主要包括政府购买支出和转移支付支出。政府购买支出包括公共项目工程所需的购买性支出、维持政府系统运行的购买性支出，如机关办公用品购买、直接投资的购买性支出。政府转移支付支出包括政府在社会福利保险、贫困救济和补助等方面的支出。政府单方面把一部分收入所有权无偿转移出去，只是一种货币性支出，没有发生直接商品交易行为。

②政府收入。政府收入形式主要包括税收和公债。其中税收是国家强制、无偿、固定取

得财政收入的手段。公债是政府运用信用形式筹集财政资金的特殊形式,包括中央政府的债券和地方政府的债券。

(2) 财政政策的特点。

①具有自动稳定器作用。它是调节经济波动的第一道防线,适用于轻微经济波动。这种内在稳定经济的功能主要通过三项制度得到发挥,分别是税收自动化、转移支付自动变化和农产品价格维持制度。财政政策具有一种自动调节经济、减少经济波动的机制,在繁荣时自动抑制通胀,萧条时自动增加需求。衰退时,产出下降,个人收入下降,税率不变,税收会自动减少,可支配收入会自动少减少一些,使得消费和需求下降得少些。衰退使得收入自动进入较低纳税税率区间,税收下降幅度超过收入下降幅度。反之,税收上升幅度超过收入上升幅度。衰退时,失业增加,符合救济条件的人增加,社会转移支付增加,抑制可支配收入下降,抑制需求下降。

②斟酌使用。政府应审时度势,斟酌使用财政政策,变动支出水平或税收,以稳定总需求水平,使之接近物价稳定的充分就业水平,这就是财政政策的斟酌使用。财政政策斟酌使用的具体表现:按照逆经济风向而行的原则,交替使用扩张性财政政策和紧缩性财政政策;或扩张或紧缩,斟酌使用,权衡使用。

(3) 功能财政与平衡预算财政。财政是国家为了实现其职能的需要,凭借政治权利及财产权利,参与一部分社会产品或国民收入分配和再分配所进行的一系列经济活动,具体包括组织收支活动、调节控制活动和监督管理活动等。财政思想是财政活动中的指导思想,它有几种表现:

①平衡预算思想。基本思想为财政预算应当努力实现年度收支平衡;

②功能财政思想。基本思想为财政预算目标应当服从宏观调控的目标,即由实现收支平衡转向实现无通货膨胀的充分就业水平。当实现这一目标时,预算可以是盈余,也可以是赤字。

(4) 充分就业预算盈余。充分就业预算盈余是指既定的政府预算在充分就业的国民收入水平(即潜在国民收入水平)上所产生的政府预算盈余。而实际的预算盈余是指以实际国民收入水平衡量的预算盈余。

充分就业预算盈余和实际的预算盈余两者的差别就在于充分就业的国民收入水平和实际国民收入水平的差额。如果以 BS^* 表示充分就业的预算盈余,BS 表示实际的预算盈余,y^* 表示充分就业的国民收入水平,y 表示实际国民收入水平,t、$\overline{G}$、$\overline{TR}$ 分别表示边际税率、既定的政府购买支出和政府转移支付支出,则 $BS^* = ty^* - \overline{G} - \overline{TR}$;$BS = ty - \overline{G} - \overline{TR}$;$BS^* - BS = t(y^* - y)$。

如果实际国民收入水平低于充分就业的国民收入水平,则充分就业预算盈余大于实际预算盈余,即当 $y^* > y$ 时,有 $BS^* > BS$;如果实际国民收入水平高于充分就业的国民收入水平,则充分就业预算盈余小于实际的预算盈余,即当 $y^* < y$ 时,有 $BS^* < BS$。

如果实际国民收入水平等于充分就业的国民收入水平,则充分就业预算盈余等于实际的预算盈余,即当 $y^* = y$ 时,有 $BS^* = BS$。

充分就业预算盈余概念的提出有两个重要的作用。第一,把国民收入水平固定在充分就业的水平上,消除了经济中收入水平周期性波动对预算状况的影响,从而能更准确地反映财政政策对预算状况的影响，并为判断财政政策究竟是扩张性还是紧缩性提供了一个较为准确的依据。如果充分就业的预算盈余增加了或者预算赤字减少了，就说明财政政策是紧缩性的；反之说明政策是扩张性的。第二，充分就业预算盈余概念的提出，使政策的制定者更加重视充分就业的问题，把充分就业作为目标来确定预算盈余或赤字的规模，以便正确地确定财政政策。

（5）赤字与公债。财政赤字是国家的预算开支超过收入的结果。弥补财政赤字的办法：

①向中央银行借债——实际是央行增发货币，即货币筹资，结果是通货膨胀；

②向国内公众（商业银行等金融机构、企业、居民）借债；

③向国外公众（商业银行等金融机构、企业、居民）借债。

其中国内借债是购买力向政府部门的转移，往往引起利率的上升。要稳定利率，则必然要通过公开市场业务买进债券，从而增加货币供给。这样，预算赤字增加也会引起通货膨胀。外债则构成真实负担。若推迟归还外债会大大影响政府信誉，使用要更为谨慎。

公债的本质是一种负债，不宜过大。与税收不同，发行公债是要还本付息的，当每年累积的债务构成了巨大的债务净存量时，这些债务净存量所支付的利息又构成政府预算支出的一个重要的部分。衡量一国债务负担率的指标是债务—收入比率，它是一国债务与 GDP 的比率。债务—收入比率的变动主要取决于以下几个因素：公债的实际利率、实际 GDP 的增长率和非利息预算盈余的状况。当非利息预算盈余不变时，公债的利率越高，GDP 的增长率越低，这一比率将会上升；若非利息预算盈余不断增加，实际利率有所下降，实际 GDP 不断提高，则这一比率将会逐步下降。

7. 宏观货币政策

（1）商业银行和中央银行。商业银行的主要业务是依照法律的规定，办理存款、发放贷款给从事中间业务的企业法人。中央银行是一国最高金融当局，它统筹管理全国金融活动，实施货币政策以影响经济。与商业银行和其他金融机构相比，中央银行具有以下特征：不以营利为目的；不经营普通的银行业务，只与政府和各类金融机构往来，不办理厂商和居民的存贷款业务；具有服务机构和管理机构的双重性质，有执行金融监管、扶持金融发展的双重任务；具有超脱地位，在一些国家中甚至独立于中央政府，不受政治周期的影响。

（2）货币政策及其工具。货币政策是货币当局（即中央银行），通过控制货币供应量来调节金融市场信贷供给和利率，从而影响投资和社会总需求，以实现既定宏观经济目标的经济政策。货币政策工具有公开市场业务、再贴现政策和变动法定准备金率。

公开市场业务是指中央银行在金融市场上买进或卖出证券，主要是国库券；决定是否发行国债属于财政政策，而发行后的一级、二级市场上的买卖属于货币政策；再贴现政策，通过增减贴现贷款数量和利率，来影响货币供给量。这两种属于间接货币政策。通过提高和降低准备金率来控制贷款量，增减货币供给量，属于直接货币政策，其力度强、见效快。

二、经典例题

1. 如何理解自动稳定器？

答案解析：自动稳定器又称内在稳定器，是在国民经济中无须经常变动政府政策而有助于经济自动趋向于稳定的因素。例如，一些财政支出和税收制度就具有某种自动调整经济的灵活性，可以自动配合需求管理，减缓总需求的摇摆性，从而有助于经济的稳定。在社会经济生活中，具有内在稳定器作用的因素主要包括个人和公司所得税、失业补助和其他福利转移支付、农产品维持价格以及公司储蓄和家庭储蓄等。例如，在萧条时期，个人收入和公司利润减少，政府所得税收入自动减少，从而相应增加了消费和投资。同时，随着失业人数的增加，政府失业救济金和各种福利支出必然增加，又将刺激个人消费和促进投资。但是，内在稳定器的作用是有限的，它只能配合需求管理来稳定经济，而本身不足以完全维持经济的稳定；它只能缓和和减轻经济衰退或通货膨胀的程度，而不能改变它们的总趋势。因此，还必须采用更有力的财政政策措施。

2. 如何理解充分就业的预算盈余？

答案解析：充分就业的预算盈余指既定的政府预算在充分就业的国民收入水平（即潜在的国民收入水平）上所产生的政府盈余。如果这种盈余为负值，那就是充分就业预算赤字，它不同于实际的预算盈余。实际的预算盈余是以实际的国民收入水平来衡量预算状况的。因此两者的差别就在于充分就业的国民收入与实际的国民收入水平的差额。充分就业预算盈余概念的提出具有两个十分重要的作用。第一，把国民收入水平固定在充分就业的水平上，消除了经济中收入水平周期性波动对预算状况的影响，从而能更准确地反映财政政策预算状况的影响。第二，使政策的制定者重视充分就业问题，以充分就业为目标确定预算规模，从而确定财政政策。但这一概念同样存在一定的缺陷，因为充分就业的国民收入或潜在的国民收入本身是难以准确估算的。

3. 如何理解法定存款准备金？

答案解析：法定存款准备金指按法定准备金率提留的准备金。法定存款准备金一部分是银行库存现金；另一部分存放在中央银行的存款账户上。由于商业银行都想赚取尽可能多的利润，它们会把法定准备金以上的那部分存款当作超额准备金放出去或用于短期债券投资。正是较小比率的准备金来支持活期存款的能力，使得银行体系得以创造货币。

★ 基础训练

一、名词解释

1. 影响财政政策效果的因素
2. 挤出效应
3. 货币政策效果
4. 影响货币政策效果的因素
5. 斟酌使用的财政政策

二、单项选择

1. 货币供给增加使 LM 右移 $\Delta m \times \dfrac{1}{K}$，若要均衡收入变动接近 LM 的移动量，则必须是（　　）。

  A. LM 陡峭，IS 也陡峭　　　　　　B. LM 和 IS 一样平缓

  C. LM 陡峭而 IS 平缓　　　　　　　D. LM 平缓而 IS 陡峭

2. 下列哪种情况中增加货币供给不会影响均衡收入？（   ）
   A. LM 陡峭而 IS 平缓　　　　　　B. LM 垂直而 IS 陡峭
   C. LM 平缓而 IS 垂直　　　　　　D. LM 和 IS 一样平缓

3. 政府支出增加使 IS 右移 $k_g \cdot \Delta G$（k_g 是政府支出乘数），若要均衡收入变动接近 IS 的移动量，则必须是（   ）。
   A. LM 平缓而 IS 陡峭　　　　　　B. LM 垂直而 IS 陡峭
   C. LM 和 IS 一样平缓　　　　　　D. LM 陡峭而 IS 平缓

4. 下列哪种情况"挤出效应"可能最大？（   ）
   A. 货币需求对利率敏感，私人部门支出对利率不敏感
   B. 货币需求对利率敏感，私人部门支出对利率也敏感
   C. 货币需求对利率不敏感，私人部门支出对利率不敏感
   D. 货币需求对利率不敏感，私人部门支出对利率敏感

5. "挤出效应"发生时，（   ）。
   A. 货币供给减少使利率提高，挤出了对利率敏感的私人部门支出
   B. 私人部门增税，减少了私人部门的可支配收入和支出
   C. 所得税减少，提高了利率，挤出了对利率敏感的私人部门支出
   D. 政府支出减少，引起消费支出下降

6. 政府的财政收入政策通过哪一个因素对国民收入产生影响？（   ）
   A. 政府转移支付　　B. 政府购买　　C. 消费支出　　D. 出口

7. 假定政府没实行财政政策，国民收入水平的提高可能导致（   ）。
   A. 政府支出增加　　　　　　　　　B. 政府税收增加
   C. 政府支出减少　　　　　　　　　D. 政府财政赤字增加

8. 扩张性财政政策对经济的影响是（   ）。
   A. 缓和了经济萧条但增加了政府债务　　B. 缓和了萧条也减轻了政府债务
   C. 加剧了通货膨胀但减轻了政府债务　　D. 缓和了通货膨胀但增加了政府债务

9. 商业银行之所以会有超额储备，是因为（   ）。
   A. 吸取的存款太多　　　　　　　　B. 未找到足够的贷款对象
   C. 向中央银行申请的贴现太多　　　D. 以上几种情况都有可能

10. 市场利率提高，银行的准备金会（   ）。
    A. 增加　　　　　　　　　　　　　B. 减少
    C. 不变　　　　　　　　　　　　　D. 以上几种情况都有可能

三、分析说明

1. 假定经济起初处于充分就业状态，现在政府要改变总需求构成，增加私人投资而减少消费支出，但不改变总需求构成，试问应当实行一种什么样的混合政策？用 IS-LM 图形表示这一政策建议。

2. 假定政府要削减税收，试用 IS-LM 模型表示以下两种情况下减税的影响。说明两种情况下减税的经济后果有什么区别。
   （1）用适应性货币政策保持利率不变；

(2) 货币存量不变。

3. 什么是自动稳定器？是否边际税率越高，税收作为自动稳定器的作用越大？

4. 中央银行的货币政策工具主要有哪些？

四、计算

1. 假设 LM 方程为 $y = 500 + 25r$（货币需求 $L = 0.20y - 5r$，货币供给为100美元）。

（1）计算：①当 IS 为 $y = 950 - 50r$（消费 $c = 40 + 0.8y_d$，投资 $= 140 - 10r$，税收 $t = 50$ 美元，政府支出 $g = 50$ 美元）时的均衡收入、利率和投资；②当 IS 为 $y = 800 - 25r$（消费 $c = 40 + 0.8y_d$，投资 $= 110 - 5r$，税收 $t = 50$ 美元，政府支出 $g = 50$ 美元）时的均衡收入、利率和投资。

（2）政府支出从50美元增加到80美元时，情况①和情况②中的均衡收入和利率各为多少。

（3）说明政府支出从50美元增加到80美元时，为什么情况①和情况②中收入的增加有所不同？

2. 假设货币需求为 $L = 0.20y$，货币供给量为200美元，$c = 90 + 0.8y_d$，$t = 50$ 美元，$i = 140 - 5r$，$g = 50$ 美元。

试求：（1）导出 IS 和 LM 方程，求均衡收入、利率和投资。

（2）若其他情况不变，g 增加20美元，均衡收入、利率和投资各为多少？

（3）是否存在"挤出效应"？

（4）用草图表示上述情况。

3. 假设一定经济中有如下关系：

$c = 100 + 0.8y_d$ （消费）

$i = 50$ （投资）

$g = 200$ （政府支出）

$tr = 62.5$ （政府转移支付）

（单位都是10亿美元）

$t = 0.25$ （边际税率）

试求：（1）求均衡收入；

（2）求预算盈余 BS；

（3）若投资增加到 $i = 100$ 时，预算盈余有何变化？为什么会发生这一变化？

（4）若充分就业收入 $y^* = 1\,200$，当投资分别为50和100时，充分就业预算盈余 BS^* 为多少？

（5）若投资 $y^* = 50$，政府购买 $g = 250$，而充分就业收入仍为 $1\,200$，试问充分就业预算盈余为多少。

（6）以本题为例说明为什么要用 BS^* 而不用 BS 去衡量财政政策的方向？

4. 假定某国政府当前预算赤字为75亿美元，边际消费倾向 $\beta = 0.8$，边际税率 $t = 0.25$，如果政府为降低通货膨胀率要减少支出200亿美元，试问支出的这种变化最终能否消灭赤字。

五、答案解析

（一）名词解释

1. 财政政策效果指政府支出或税收变化对国民收入变动的影响。从 IS-LM 模型看，LM 曲线的斜率不变时，IS 曲线越陡峭，IS 曲线移动对国民收入变动的影响就越大；在 IS 曲线斜率不变时，LM 曲线越平坦，移动 IS 曲线的财政政策效果就越大。反之，效果就越小。

2. 挤出效应指政府支出增加所引起的私人消费或投资降低的经济效应。在 IS-LM 模型中，若 LM 曲线不变，向右移动 IS 曲线，会引起利率的上升和国民收入的增加。但是，这一增加的国民收入小于不考虑货币市场的均衡（即 LM 曲线）或利率不变条件下的国民收入的增量，这两种情况下的国民收入增量之差，就是利率上升而引起的"挤出效应"。"挤出效应"的大小取决于支出乘数的大小、货币需求对收入变动的敏感程度、货币需求对利率变动的敏感程度、投资需求对利率变动的敏感程度等。其中，货币需求的利率敏感程度和投资需求的利率敏感程度是挤出效应大小的决定因素。挤出效应与货币的利率敏感程度负相关；与投资的利率敏感程度正相关。

3. 货币政策效果指货币供给量的变动对总需求从而对国民收入和就业的影响。从 IS-LM 模型看，货币政策的效果大小取决于 IS 曲线和 LM 曲线的斜率的大小。LM 曲线斜率不变时，IS 曲线越平缓，LM 曲线移动对国民收入变动的影响就越大；反之，IS 曲线越陡峭，LM 曲线移动对国民收入的影响就越小。在 IS 曲线斜率不变时，LM 曲线斜率越小，LM 曲线移动对国民收入变动的影响就越小；反之，则越大。

4. 影响货币政策效果的因素有两种极端的情况：一种是凯恩斯主义的极端，此时 IS 垂直，LM 水平；另一种是古典主义的极端，此时 LM 垂直，IS 水平。在 LM 曲线为垂直的情况下，由于货币的需求与利率的变动不相关，IS 曲线向右移动时，均衡的利率上升，但收入不发生变化，存在完全的挤出效应；如果 LM 曲线为水平线，即经济处于"流动性陷阱"状态，则不存在挤出效应，这时 IS 曲线移动对收入的改变十分明显，财政政策效果最大。在 IS 曲线为垂直线的情况下，财政政策完全有效，扩张性的财政政策不产生挤出效应，因为在这种情况下投资支出与利率的变动不相关。当 LM 曲线为垂直线、IS 曲线为水平线时，货币政策对收入的影响会出现特殊的情况。垂直的 LM 曲线意味着货币需求对利率的变动完全没有敏感性，货币余额的决定与利率变动无关，货币政策完全有效。当 LM 曲线为水平线时，存在"流动性陷阱"，货币供给不改变 LM 曲线的位置，因而利率和收入均不发生变化，移动 LM 曲线的货币政策完全无效。当 IS 曲线为垂直线时，投资支出与利率不相关。当 LM 曲线向右移动时，利率会下降，均衡的国民收入不变。这说明货币政策可影响利率，但对国民收入的变动没有影响。

5. 由于自动稳定器的作用有限，特别是对于剧烈的经济波动，自动稳定器更是难以扭转，因此，为确保经济稳定，政府要审时度势，主动采取一些财政措施，即变动支出水平或税收以稳定总需求水平，使之接近物价稳定的充分就业水平，即斟酌使用的财政政策。

（二）单项选择

1. C　2. C　3. A　4. B　5. C　6. C　7. B　8. A　9. D　10. B

（三）分析说明

1. 可采取扩大货币供给同时增加税收的政策组合。实行扩张性货币政策并伴之以增加税收的紧缩性财政政策，将使利率有较大幅度下降，私人投资尤其对利率敏感的住宅建设上的投资将会增加；增税的政策将减少人们的可支配收入，从而减少总需求中的消费支出比重。如图 6-3 所示，增税的政策使 IS 曲线左移至 IS' 的位置，扩大货币供给的政策使 LM 曲线右移至 LM' 的位置。容易看到，新均衡点 E' 与原来的均衡点 E 相比，只是均衡利率下降了，均衡收入也即总需求的水平仍维持已有的充分就业水平 y_f 上。但不同的

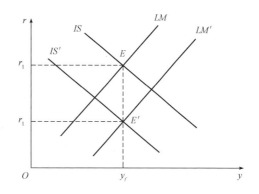

图 6-3 扩大货币供给与增加税收的政策组合

是，此时总需求的结构已经发生了变化；投资增加了，消费减少了。

另外一种可考虑的政策组合是政府同时实行增税和投资津贴（或投资赋税优惠）的政策。反映在图中，LM 曲线的位置不变；增税导致消费减少，投资津贴导致投资增加，两者相抵，IS 曲线大致不发生变化。于是均衡点仍可以保持在 E 点不变，但总需求的结构显然已经变化了。

2. 政府削减税收，将使图 6-4 中 IS 曲线右移至 IS' 的位置上，若保持货币存量不变，LM 曲线不变，新的均衡点位置 E_1，与 E_0 相比，利率提高了（从 r_0 到 r_1），收入增加了（从 y_0 到 y_1）。容易看出，由于"挤出效应"的存在，收入的增加量并未达到最大可能的 y_2 水平。这是（2）的情况。但若如（1）中所说，政府用适应性货币政策，即增加货币供给的政策，以保持利率不变，则挤出效应会被抵消，收入增加量将等于税收乘数乘以减少的税收量。图中，适应性货币政策使

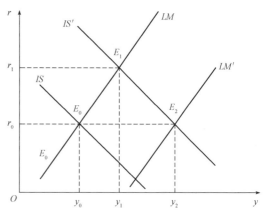

图 6-4 减税与扩大货币供给的政策组合

LM 曲线右移至 LM' 的位置，均衡点 E_2 与 E_0 有相同的利率，但此时收入水平为 y_2，收入的增加量 $y_0 - y_2$ 恰好等于 IS 曲线和 LM 曲线右移的幅度。

3. （1）自动稳定器指的是现代财政制度所具有的一种无须变动政府政策而有助于减弱收入和价格波动的自动稳定的内在功能。这种功能主要通过政府税收的自动变化、政府自动支出的自动变化和农产品价格维持制度三个方面得到发挥。

（2）一般而言，边际税率越高，税收的自动稳定器的作用越大。原因是：一方面，边际税率越高，繁荣时政府的税收增加就越快，萧条时政府的税收下降就越快，从而抑制了个人可支配收入及个人消费的大幅波动；另一方面，较高的边际税率会使繁荣时的开支乘数 $\left[\dfrac{1}{1-\beta(1-t)}\right]$ 自动减小，而使萧条时的开支乘数自动提高。所以说，边际税率越高，总需求的波动从而产出的波动就越小，其自动稳定作用就越大。

4. 中央银行的货币政策工具主要有公开市场业务、再贴现政策和变动法定准备金率三

种。公开市场业务是指中央银行在金融市场上公开买卖政府债券以改变商业银行准备金水平并进而控制货币供给和利率的政策行为。当经济出现衰退迹象时，中央银行在公开市场买进政府债券，商业银行的准备金增加，债券价格上升，最终货币供给扩张，利率也会下降，这样便能达到刺激投资和总需求的目的。若经济出现膨胀的趋势，中央银行就通过在公开市场卖出政府债券以达到抑制总需求和控制通货膨胀的目的。再贴现政策是中央银行控制货币供给的另一种工具。由于贴现率的高低影响商业银行从中央银行获得借款的成本，因而中央银行可通过提高或降低贴现率以增加或减少商业银行的准备金，并进一步影响货币水平和利率，影响产出和就业。此外，无政府还可逆经济风向地改变法定准备金率以达到紧缩或扩张货币供给的目的。以上三种政策工具在实践中经常要配合使用，其中，公开市场业务以其灵活性、准确性和主动性成为中央银行控制货币供给的最主要手段。

（四）计算

1. （1）解方程组 $\begin{cases} y = 950 - 50r \\ y = 500 + 25r \end{cases}$

得情况①中的均衡收入、利率和投资为 $y = 650$ 美元，$r = 6$，$i = 140 - 10r = 80$（美元）

类似地，可得到情况②中的均衡收入、利率和投资为 $y = 650$ 美元，$r = 6$，$i = 1\,100 - 5r = 80$（美元）。

（2）当政府支出从 50 美元增加到 80 美元时，有

$$y = c + i + g$$
$$= 40 + 0.8y_d + 140 - 10r + 80$$
$$= 260 + 0.8(y - 50) - 10r$$

整理得情况①中的新 IS 曲线：$y = 1\,100 - 50r$　　　　①

同理，可得情况②中的新 IS 曲线：$y = 950 - 25r$　　　　②

解式①与原 LM 方程的联立方程组，得均衡收入、利率分别为 $y = 700$ 美元，$r = 8$。

解式②与原 LM 方程的联立方程组，得均衡收入、利率分别为 $y = 725$ 美元，$r = 9$。

（3）情况①中，$d = 10$，情况②中，$d = 5$。这说明情况①中投资对利率的变动相对更为敏感，这样当政府支出扩大导致利率上升时，①中的投资被挤出的就多（易得 $\Delta i = -20$ 美元，而②中 $\Delta i = -15$ 美元），因而情况①中财政政策效果较情况②要小，收入增加量也小一些。

［提示：也可先求出两种情况下的财政政策乘数，然后依序作答］

2. （1）由 $y = c + i + g = 90 + 0.8(y - 50) + 140 - 5r + 50$

整理得 IS 方程 $y = 1\,200 - 25r$　　　　①

由 $L = M$，得 $0.20y = 200$，整理得 LM 方程 $y = 1\,000$　　　　②

解式①与式②的联立方程组，得 $y = 1\,000$ 美元，$r = 8$，$i = 140 - 5r = 100$（美元）

（2）其他情况不变而 g 增加 20 美元，由产品市场的均衡条件，得 IS 方程

$y = 1\,300 - 25r$　　　　③

解式③与式②的联立方程组，得 $y = 1\,000$ 美元，$r = 12$，$i = 140 - 5r = 80$（美元）

（3）$\Delta i = 100 - 80 = 20$（美元）

此时存在"挤出效应"，且 $\Delta g = \Delta i = 20$ 美元，政府支出的增加挤出了等量的投资。原

因是此时货币需求的利率系数为零,财政政策乘数也为零,政府支出扩大并不能带来收入的增加。

(4) IS-LM 曲线如图 6-5 所示。图中,政府购买的扩大使 IS 曲线右移至 IS_1,均衡点由 E_0 上移至 E_1,均衡收入未变,均衡利率大幅度上升。

3. (1) 将已知条件代入均衡等式 $y = c + i + g$,得
$$y = 100 + 0.8y_d + 50 + 200$$
$$= 400 + 0.6y$$

解得均衡收入 $y = 1\ 000$(10 亿美元)

(2) 将 $y = 1\ 000$ 代入 $BS = ty - g - tr$,得
$$BS = -12.5\ (10\ 亿美元)$$
即此时有 125 亿美元的赤字。

(3) 由已知可得投资乘数
$$k_i = \frac{1}{1 - \beta\ (1 - t)} = 2.5$$

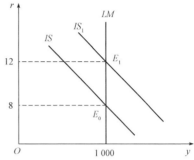

图 6-5 政府购买支出增加与均衡国民收入变动

当投资增加到 100 时,收入会增加
$$\Delta y = 2.5\Delta i = 2.5 \times\ (100 - 50)\ = 125\ (10\ 亿美元)$$
又由于无政府支出未发生变化,则
$$BS = ty - g - tr = 0.25 \times\ (1\ 000 + 125)\ - 200 - 62.5 = 18.75\ (10\ 亿美元)$$
即投资增加后,预算盈余由原来的 125 亿美元赤字变成 187.5 亿美元的盈余。导致这一变化的原因是实际收入水平的增加。

(4) 投资无论等于 500 亿美元还是 1 000 亿美元,充分就业预算盈余均不受影响。即
$$BS^* = ty^* - g - tr = 0.25 \times 1\ 200 - 200 - 62.5 = 37.5\ (10\ 亿美元)$$

(5) 当政府购买增至 250 后,充分就业预算盈余为
$$BS^* = ty^* - g - tr$$
$$= 0.25 \times 1\ 200 - 250 - 62.5$$
$$= -12.5\ (10\ 亿美元)$$

(6) 导致实际预算盈余 BS 发生变化的原因既可能是财政政策的变动,也可能是实际收入水平的变动。由 (2) (3) 可以看出,虽然政府并未改变税率和支出水平,但由于收入的增加,实际预算盈余 BS 也增加了。因而用实际预算盈余 BS 衡量财政政策的方向显然是不行的。充分就业的预算盈余 BS^* 将收入水平固定在充分就业的收入水平上,从而消除了收入水平周期性波动对预算状况的影响,因而可以准确反映财政政策的方向。另外,使用充分就业预算盈余衡量政策方向,还可使政策制定者充分注重充分就业问题,以充分就业为目标来确定预算规模从而确定财政政策。

4. 政府购买减少 200 亿美元对收入的影响:
$$\Delta y = k_g \times \Delta g = \frac{1}{1 - \beta\ (1 - t)}\ (-200)\ = -500\ (亿美元)$$

因此政府税收将减少 $0.25 \times 500 = 125$ 亿美元。即政府减少购买性支出 200 亿美元这一举措将增加 $200 - 125 = 75$(亿美元)的财政盈余,恰好将已有的 75 亿美元的赤字消灭。

★ **知识拓展**

结合案例1和案例2，进一步理解宏观经济政策与有为政府之间的关系。

案例1：1998年以来我国财政政策的探索历程

我国财政政策从积极走向稳健，又从稳健走向积极，经历了我国政府在市场经济体制下的探索历程。

在1997年亚洲金融危机的背景下，1998年我国政府采取积极财政政策，其内容主要包括以下四方面：增发1 000亿元国债；调整税收政策；增加中低收入者收入：提高社会保障"三条线"、机关事业单位职工收入、离退休人员待遇，解决国有企业养老金拖欠问题，多渠道增加农民收入；对国民经济进行战略性调整。此次积极财政政策遏制了经济增速下滑和通货紧缩，推动了经济结构调整和升级，失业率上升趋势变缓，区域经济发展更加均衡，总体上实现了经济增长由被动向主动的转变。

2003年下半年，受世界经济复苏和中国加入WTO等因素影响，中国经济进入新一轮周期上升阶段。在此背景下，国家采用了稳健财政政策。稳健财政政策的内容有以下四点：控制赤字；推进体制改革和制度创新；调整结构：调整财政支出结构和国债项目资金投向结构，财政支出总量基本不变；增收节支：一方面，在总体不增税或略减税的基础上应收尽收，确保财政收入稳定增长；另一方面，严格控制支出，提高财政资金使用率。稳健财政政策的实质可概括为三点：一是政府总量扩张的调减和淡出；二是注重结构优化，"有保有控"区别对待；三是抓住时机深化改革、完善管理。可见，中央实施稳健财政政策代替积极财政政策的选择是客观的、必然的和符合现实的。

受2008美国金融危机影响，国际市场疲软、外需不振。国内出口行业承受巨大压力，加之投资萎缩，企业盈利能力下降。面对经济下滑，中国政府重拾积极财政政策，主要体现在以下两方面：扩大财政公共支出，用于"三农"支出、民生支出、保障性住房和灾后重建支出、铁路、公路和机场等重大基础设施建设支出等，带动地方投资和消费；税收和减费政策：实施结构性减税，促进税收制度改革；实施出口退税政策；实施自主创新和中小企业税收优惠政策；推进减费政策。在积极财政政策的刺激下，我国经济增速下滑的局面放缓：2009年增速8.7%；国内需求强劲；出口总额由降转升。

（资料来源：王俊娟. 浅谈近十年我国财政政策［J］. 财经界：学术版，2010（5）：10.）

案例2：中国依旧实行稳健中性的货币政策

2017年5月17日，中国人民银行调查统计司原司长盛松成发表"央行缩表与货币供给"的主旨演讲，他表示央行缩表不意味着紧缩，当前中国依旧实行稳健中性的货币政策。盛松成从货币理论角度对当前央行的货币政策进行了分析：货币理论主要有货币需求和货币供给两种理论。"货币需求理论有200多年的历史，但是真正意义上的货币供给理论形成才几十年，最有名的是20世纪60年代弗里德曼、施瓦茨和卡甘等人提出的理论，用公式表示就是'$M=mB$'，其中，M是货币供应量，B是基础货币，m是货币乘数。"

基础货币B，又叫作高能货币、货币基数，它有四个特征：①它是货币当局的主动负债；②它能为货币当局所直接控制；③它的运用能创造出多倍于其自身量的存款货币；④它是商业银行及其他存款机构的负债产生的基础和货币供给的制约力量。

盛松成提到，2014年以来，我国外汇占款增长速度显著放缓，为保持货币供应的平稳增加，中国人民银行一方面通过降低准备金率提高货币乘数，另一方面通过公开市场操作，运用 PSL、MLF、SLF、SLO 等货币政策工具提供基础货币。盛松成指出，缩表不等于紧缩，扩表不等于放松。"比如说2、3月份我们资产规模分别缩减了2 798亿元和811亿元，但是货币乘数上升到5.29倍，M2增长10.5%。"盛松成表示，这其中还有春节因素的影响，存在季节性的变化。"1月份由于春节影响，所以春节前往往有大量的货币投放，而2、3月份会有大量货币回笼。"盛松成表示，央行资产负债表里还有政府存款，这并非全是中央银行的主动行为，而基础货币是中央银行的主动负债，所以缩表不等于紧缩。对比美联储缩表问题，盛松成指出，在美国情况不同，美国是主动缩表，中国不存在主动缩表的问题，中国以前也有过缩表，但都不是主动的。盛松成表示，从2008年至今，中国央行9年当中扩表1.7倍，实际上中央银行的资产负债表扩张速度还没有经济扩张快。

而同期美国的中央银行资产负债表扩大了5倍，平均起来是美国GDP的2%，所以要缩表，"不能美国一缩表就觉得我们也要缩表，这完全是两回事"。盛松成指出，目前美国经济已恢复，所以要缩表，同时美联储主席还提出两个缩表理由，一方面是想减少美联储对整个经济的影响；另一方面，美联储现在缩表，也能在未来经济下行的过程当中有机会扩表。

盛松成最后总结称：中国的中央银行资产负债表和美国的中央银行资产负债表有很大的区别，缩表不等于紧缩，扩表不等于宽松。我国央行如果缩表也不是主动的，而且不存在大量缩表的问题，当前我国依旧采用稳健中性的货币政策。

（资料来源：http://www.sohu.com/a/141346277_465270.）

★ 名校考研真题解析

一、名校考研真题

1. （上海财经大学2003研；北京交通大学2003研）何谓挤出效应？说明影响挤出效应的主要因素。

2. （武汉大学2001研；北京交通大学1999研）IS曲线和LM曲线怎样移动才能使国民收入增加而利率不变？怎样的财政政策和货币政策配合才能做到这一点？

3. （武汉大学2001研；北京交通大学1999研）货币政策效果为什么会因LM曲线斜率而异？

4. （对外经济贸易大学2003研）什么是货币政策的内在时滞？

二、真题解析

1. （1）挤出效应指在政府支出增加时，会引起利率的提高，这样会减少私人支出。所以原财政政策的效果被抵消掉一部分，甚至可能完全不起作用。其发生机制是：①政府支出增加，商品市场上竞争加剧，价格上涨，实际货币供应量减少。因而用于投机目的的货币量减少。②用于投机目的的货币量减少引起债券价格下降，利率上升，结果投资减少。由于存在货币幻觉，在短期内，将会有产量的增加。但在长期内，如果经济已经处于充分就业状态，那么增加政府支出只能挤占私人支出。在IS-LM模型中，若LM曲线不变，向右移动IS曲线，两种市场同时均衡时会引起利率的上升和国民收入的增加。但是，这一增加的国民收入小于不考虑货币市场的均衡（即LM曲线）或利率不变条件下的国民收入的增量，这两种情况下的国民收入增量之差，就是利率上升而引起的挤出效应。但在经济未达到充分就业状态之前，挤出效应并不明显，此时政府推行的增加支出的扩张性财政政策仍是有效的。

(2) 挤出效应的大小取决于支出乘数的大小、货币需求对收入变动的敏感程度、货币需求对利率变动的敏感程度、投资需求对利率变动的敏感程度等。其中，货币的利率敏感程度和投资的利率敏感程度是挤出效应大小的决定性因素。挤出效应与货币的利率敏感程度负相关，与投资的利率敏感性正相关。在充分就业时，挤出效应最大，接近1；在没有实现充分就业时，挤出效应取决于政府开支引起利率上升的大小，此时挤出效应一般为0~1。一般来说，从LM、IS曲线的斜率也可以判断挤出效应的大小。

2. (1) IS曲线是代表在产品市场达到均衡时，收入和利率的各种组合的点的轨迹。在两部门经济中，IS曲线的数学表达式为

$$I(r) = S(Y)$$

它的斜率为负，这表明IS曲线一般是一条向右下方倾斜的曲线。一般来说，在产品市场上，位于IS曲线右方的收入和利率的组合，都是投资小于储蓄的非均衡组合；位于IS曲线左方的收入和利率的组合，都是投资大于储蓄的非均衡组合，只有位于IS曲线上的收入和利率的组合，才是投资等于储蓄的均衡组合。

(2) LM曲线是代表货币市场处于均衡状态的收入和利率的所有组合，表示在货币市场中，货币供给等于货币需求时收入与利率的各种组合的点的轨迹。LM曲线的数学表达式为

$$\frac{M}{P} = ky - hr$$

它的斜率为正，这表明LM曲线一般是向右上方倾斜的曲线。一般来说，在货币市场上，位于LM曲线右方的收入和利率的组合，都是货币需求大于货币供给的非均衡组合；位于LM曲线左方的收入和利率的组合，都是货币需求小于货币供给的非均衡组合；只有位于LM曲线上的收入和利率的组合，才是货币需求等于货币供给的均衡组合。

(3) 一般而言，如果仅仅采用扩张性财政政策，即LM曲线不变，而向右移动IS曲线，会导致利率上升和国民收入的增加；如果仅仅采用扩张性货币政策，即IS曲线不变，而向右移动LM曲线，可以降低利率和增加国民收入。考虑到IS曲线和LM曲线的上述移动特点，如果使IS、LM曲线同方向和同等幅度地向右移动可以使国民收入增加而利率不变。如图6-6所示。

IS_1向右移动至IS_2，使收入从Y_1增加至Y_2，利率由r_1上升至r_2，但与此同时向右移动LM曲线，从LM_1移至LM_2，使利率从r_2下降至r_1，以抵

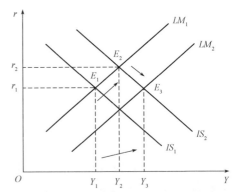

图6-6 扩张性财政政策与宽松货币政策组合

消IS曲线右移所引起的利率上升而产生的挤出效应，使国民收入更进一步向右移动至Y_3。这样，IS曲线和LM曲线的移动才能使国民收入增加而利率不变。而要达到上述目的，就需要扩张性财政政策和扩张性货币政策的混合使用（相机抉择），一方面采用扩张性财政政策增加总需求；另一方面采用扩张性货币政策降低利率，减少挤出效应，使经济得以迅速复

苏、高涨。

3. 货币政策效果是指当 IS 曲线不变或者说产品市场均衡情况不变时，实际货币供应量变化能使均衡收入变动多少，用公式表示为

$$\frac{dy}{dm} = \frac{1}{k + \frac{h(1-\beta)(1-t)}{d}}$$

从上式可知，当 β、t、d、k 既定时，h 越大，即货币需求对利率越敏感，即 LM 曲线越平缓，则货币政策效果越小；而当其他参数既定时，d 越大，即投资需求对利率越敏感，亦即 IS 曲线越平缓，则货币政策效果越大。同样，β、t、k 的大小也会影响 $\frac{dy}{dm}$ 的大小，即货币政策效果。

4. 内在时滞是相对外在时滞而言的，指从经济发生变动认识到有采取政策措施的必要性，到决策者制定出适当的经济政策并付诸实施之间的时间间隔。内在时滞可以分为三个组成部分：认识时滞、决策时滞和行动时滞。不同的经济政策具有不同的内在时滞。货币政策由于以决策到执行所需的环节较少，其内在时滞较短；财政政策的制定和执行需通过立法机构讨论和表决，再由中央和地方政府执行，因而其内在时滞较长。值得一提的是，当经济发生波动时，经济中存在的自动稳定器会在一定程度上起到熨平经济周期的作用，但由于自动稳定器无须政府干预而会自动发挥作用，因而其内在时滞为零。政府要有效地影响经济运行，其制定和执行经济政策的内在时滞就必须尽可能地缩短。但由于内在时滞受一系列客观因素的制约，故其变动不可能太大。

第七章

开放经济下的短期宏观模型

★ 核心知识

一、核心知识点

1. 均衡汇率
2. 净出口函数
3. 国际收支平衡
4. 蒙代尔－弗莱明模型

二、核心知识脉络图

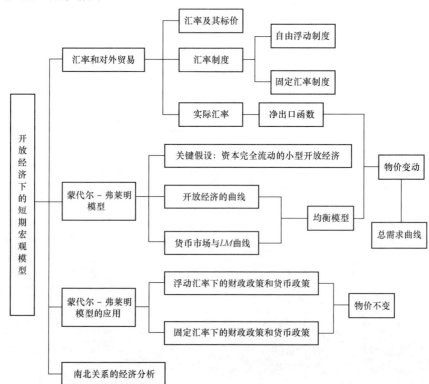

★ 内容总结与经典例题

一、内容总结

1. 汇率标价和汇率制度

（1）汇率是一个国家货币折算成另一个国家货币的比率，表示国家货币之间的互换关系，即用一种货币计价的另外一种货币的价格。汇率是衡量一国货币的对外价值的尺度，在国际经济往来中有着重要的职能。

（2）汇率的两种标价方法。直接标价法是用一单位的外国货币作为标准，折算为一定数额的本国货币来表示的汇率。用这种标价法，汇率下降表示外国货币贬值或本国货币升值。

间接标价法是用一单位的本国货币作为标准，折算为一定数额的外国货币来表示的汇率。用这种标价法，汇率下降表示本国货币贬值或外国货币升值。

目前，世界上大多数国家（包括我国）都采用直接标价法表示汇率，采用间接标价法的国家主要有美国和英国。

（3）名义汇率和实际汇率。名义汇率是指两个国家货币的相对价格，并没有考虑到两个国家价格水平的情况。名义汇率 e，用间接标价法加以表示。

实际汇率是两国产品的相对价格，表明一个国家的产品与另一个国家的产品交换的比率，可以根据两个国家的名义汇率和物价水平来计算。

$$实际汇率 = 名义汇率 \times \frac{国内产品的价格}{国外产品的价格} = 名义汇率 \times 物价水平比率$$

$$\varepsilon = e \times \left(\frac{P}{P_f}\right)$$

式中　ε——实际汇率；
　　　e——名义汇率；
　　　P——国内价格；
　　　P_f——外国价格。

显然，如果实际汇率高，外国产品就相对便宜，而国内产品相对昂贵；如果实际汇率低，外国产品就相对昂贵，而国内产品相对便宜。

（4）两种汇率制度。固定汇率制度是指一国货币同其他国货币的汇率基本固定，其波动仅限于一定的幅度之内。

浮动汇率制度是指一国不规定本国货币与他国货币的官方汇率，而是听任汇率由外汇市场的供求关系自发决定。

浮动汇率制度又分为自由浮动与管理浮动。自由浮动指中央银行对外汇市场不采取任何干预措施，汇率完全由外汇市场的供求力量自发地决定。管理浮动指中央银行对外汇市场进行各种形式的干预活动，主要是根据外汇市场的供求情况售出或购入外汇，以通过对外汇供求的影响来影响汇率。

2. 均衡汇率

（1）自由浮动制度下汇率的决定。在浮动汇率制度下，如同商品价格取决于供求情况并且影响供求一样，汇率取决于外汇供求情况并影响外汇供求，因而可以从供求关系角度对汇率形成机制进行分析。如果外汇市场上外汇供给大于需求，本币升值；如果外汇市场上外汇供给小于需求，本币贬值。汇率的自动浮动，可以实现国际收支平衡。

假设外汇市场上只有德国和美国两个国家进行美元和欧元的兑换活动，从德国人的角度看，他们感兴趣的是用1欧元可以兑换多少美元。图7-1给出了欧元兑换美元的需求曲线和供给曲线。

图7-1中，供给曲线S是向右上方倾斜的，说明如果欧元可以兑换更多美元时，将有更多的欧元持有者愿意供给欧元，构成对欧元的更多的供给。相反，需求曲线D是向右下方倾斜的，说明当欧元价格降低时，会有更多的美元持有者愿意将美元兑换成欧元。两条曲线的交点J即市场均衡点，该点给出了供求双方在均衡时持有的欧元的数量和欧元以美元所表示出来的价格，即汇率e。

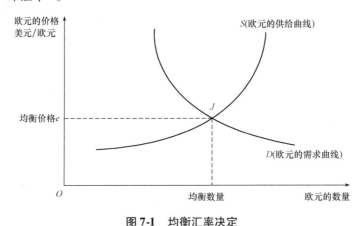

图7-1 均衡汇率决定

（2）固定汇率制度的运行。在固定汇率制度下，中央银行为本国货币确定一个固定的价格，并通过外汇市场的干预维持既定的汇率水平。当市场汇率不等于某国央行宣布的固定汇率时，该国央行就会用本币向套利者购买或出售外币，从而增加或减少本币的货币供给，直到均衡汇率下降或上升到固定汇率水平为止。

3. 净出口函数

净出口函数定义为出口额与进口额的差额。当一国出口额大于进口额时，即当一国净出口额为正时，该国存在着贸易顺差；反之，当一国出口额小于进口额时，即当一国净出口额为负时，该国存在贸易逆差。

从国际贸易的角度看，影响净出口额的因素有很多。在宏观经济学中，汇率和国内收入水平是两个最重要的因素。

净出口函数简化地表示为

$$NX = q - \gamma y - ne\left(\frac{P_f}{P}\right)$$

式中，q、γ和n均为参数。参数γ称为边际进口倾向，即净出口变动与引起这种变动的收入变动的比率。

可看出净出口与实际汇率之间的关系：实际汇率越低，净出口越大；实际汇率越高，净出口越小。要注意的是净出口可以小于零。净出口与实际汇率之间的关系如图7-2所示。

4. 净资本流出函数

资本账户主要记录国际投资和借贷。为分析方便，将从本国流向外国的资本量与从外国流向本国的资本量的差额定义为资本账户差额或净资本流出，并用 F 表示。即

$$F = 流向外国的本国资本量 - 流向本国的外国资本量$$

如果国内利率高于世界利率，外国的投资和贷款就会流入国内，这时净资本流出减少。反之，如果国内利率低于世界利率，则本国的投资和贷款就会流出本国，这时资本流出增加。

假定国内利率用 r 表示，世界利率用 r_w 表示，则

$$F = \sigma(r_w - r)$$

式中，$\sigma > 0$ 为常数。根据上式，在世界利率水平既定时，国内利率越高，流出的资本就越少，流入的资本就越多，即净资本流出越少，如图7-3所示。

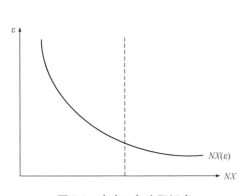

图7-2　净出口与实际汇率

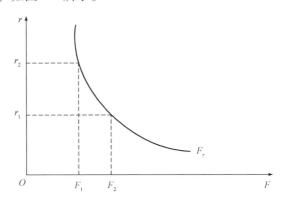

图7-3　净资本流出与国内利率水平

5. 国际收支平衡

净出口与资本净流出的差额称为国际收支差额（BP）。在其他有关变量和参数既定的前提下，在以利率为纵坐标，收入为横坐标的坐标系内，国际收支函数的几何表示即国际收支曲线或称 BP 曲线，如图7-4所示。

BP 曲线的斜率为正，即 BP 曲线向右上方倾斜。按照宏观经济学的定义，一国国际收支平衡也称为外部均衡，指一国国际收支差额为零，即 $BP = 0$。如果国际收支差额为正，即 $BP > 0$，称国际收支出现顺差，也称国际收支盈余。如果国际收支差额为负，即 $BP < 0$，则称国际收支出现逆差，也称国际收支赤字。

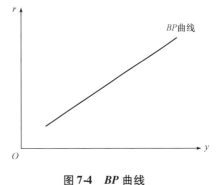

图7-4　BP 曲线

结合开放经济中的 IS 曲线和净资本流出函数可以导出国际收支函数或 BP 曲线，用于说明国际收支平衡。每一个国家每一年都可能产生经常账户的顺差或逆差，以及资本账户的顺差或逆差。

国际收支函数由等式 $BP = NX - F$ 可以得出，

$$r = \frac{\gamma}{\sigma}y + \left(r_w + \frac{n}{\sigma} \cdot \frac{eP_f}{P} - \frac{q}{\sigma}\right)$$

6. "马歇尔－勒纳"条件和 J 曲线效应

(1) "马歇尔－勒纳"条件。本国货币贬值能否改善一国贸易收支状况，取决于出口商品的需求弹性和进口商品的需求弹性。在进出口商品的供给弹性趋于无穷大的前提下，如果两者之和的绝对值大于 1，则本国货币贬值可以改善一国货币收支状况。这一结论首先由马歇尔提出，又经勒纳发挥，因此称为"马歇尔－勒纳"条件。用公式表示为

$$|\eta_x| + |\eta_m| > 1$$

其中，η_x 表示出口需求价格弹性，η_m 表示进口需求价格弹性。

假定以 X 表示本币计价的出口量，M 表示外币计价的进口量，E 表示外汇汇率（直接标价法），B 表示外币计值的贸易收支差额，则有

$$B = \frac{X}{E} - M$$

对外汇汇率 E 求导、变形可得

$$\frac{dB}{dE} = -\frac{X}{E^2}\left(1 - \frac{dX}{dE} \cdot \frac{E}{X} + \frac{M \cdot E}{X} \cdot \frac{dM}{dE} \cdot \frac{E}{M}\right)$$

令 η_x、η_m 分别表示出口商品和进口商品弹性的绝对值，则有

$$\frac{dB}{dE} = -\frac{X}{E^2}\left(1 - \eta_x - \frac{M \cdot E}{X}\eta_m\right)$$

由于假定初始国际收支处于平衡状态，即 $M \cdot E = X$，有

$$\frac{dB}{dE} = -\frac{X}{E^2}(1 - \eta_x - \eta_m)$$

很显然，当 $|\eta_x| + |\eta_m| > 1$ 时，$\frac{dB}{dE} > 0$，即本币贬值有助于改善国际收支。条件 $|\eta_x| + |\eta_m| > 1$ 就是马歇尔－勒纳条件。

(2) J 曲线效应。当一国货币贬值后，最初会使贸易收支状况进一步恶化而不是改善，只有经过一段时间以后贸易收支状况的恶化才会得到控制并趋于好转，最终使贸易收支状况得到改善。这个过程用曲线描述出来，与英文字母"J"相似，所以贬值对贸易收支改善的时滞效应被称为 J 曲线效应，如图 7-5 所示。

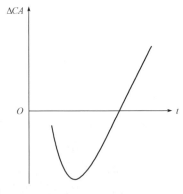

图 7-5　J 曲线

J 曲线效应表明即使满足了马歇尔－勒纳条件，贬值也不能立即导致贸易差额的改善。在通常情况下，一国的货币贬值并不会立即引起贸易收入增加，这是因为，从货币贬值到贸易收支状况改善之间，存在以下几种时滞：

①货币贬值后，本国出口商品的新价格的信息还不能立即为需求方所了解，即存在认识时滞。

②供求双方都需要一定时间判断价格变化的重要性，即存在着决策时滞。

③供给方国内对商品和劳务的供应不能立即增加，即存在生产时滞。

④供给方和需求方都需要一定时间处理以前的存货,即存在取代时滞。
⑤把商品、劳务运到国际市场还需一段时间,即存在交货时滞。

因此,货币贬值初期,由于出口价格降低但出口数量没有同步增加,因而导致总的出口收入反而降低,从而使得国际收支状况进一步恶化。只有经过一段时间,货币贬值引起的出口价格降低使得出口数量更大幅度上升,出口国国际收支状况才会逐步改善,达到货币贬值的效果。

7. 蒙代尔－弗莱明模型

蒙代尔－弗莱明模型被描述为"研究开放经济货币政策和财政政策的主导政策范式",是 IS-LM 模型在开放经济中的形式。它同样假定物价水平是固定的,并说明是什么因素引起总产出的短期波动。该模型扩展了开放经济条件下不同政策效应的分析,说明了资本是否自由流动以及不同的汇率制度对一国宏观经济的影响。

(1) 关键假设:资本完全流动的小型开放经济。蒙代尔－弗莱明模型的一个关键假设是所考察的经济是资本能够完全流动的小型开放经济。这里的"小型"是指所考察的经济只是世界市场的一小部分,从而其本身对世界利率的影响微不足道。这里的"资本完全流动",是指该国居民可以完全进入世界金融市场。特别是,该国政府并不阻止国际借贷。

在这样的假设下,所考察的这样的小型开放经济中的利率 r 必定等于世界利率 r_w,即 $r = r_w$,其中一个重要的原因在于资本的完全流动性,套利资本的存在使小国利率与世界均衡利率水平保持一致。$r = r_w$ 代表一个假设:国际资本流动之迅速足以使国内利率等于世界利率。

(2) 开放经济的曲线。与封闭经济一样,开放经济的 IS 曲线由国民收入恒等式推导得到。根据蒙代尔－弗莱明模型的假设,即小型开放经济中的利率 r 必定等于世界利率 r_w 以及实际汇率与名义汇率是同比例的,可得到开放经济的 IS 方程式如下:

$$Y = C(Y - T) + I(r_w) + G + NX(e)$$

根据开放经济的 IS 方程式可得到开放条件下的 IS 曲线,如图 7-6 所示。在图 7-6 中,开放条件下的 IS 曲线向右下方倾斜,表明汇率和总收入(总产出)负相关,其原因在于,较高的汇率减少了净出口,这又减少了总收入。与封闭经济的 IS 曲线一样,在其他因素不变时,政府购买增加,IS^* 曲线即开放经济的 IS 曲线向右方移动;当政府购买减少时,IS^* 曲线向左方移动。

(3) 货币市场与 LM^* 曲线。与封闭经济一样,开放经济的 LM 曲线可从货币市场均衡条件入手。根据蒙代尔－弗莱明模型的假设,即小型开放经济中的利率 r 必定等于世界利率 r_w,可得开放经济的 LM 方程式(LM^* 方程式)。LM^* 方程式如下:

$$\frac{M}{P} = L(r_w, Y)$$

根据 LM^* 方程式可得出开放条件下的 LM 曲线(LM^* 曲线),如图 7-7 所示。在图 7-7 中,LM^* 曲线与横轴垂直。LM^* 曲线之所以垂直是因为汇率并没有进入 LM^* 方程式。给定世界利率,无论汇率如何,LM^* 方程式决定了总收入。与封闭经济的 LM 曲线一样,当货币供给量 M 增加时,LM^* 曲线向右移动;当 M 减少时,LM^* 曲线向左方移动。

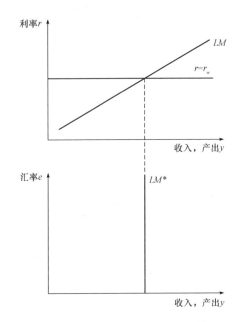
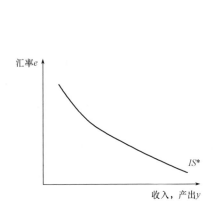

图7-6 开放经济条件下 IS 曲线　　　　图7-7 开放经济条件下 LM 曲线

（4）蒙代尔-弗莱明模型的方程式。将 IS^* 曲线和 LM^* 曲线综合在一起就形成了蒙代尔-弗莱明模型，它可以用两个方程式来表示：

$$y = c(y) + i(r_w) + g + NX(e) \quad IS^* \to 产品市场的均衡$$

$$\frac{M}{P} = L(r_w, y) \quad\quad\quad\quad\quad\quad LM^* \to 货币市场的均衡$$

第一个方程式描述了产品市场的均衡，第二个方程式描述了货币市场的均衡。外生变量是财政变量 g、货币变量 M、物价水平 P 以及世界利率 r_w。内生变量是收入 y 和汇率 e。

如图7-8所示，经济的均衡处于 IS^* 曲线和 LM^* 曲线的交点。这个交点表示产品市场与货币市场都均衡时的汇率和收入水平。根据这个图形，我们可以用蒙代尔-弗莱明模型来说明收入 y 和汇率 e 会对政策变动做出什么反应。

（5）浮动汇率下的财政政策和货币政策。

①财政政策的影响。在浮动汇率的小型开放经济中，当政府希望通过增加政府购买或减税刺激国内支出时，汇率上升，而收入水平不变，如图7-9所示。其原因在于：政府增加支出或减税，国内利率上升，从而资本迅速流入国内，导致本币升值，本币升值减少净出口，从而抵消了扩张性财政政策对收入的影响。

②货币政策的影响。在浮动汇率的小型开放经济中，当政府增加货币供给时，汇率下降，收入水平提高，如图7-10所示。其原因在于：货币供给增加，国内利率下降，进而发生资本大规模外流，导致本币贬值，本币贬值刺激出口，从而提高收入。因此，在一个小型开放经济中，货币政策通过改变汇率而不是改变利率来影响收入。

第七章　开放经济下的短期宏观模型

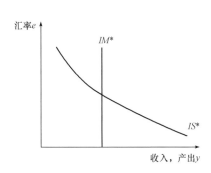

图 7-8　蒙代尔－弗莱明模型

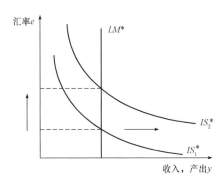

图 7-9　浮动汇率制下财政政策效果

（6）固定汇率下的财政政策和货币政策。

①财政政策的影响。在固定汇率的小型开放经济中，当政府希望通过增加政府购买或减少税收来刺激国内支出时，总收入增加。其原因在于：政府增加支出或减税，对汇率产生向上的压力。为了维持本国汇率稳定，中央银行在外汇市场上买进外汇、抛售本币，引起货币扩张，导致图 7-11 中的 LM 曲线向右移动。

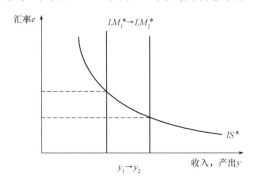

图 7-10　浮动汇率制下货币政策效果

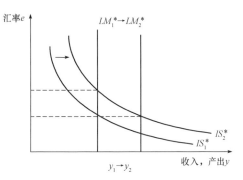

图 7-11　固定汇率制下财政政策效果

②货币政策的影响。在固定汇率的小型开放经济中，当政府增加货币供给时，对汇率产生向下的压力。为了维持本国汇率的稳定，中央银行在外汇市场上卖出外汇、买进本币，引起货币收缩，导致图 7-12 中的 LM^* 曲线回到其最初始的位置。因此，在固定汇率的小型开放经济中，货币政策通常是无效的。

（7）蒙代尔－弗莱明模型中的政策小结。蒙代尔－弗莱明模型说明了货币政策与财政政策影响总收入的效果取决于汇率制度。在浮动汇率制度下，只有货币政策能够影响收入；在固定汇率制度下，只有财政政策能够影响收入。

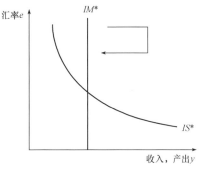

图 7-12　固定汇率制下货币政策效果

二、经典例题

1. 简述国内均衡和国外均衡。

答案解析：国内均衡指商品和劳务的需求足以保证非通货膨胀下的充分就业，也即非贸易品市场处于供求相等的均衡状态。国外均衡指项目收支平衡,也即贸易品的供求处于均衡的状态。国外均衡理论主要是指英国经济学家詹姆斯·米德开创性地提出了"两种目标、两种工具"的理论模式,即在开放经济条件下,一国经济希望同时达到国内均衡和国外均衡的目标,则必须同时运用支出调整政策和支出转移政策两种工具。

2. 简述马歇尔－勒纳条件的含义及推导

答案解析:马歇尔－勒纳条件指美国经济学家勒纳和英国经济学家马歇尔在研究既定的进出口供给条件下一国货币贬值对国际收支的影响时提出的贬值改善国际收支的条件。在假定贸易进出口商品供给弹性无穷大的前提下,一国货币贬值能否改善国际收支取决于本国贸易品的需求价格弹性。

假定以 X 表示本币计价的出口量,M 表示外币计价的进口量,E 表示外汇汇率(直接标价法),B 表示外币计值的贸易收支差额,则有

$$B = \frac{X}{E} - M$$

对外汇汇率 E 求导、变形可得

$$\frac{dB}{dE} = -\frac{X}{E^2}\left(1 - \frac{dX}{dE} \cdot \frac{E}{X} + \frac{M \cdot E}{X} \cdot \frac{dM}{dE} \cdot \frac{E}{M}\right)$$

令 η_x、η_m 分别表示出口商品和进口商品弹性的绝对值,则有

$$\frac{dB}{dE} = -\frac{X}{E^2}\left(1 - \eta_x - \frac{M \cdot E}{X}\eta_m\right)$$

由于假定初始国际收支处于平衡状态,即 $M \cdot E = X$,有

$$\frac{dB}{dE} = -\frac{X}{E^2}(1 - \eta_x - \eta_m)$$

很显然,当 $|\eta_x| + |\eta_m| > 1$ 时,$\frac{dB}{dE} > 0$,即本币贬值有助于改善国际收支。条件 $|\eta_x| + |\eta_m| > 1$ 就是马歇尔－勒纳条件。马歇尔－勒纳条件表明,在进出口供给弹性无穷大的前提下,只要一国进出口需求弹性之和大于1,本国货币贬值就会改善国际收支状况。而且进出口需求弹性越大,本币贬值对贸易收支状况的改善的作用越大。

马歇尔－勒纳条件是弹性分析法的核心,也是一国是否采用货币贬值政策改善国际收支状况的理论依据,具有重要的理论价值和实用价值。但马歇尔－勒纳条件是以进出口商品供给弹性无穷大为前提,在充分就业条件下,这一假设显然并不存在。因此,马歇尔－勒纳条件的作用也有很大的局限性。

3. 简述购买力平价及购买力平价理论

答案解析:购买力平价指一种传统的,但在实际中不太成立的汇率决定理论。它认为如果货币在各国国内具有相等的购买力,那么这时的汇率就是均衡汇率。如果2美元和1英镑在各自的国内可以购买等量的货物,则2美元兑换1英镑便存在购买力平价。

购买力平价理论的思想基础是:如果一国的货物相对便宜,那么人们就会购买该国货币并在那里购买商品。购买力平价成立的前提是一价定律,即同一商品在不同国家的价格是相同的。此外,购买力平价成立还需要一些其他的条件:①经济的变动来自货币方面;②价格水平与货币供给量成正比;③国内相对价格结构比较稳定;④经济中如科技、消费倾向等实

际因素不变，也不对经济结构产生实质影响。

购买力平价存在两种形式：①绝对购买力平价，即两国货币的兑换比率等于两国价格水平的比率；②相对购买力平价，指两国货币兑换比率的变动，等于两国价格水平变动的差额。但由于运输成本及关税等因素的存在，实际情况并非如此。此外，汇率并非由商品和劳务的国际贸易决定，而是由外汇的供求、资本转移以及政府的汇率政策等决定的，因此实际汇率会经常背离购买力平价，况且在许多情况下也难以对不同国家选择一套合适的商品加以比较，并计算平衡价格。

购买力平价理论的渊源可追溯到16世纪西班牙学者的著作。李嘉图等学者也由于在该领域的突出贡献而被视为是该理论的先驱和开创者。但其奠基人和代表人物被公认是瑞典经济学家古斯塔夫·卡塞尔。他在第一次世界大战前提出这一理论，1916年后发表的10多篇论文和专门著作中都论述或涉及购买力平价，其中以《1914年以后的货币与外汇》一文的论述最为详尽。但是，购买力平价只是指出了价格水平和对汇率的作用，没有解释这种作用发生的详细过程及两者之间不可分割的相互作用关系，不能完美解释汇率决定的理论问题和现实经济中汇率的经验。正因为如此，20世纪70年代以后出现许多新的汇率理论，它们试图从不同角度解决汇率决定问题。

★ 基础训练

一、名词解释

1. 净出口函数
2. 米德冲突
3. 蒙代尔-弗莱明模型
4. 浮动汇率制度
5. 丁伯根原则

二、单项选择

1. 在蒙代尔-弗莱明模型中，国内利率等于世界利率是（　　）实现均衡的表现。
   A. 商品市场　　　　　　　　B. 货币市场
   C. 进出口贸易　　　　　　　D. 外汇市场
2. 对于小国开放经济来说，国内利率（　　）。
   A. 恒等于世界利率　　　　　B. 由国内货币供求决定
   C. 由国内储蓄与投资水平决定　D. 波动幅度小于世界利率波动幅度
3. 在蒙代尔-弗莱明模型中，IS 曲线向右下方倾斜，是因为（　　）。
   A. 进口与汇率负相关　　　　B. 净出口与汇率负相关
   C. 出口与汇率正相关　　　　D. 净出口与汇率正相关
4. 在浮动汇率制下的小国开放经济中，扩张性货币政策会使（　　）。
   A. 本币汇率上升　　　　　　B. 本币汇率下降
   C. 本国国民收入不变　　　　D. 本国国民收入下降

5. 在固定汇率制下的小国开放经济中，扩张性财政政策会使（   ）。
   A. 本币汇率上升　　　　　　　　　B. 本国净出口上升
   C. 本国国民收入上升　　　　　　　D. 以上三者均不变

6. 在小国模型中，（   ）是外生变量。
   A. 国民收入　　B. 利率水平　　C. 汇率水平　　D. 货币需求量

7. 本国币值下降，则 IS 曲线（   ）。
   A. 左移　　　　B. 右移　　　　C. 不变　　　　D. 不确定

8. 对英镑和美元而言，如果英镑的汇率上升，意味着美元的汇率将（   ）。
   A. 上升　　　　B. 下降　　　　C. 不变　　　　D. 两者之间没有关系

9. 开放经济条件下，IS 曲线会有的变动是（   ）。
   A. 出口增加使 IS 曲线左移　　　　B. 进口增加使 IS 曲线右移
   C. 净出口增加使 IS 曲线右移　　　D. 净出口增加使 IS 曲线左移

10. 在固定汇率条件下，货币供给由（   ）。
    A. 中央银行政策决定　　　　　　B. 外国中央银行政策决定
    C. 外汇储备和国内信用决定　　　D. 货币需求决定

三、分析说明

1. 在资本完全流动的小国开放经济中，为什么国内利率水平与世界利率水平总能保持一致？

2. 在小型开放经济条件下，国内财政政策和保护主义贸易政策的变动如何影响实际汇率？

3. 什么是开放经济下的一价定律？它的成立条件是什么？

4. 在短期模型中，比较开放条件和封闭条件下扩张性货币政策对总需求及其组成部分影响传导机制的差异。

四、计算

1. 假设一国的出口方程为 $X = A - my$。当 m 变大时，经济的 IS 曲线将发生什么变化？当 A 增加时，IS 曲线又发生什么变化？

2. 某国的宏观经济模型如下：

收入 $Y = C + I + G + NX$　　　　　　　　　　　　　　　　　　　①

消费 $C = 80 + 0.63Y$　　　　　　　　　　　　　　　　　　　　②

投资 $I = 350 - 2\,000r + 0.1Y$　　　　　　　　　　　　　　　③

实际货币需求 $M/P = 0.1625Y - 1\,000r$　　　　　　　　　　　④

净出口 $NX = 500 - 0.1Y - 100(EP/P_W)$　　　　　　　　　　　⑤

实际汇率 $EP/P_W = 0.75 + 5r$　　　　　　　　　　　　　　　　⑥

其中政府支出 G 为 750，名义货币供给 M 为 600，假定其他国家的价格水平 P_W 始终为 10，该国的价格水平为 1.0。

(1) 推导出总需求曲线的代数表达式；

(2) 求由模型所决定的 Y、r、C、I、NX 的值。

3. 在不考虑资本流动和汇率变动的情况下，已知某经济社会的宏观模型为
$$Y = C + I + X - M$$
$$C = 40 + 0.6Y$$
$$I = 25$$
$$X = 50$$
$$M = 0.1Y + 20$$

充分就业时的产出水平 $Y_t = 300$。试求：
（1）外贸乘数；
（2）产品市场均衡的产出水平及贸易收支；
（3）使贸易收支平衡的产出水平；
（4）实现充分就业时的贸易收支。

4. 在一个效果模型中，不考虑价格变化（简化为1）。假设货币需求是 $L = 0.2Y - 10r$，Y 和 r 分别为收入和利率，货币供给 $M = 200$，消费 $= 60 + 0.8Y_d$，Y_d 为可支配收入，税收 $T = 100$，投资 $I = 150 - 2r$，政府支出 $G = 100$，贸易收支平衡。

试求：（1）求在封闭条件下均衡的国民收入、利率和投资；
（2）如果该国资本完全自由流动，当世界市场利率为2%，则均衡的国民收入为多少？

五、答案解析

（一）名词解释

1. 净出口函数：国民产出账户中的一项，表示商品和服务的出口减去商品和服务的进口的函数。

影响净出口的因素有很多，在宏观经济学中，汇率和国内收入水平被认为是两个最重要的因素。常将净出口简化地表示为

$$NX = q - \gamma y - ne\left(\frac{P_f}{P}\right)$$

上式被称为净出口函数，式中，q、γ 和 n 均为参数。参数 γ 被称为边际进口倾向，即净出口变动与引起这种变动的收入变动的比率。

从上式中可知汇率上升会增加净出口。但汇率上升或者说本国货币贬值能在多大程度上增加出口减少进口，从而改变国际收支，取决于该国出口商品在世界市场上需求弹性和该国国内市场对进口商品的需求弹性。

2. 米德冲突：指由英国经济学家詹姆斯·米德于1951年提出的在固定汇率制度下的内外均衡冲突问题。他指出，在汇率固定不变时，政府主要运用影响社会总需求的政策来调节内外均衡。这样在开放经济运行的特定区间，便会出现内外均衡难以兼顾的情形。

在米德的分析中，内外均衡的冲突一般是指在固定汇率下，失业增加、经常账户逆差或通货膨胀、经常账户盈余这两种特定的内外经济状况组合。

3. 蒙代尔-弗莱明模型：蒙代尔-弗莱明模型是在开放经济条件下分析财政货币政策效力的主要工具，被称为开放经济下进行宏观分析的工作母机。它将封闭经济下的宏观分析工具 IS-LM 模型扩展到开放经济下，并按照资本国际流动性的不同，对固定汇率制度浮动汇

率制度下财政政策和货币政策的作用机制、政策效力进行了分析研究。分析的结果如表7-1所示。

表7-1 固定汇率制度和浮动汇率制度下财政政策与货币政策的分析结果

汇率制度	固定汇率制度			浮动汇率制度		
资本流动性	0	+	∞	0	+	∞
扩张性货币政策	0	0	0	$>Y'$	$>Y'$	$>Y'$
扩张性财政政策	0	Y_0	$>Y'$	$>Y'$	$>Y_0$	0

其中，0表示资金完全不流动或者政策完全无效；+表示资金不完全流动；∞表示资金完全流动；Y_0表示期初收入水平；Y'表示在封闭条件下的这些政策相应造成的收入变动（$Y'>Y_0$）。

蒙代尔将外贸和资本流动引进封闭条件下的 *IS-LM* 模型（最初是由1972年的诺贝尔经济学奖获得者希克斯建立的），分析得出稳定政策的效果是与国际资本的流动程度紧密相连的。而且，他论证了汇率制度的重要性，即在浮动汇率下，货币政策效果明显，财政政策软弱无力，而在固定汇率下，结果相反。

蒙代尔-弗莱明模型的政策含义十分明确：在固定汇率和资本完全流动条件下，由于利率和汇率保持相对稳定，货币政策的传导机制（即通过利率变动影响投资，进而影响产出水平的机制）自然会遭到比较严重的削弱，从而使货币政策无效；同样道理，利率稳定即可以基本消除财政政策引起的挤出效应，从而实现财政政策的最佳效果。因此，当一国面临的外部冲击主要是国际金融和货币因素的冲击时，则固定汇率制度应该是较为理想的汇率制度。毕竟在固定汇率制度下，国际资本套利活动可以自发化解货币因素的外部冲击，并且使财政政策纠正经济失衡的效果达到最优。

该模型的不足主要表现在如下三个方面：

（1）蒙代尔-弗莱明模型只分析固定汇率制度下的开放经济平衡，缺乏对浮动汇率下的开放经济平衡的研究。

（2）蒙代尔-弗莱明模型假定价格水平不变，可见该模型属于短期分析范畴。短期分析的主要弱点在于仅仅考虑国际收支调节和内部平衡实现的政策效应，忽略了自动调节机制（如价格水平变动）对国际收支和内部平均的影响。

（3）蒙代尔-弗莱明模型资本完全流动假设与现实世界差距较大，该模型忽略了交易成本、预期等因素对汇率决定和国际收支的重要影响，因而削弱了该模型的理论解释能力。

4. 浮动汇率制度：浮动汇率制度指货币当局不规定本国货币与其他国家货币间的官方汇率以及汇率上下波动的范围，而是由外汇市场根据外汇供求关系自行决定汇率的汇率制度。实行浮动汇率制度的国家并非完全放弃对外汇市场的干预，往往根据各自经济发展的需要，对汇率进行控制和调节。因此，浮动汇率制度又可以根据干预的情况分为自由浮动汇率制度和管理浮动汇率制度。自由浮动汇率制度下一国政府不采取任何干预措施，汇率完全由外汇市场的供求关系决定。管理浮动汇率制度下一国政府为维持其汇率的相对稳定，在外汇市场进行有目的的干预。

管理浮动汇率制度还可以分为单独浮动汇率制、联合浮动汇率制、盯住汇率制。

(1) 单独浮动汇率制。本国货币不与任何外国货币规定固定的比价关系，而是完全根据外汇市场的变化对汇率进行调节控制的汇率制度。美国、日本、加拿大等国货币都实行单独浮动汇率制。

(2) 联合浮动汇率制。又称"集体浮动汇率制""共同浮动汇率制"。具有密切经济合作关系的国家，如欧盟成员国货币之间实行相对固定的汇率制度，同时它们对集团以外国家或地区的货币实行同升同降的汇率制度。

(3) 盯住汇率制。一国货币按照固定的兑换比率与某一种外币或一组外币相联系的汇率制度。有些国家由于历史、地理等方面的原因，其对外贸易、金融往来主要集中于某个发达国家。为使这种贸易、金融关系得到稳定发展，免受相互间的货币汇率频繁变动的不利影响，这些国家通常使本国货币盯住该发达国家的货币，本国货币汇率随该发达国家的货币汇率浮动而浮动。例如，一些英联邦国家货币盯住英镑。有些国家的货币与由若干外币组成的"一篮子"货币之间建立稳定的汇率关系，并随"一篮子"货币汇率的变动而变动。这"一篮子"货币主要由与本国经济联系密切的国家的货币和对外支付使用最多的货币组成。

5. 丁伯根原则：丁伯根原则又称丁伯根法则，是由荷兰经济学家丁伯根提出的关于国家经济调节政策和经济调节目标之间关系的法则。其基本内容是：为达到一个经济目标，政府至少要运用一种有效的政策；要实现几种独立的政策目标，至少需要几种相互独立的有效的政策工具。如在两个目标、两种工具的情况下，只要决策者能够控制这两种工具，而且每种工具对目标的影响是独立的，决策者就能通过政策工具的配合达到理想的目标水平。

(二) 单项选择

1. D 2. A 3. B 4. B 5. C 6. B 7. B 8. B 9. C 10. D

(三) 分析说明

1. 在开放宏观经济学中，小国是指所考察的经济体只是世界市场的一小部分，其本身对世界某些方面，特别是金融市场的影响微不足道。资本完全流动是指该国居民可以完全进入世界金融市场。特别是，该国政府不阻止国际借贷。

在资本完全流动的小国开放经济中，该国的利率 r 必定等于世界利率 r_w，即 $r = r_w$。原因如下：该国居民不会以任何高于 r_w 的利率借贷，因为他们总可以以 r_w 的利率从国外得到贷款。同样，该国居民也不必以低于 r_w 的利率放贷，因为他们总可以通过向国外借贷而获得 r_w 的收益率。

2. 小型开放经济下，汇率是浮动的。

(1) 国内财政政策对实际汇率的影响。在浮动汇率制下，假设政府通过增加政府购买或减税刺激国内支出，使得 IS 曲线向右移动。如图 7-9 所示。因此，汇率上升了，而收入保持不变。在一个封闭经济中，如果实行扩张性财政政策，IS 曲线向右移动将导致收入增加且利率上升，因为高收入导致货币需求增加。在一个小型开放经济下，这种情况不会发生。因为只要利率上升到世界利率水平 r_w 之上，资本就会从国外流入，从而在外汇市场上增加对国内货币的需求，从而使得本币升值。汇率升值将导致净出口减少，由此抵消了扩张性财政政策对总需求的增加。

总之，在小型开放经济和浮动汇率制下，扩张性财政政策使实际汇率上升，本币升值；

紧缩性财政政策使实际汇率下降，本币贬值。

（2）保护主义贸易政策影响实际汇率。对于小型开放经济，如果该国实行保护主义贸易政策，即限制进口，那么进口的减少导致净出口的增加，即净出口曲线 NX 向右移动，如图 7-13 所示。净出口的增加导致计划支出增加，从而使 IS 曲线也向右移动，由于 LM^* 曲线是垂直的，贸易保护主义提高了汇率，但不影响收入。

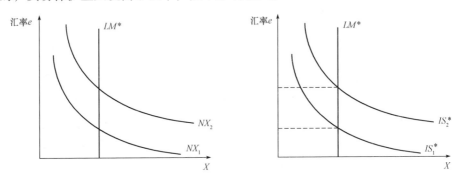

图 7-13　贸易保护主义政策与实际汇率

3. 开放经济是指多个国家之间的商品、劳务和资本等要素可自由流动的经济体系。在一价定律下，开放经济体现为国际市场中不同的国家货币种类不同，存在外汇市场风险，存在套利活动，存在关税及非关税壁垒等障碍。一价定律是 19 世纪末 20 世纪初，由英国金块主义者 J·威得利首次提出的概念，它反映了国际商品的套利条件。

一价定律是关于自由贸易条件下国际商品价格决定规律的一种理论。在开放经济条件下，若不考虑交易成本等因素，一价定律成立。表现为以同一货币衡量的不同国家的某种可贸易商品的价格应是一致的，即 $P_i = e \cdot P_i^*$（e 为直接标价法下的汇率）。

一价定律成立的条件：

（1）国际市场各地自由贸易状态，即商品劳务等要素可在各国市场之间自由流动。这为国际商品和劳务市场上的套利活动创造了便利。

（2）假定外汇市场上只存在经常账户的交易，不考虑资本流动问题，即只考虑商品和劳务的国际交换对国际货币市场的资金流动的影响。

（3）假定不同地区的商品是同质的，这也同样是商品劳务能在国际市场上自由流动的条件之一。

（4）假定市场处于完全竞争或垄断竞争状态，即价格能随供求的变化灵活地进行调整，不存在任何价格上的黏性。价格的灵活调整为套利者在不同国家采取套利政策奠定了基础。

4. 在短期模型中，开放条件下和封闭条件下，扩张性货币政策都会导致总需求增加，但是这两种情况的传导机制是不一样的。在封闭经济条件下，扩张性货币政策降低了利率水平，使得投资增加，从而增加了任何给定的价格水平上的总需求。

在开放经济条件下，利率为世界利率，所以利率不再是关键因素，汇率变成影响总需求的关键因素。一旦货币供给的增加开始给国内利率以向下的压力，此时投资者便会把资金投到收益更高的地方，从而资本流出该经济体。资本的流出使本币贬值，这一贬值使国内产品相对于国外产品更为便宜，从而刺激了净出口。因此，在一个小型开放经济中，货币政策通过改变汇率而不是改变利率来影响收入,最后的结果也是增加了任何一个价格水平上的总需求。

(四) 计算

1. 由所给条件,有如下开放经济下的产品市场均衡模型

$$y = c + i + g + (X - M) \quad (1)$$
$$c = \alpha + \beta y \quad (2)$$
$$i = e - dr \quad (3)$$
$$g = g_0 \quad (4)$$
$$X = A - my \quad (5)$$
$$M = M_0 \quad (6)$$

将式(2)至式(6)分别代入式(1)中,经整理有

$$y = \frac{\alpha + e + g_0 + A - M_0}{1 - \beta + m} - \frac{dr}{1 - \beta + m} \quad (7)$$

式(7)即开放经济下的 IS 曲线的代数方程。式(7)表示均衡产出 y 与利率 r 呈线性关系,式(7)等号右边的第一项为直线的截距项;等号右边第二项中的 $\frac{-d}{1-\beta+m}$ 为直线的斜率项。

据此可知,m 变大时,会使 IS 曲线向左移动,同时使 IS 曲线变得更陡峭。而 A 增加时,会使 IS 曲线向右平行移动。

2. (1) $Y = C + I + G + NX$
   $= 80 + 0.63Y + 350 - 2\,000r + 0.1Y + 750 + 500 - 0.1Y - 100 \times (0.75 + 5r)$
   $= 1\,605 - 2\,500r + 0.63Y$

可得:$0.37Y = 1605 - 2\,500r$

IS 方程:$Y = \frac{1\,605}{0.37} - \frac{2\,500}{0.37}r$

由货币市场均衡得

$$0.162\,5Y - 1\,000r = \frac{600}{P}$$

LM 方程:$r = \frac{0.162\,5}{1\,000}Y - \frac{600}{1\,000P}$

将 LM 方程代入 IS 方程得总需求曲线:

$$Y = \frac{1\,605}{0.37} - \frac{2\,500}{0.37} \times \left(\frac{0.162\,5}{1\,000}Y - \frac{600}{1\,000P}\right)$$

即 $2.097\,97Y = \frac{1\,605}{0.37} + \frac{1\,500}{0.37P}$

或 $Y = \frac{1\,605}{0.37 \times 2.097\,97} + \frac{1\,500}{0.37 \times 2.097\,97P}$

(2) 若该国的价格水平为 1.0,则有

$$Y = \frac{1\,500 + 1\,605}{0.37 \times 2.097\,97} = 4\,000$$

$$r = \frac{0.1625}{1\,000} \times 4\,000 - \frac{600}{1\,000} = 0.05$$

$$C = 80 + 0.63 \times 4\,000 = 2\,600$$

$$I = 350 - 2\,000 \times 0.05 + 0.1 \times 4\,000 = 650$$

$$NX = 500 - 0.1 \times 4\,000 - 100\,(0.75 + 5 \times 0.05) = 0$$

3. (1) 外贸乘数 K 与边际消费倾向 b、边际进口倾向 m 有关，根据已知的消费函数及进口函数可得：$b = 0.6$，$m = 0.1$。

所以，外贸乘数为

$$K = \frac{1}{1-b+m} = \frac{1}{1-0.6+0.1} = 2$$

(2) 将 C、I、X、M 各式代入 Y 的均衡方程，得

$$Y = C + I + X - M = 40 + 0.6Y + 25 + 50 - (0.1Y + 20)$$

整理后得均衡产出为 $Y = 190$

此时的贸易收支（$X - M$）为

$$X - M = 50 - (0.1Y + 20)$$
$$= 30 - 0.1Y = 11$$

即贸易盈余为 11。

(3) 为使贸易收支平衡，要求 $X - M = 0$，即

$$50 = 0.1Y + 20$$

所以，使贸易收支平衡的产出水平为

$$Y = \frac{50 - 20}{0.1} = 300$$

(4) 在 $Y = Y_f$ 的情况下，贸易收支为

$$X - M = 50 - (0.1Y + 20)$$
$$= 50 - (0.1 \times 300 + 20) = 0$$

即国际收支平衡。

4. (1) 由四部门经济产品市场均衡条件可得

$$Y = C + I + G + NX$$
$$= 60 + 0.8(Y - 100) + 150 - 2r + 100$$
$$= 0.8Y - 2r + 230$$

整理得 $Y = 1\,150 - 10r$

即 IS 方程为 $Y = 1\,150 - 10r$。

由货币市场均衡条件可得

$$\frac{M}{P} = 0.2Y - 10r$$

当 $P = 1$ 时，整理得 $Y = 1\,000 + 50r$

即 LM 方程为 $Y = 1\,000 + 50r$。

联立 IS 方程和 LM 方程可得 $Y = 1\,125$，$r = 2.5$。

将 $r = 2.5$ 代入投资函数，可得 $I = 145$。

即在封闭条件下均衡的国民收入、利率和投资分别为 1 125、2.5 和 145。

（2）如果该国是资本完全流动的小型开放经济，新的 IS 曲线和 LM 曲线都是关于汇率的函数，分别记为 IS^* 和 LM^*。由于汇率并不进入 LM^* 方程，因此 LM^* 是一条垂直于横轴的直线，国民收入由 LM^* 曲线决定。综上分析，可知 LM^* 方程为 $Y = 1\,000 + 50r^*$，其中，r^* 是世界市场利率。当 $r^* = 2$ 时，均衡国民收入为 $Y = 1\,100$。

★知识拓展

请结合案例 1 和案例 2，进一步理解开放经济下国民收入的决定。

案例 1：蒙代尔－弗莱明模型在中国的异化与人民币汇率制度选择

中国于 1994 年进入市场经济以来，始终实行的是固定汇率制度（1994—2005 年是"盯住美元"的固定汇率制度，2005—2013 年是"软盯住美元"的固定汇率制度，相对于"盯住美元"汇率制度而言，"软盯住美元"汇率制度允许人民币汇率有一定幅度的浮动）。经济学家对蒙代尔－弗莱明模型是否适用于中国进行了分析，认为中国的国际收支平衡线斜率应该为负，运用修正后的蒙代尔－弗莱明模型分析和比较了当中国经济面临外部因素冲击时固定汇率制度和浮动汇率制度的优劣，认为中国无论是在资本流动管制较严格时还是在资本项目可兑换时，实行浮动汇率制度明显优于固定汇率制度。此结论与运用传统的蒙代尔－弗莱明模型分析所得出的结论存在明显差异：运用传统的蒙代尔－弗莱明模型分析得出的结论是：在资本流动管制较严时，固定汇率制度优于浮动汇率制度；在资本项目可兑换时，浮动汇率制度优于固定汇率制度。

1994 年以来，中国经济遭遇到两次较大的外部冲击，即 1997 年爆发的亚洲金融危机和 2007 年爆发的美国次贷危机，这两次外部冲击都使中国的净出口大幅度减少，1998—2001 年，中国的货物净出口减少了 48%；2008—2011 年，中国的货物净出口减少了 52%。虽然在 1998—2001 年美国经济和世界经济都保持了较高的增长（美国经济年平均增长率为 3.6%，世界经济年平均增长率为 3.25%），但由于中国在此期间实行的是"盯住美元"的汇率制度，导致中国经济增长率较低（年平均只有 8.1%）。而在 2008—2011 年，美国经济和世界经济增长率较低（美国经济年平均增长率为 0.2%，世界经济年平均增长率为 2.2%），但由于中国在此期间实行的是"软盯住美元"的汇率制度，中国经济仍然保持了较高的增长率（年平均为 9.6%）。这在一定程度上说明实行浮动汇率制度优于固定汇率制度。

（资料来源：吴骏，谢晓睿，杨声. 蒙代尔－弗莱明模型在中国的异化与人民币汇率制度选择 [J]. 合肥工业大学学报：社会科学版，2014（2）：1-6.）

案例 2：人民币国际化背景下中国货币政策研究

面对复杂的国际经济形势和国内深层次矛盾，我们必须处理好改革、发展、稳定三者之间的关系，以改革来推进发展，以稳定来保障改革，以发展来提升稳定。因此，当前"稳中求进"宏观调控的基本框架应是既要着力保持经济的稳定快速发展，又要着力推进产业结构调整和经济发展方式转变。

（1）逐步建立灵活的汇率制度。随着我国利率市场化和人民币在资本项目下可兑换程度的提高，我国的经济环境越来越符合经典的蒙代尔－弗莱明模型假设条件，如果汇率价格机制僵化，那么我国的货币政策的独立性和有效性将大打折扣。与升值幅度相比，汇率形成机制的完善更为重要。

（2）资本自由流动应循序渐进。根据蒙代尔－弗莱明模型，要保持稳定的汇率和独立的货币政策，必须对资本流动进行严格的限制。当资本流动被限制时，可以避免资本套利而流入或流出，消除了国际资本对本国货币的冲击，有效保持汇率的稳定，实现独立运用货币政策调节国内经济的目标。中国是否应设法把过剩的流动性引导到国外，由此减小人民币升值的压力？资本项目自由化是一个大方向，但在中国的市场机制进一步完善之前，人民币不应该实现自由兑换。资本项目自由化不应成为宏观经济调控的手段。然而资本管制也有代价，随着金融开放程度的加深，其成本越来越高。通过资本管制来同时维持固定汇率制和保持货币政策独立性的这一政策组合将是一个短期的过渡性办法。人民币汇率大幅调整的可能性不大，在渐进升值过程中不断试错和纠偏也许是一个可行的选择。

（3）实施保持物价基本稳定的财政政策。要采取措施努力扩大消费需求，着力优化投资结构，促进外贸稳定发展。要结合财政职能做好、完善鼓励居民消费政策，发挥财政投资对民间投资与结构调整的引领作用，支持加快转变外贸发展方式，引导加工贸易向产业链高端延伸、向中西部转移，支持服务贸易发展。

（4）推进结构性减税政策。要深入税制改革，促进服务业特别是现代服务业发展；要进一步完善蔬菜等农产品的批发、零售免征增值税等政策，减轻物流企业和农产品生产流通环节税收负担；要做好降低部分进口商品关税，降低能源资源性产品、先进设备和关键零部件的进口关税。

（资料来源：王栋. 人民币国际化背景下中国货币政策研究——蒙代尔－弗莱明模型的启示［J］. 中国物价，2012（9）：28－31.）

★名校考研真题解析

一、名校考研真题

1. （山东大学2007研；南京财经大学2010研；武汉大学2014研）实际汇率。

2. （中山大学2009研）J曲线效应（J-Curve Effects）。

3. （东北财经大学2013研）资本完全流动的含义是什么？在小国和大国模型中，资本完全流动带来的结果有什么不同？

4. （武汉大学2003研）在"三元悖论"说中，资本账户开放、汇率固定和货币政策独立三个目标，一个国家只能实现其中的两个。请问为什么？

5. （西南财经大学2007研；暨南大学2011研；山东大学2011研）说明一国在固定汇率制度和资本完全流动下的货币政策效果。

6. （中央财经大学2012研）什么是购买力平价理论？假设我们用CPI衡量国家的物价水平，A国为本国，CPI_A为8%，B国为外国，CPI_B为2%，A国的汇率$e=6$，表示1个单位B国货币兑6单位的A国货币。根据购买力平价计算A国的真实汇率。

7. （厦门大学2013研）考虑一个由以下方程式所描述的经济：$Y = C + I + G + NX$，政府采购$G = 200$；税收$T = 200$；消费$C = 100 + 0.75(Y - T)$；投资$I = 400 - 20r$；净出口$NX =$

$200-200e$;利率 $r=r^*=5$。其中,Y 表示总收入,e 表示汇率,r^* 表示世界利率。又假设货币需求函数为 $\left(\dfrac{M}{P}\right)^d = Y - 100r$,货币供给 $M=1\,000$,物价水平 $P=2$,该经济实行的是浮动汇率制。请问:

(1) 该经济 IS^* 曲线和 LM^* 曲线的方程分别是多少?

(2) 市场实现均衡时,该经济的国民收入、均衡汇率、贸易余额、投资又为多少?

二、真题解析

1. 汇率有名义汇率和实际汇率之分。实际汇率是两国产品的相对价格,是以同一货币衡量的本国与外国货物之比,它反映一国商品在国际市场上的竞争力。

如果持有外币只是为了购买外国产品,本币与外币的交换比率取决于各自的购买力,即取决于物价水平的倒数。由此可得实际汇率的表达式为

$$\varepsilon = \dfrac{e \times P}{P_f}$$

其中,ε 表示实际汇率;P 和 P_f 分别为国内与国外的价格水平;e 为名义汇率(采用的是直接标价法)。

可见,如果购买力平价成立,实际汇率应等于1。根据这一定义式,实际汇率低,本国产品就相对便宜,本国产品在国际市场竞争力强,有利于增加本国净出口;反之,本国产品就相对昂贵。

2. 当一国货币贬值后,最初会使贸易收支状况进一步恶化而不是改善,只有经过一段时间以后贸易收支状况的恶化才会得到控制并趋于好转,最终使贸易收支状况得到改善的经济效应。这个过程用曲线描述出来,与英文字母 J 相似,所以贬值对贸易收支改善的时滞效应被称为 J 曲线效应。

本币贬值对贸易收支之所以存在 J 曲线效应是因为贬值对国际收支状况的影响存在时滞。西方经济学家认为,本币贬值对贸易收支状况产生影响的时间可划分为三个阶段:货币合同阶段、传导阶段、数量调整阶段。在货币合同阶段,进出口商品的价格和数量不会因贬值而发生变化,以外币表示的贸易差额就取决于进出口合同所使用的计价货币。如果进口合同以外币计值,出口合同以本币计值,那么本币贬值会恶化贸易收支。在传导阶段,由于存在种种原因,进出口商品的价格开始发生变化,但数量仍没有大的变化,国际收支状况继续恶化。在数量的调整阶段,价格和数量同时变化,且数量变化远大于价格变化,国际收支状况开始改善,最终形成顺差。因此,J 曲线效应产生原因在于短期内进出口需求弹性之和 $|\eta_x| + |\eta_m| < 1$,本币贬值恶化贸易收支,而在中长期,$|\eta_x| + |\eta_m| > 1$,本币贬值能使一国国际收支状况得到改善。

3. (1) 资本完全流动是指一国居民可以完全进入世界金融市场,该国政府不阻止国际借贷。这意味着,该国在世界金融市场上想借入或借出多少就可以借入或借出多少。

(2) ①在小国模型中,资本完全流动带来的结果。小国模型中的"小国"是指该国只是世界市场的一小部分,从而其本身对世界利率的影响微不足道。在小国模型中,资本完全流动带来的结果是:该国的利率必定等于世界利率,即等于世界金融市场上的利率。在小国模型中,资本完全流动情况下,如果小国的利率高于世界利率水平,将会出现国际资本流入

的现象，国际资本流入将使资本供给增加，在资本需求不变的情况下，小国国内利率水平将下降直到与世界利率水平相等；反之会出现小国国内资本外流的现象，使小国国内利率水平上升。

②在大国模型中，资本完全流动带来的结果。大国模型中的"大国"是指该国经济对世界经济有不可忽视的重要影响，特别是该国经济足以影响世界金融市场。对于大国模型，资本完全流动带来的结果是，该国的利率通常不由世界利率决定。其原因在于该国大到足以影响世界金融市场。该国给国外的贷款越多，世界经济中贷款的供给就越大，从而世界利率水平就越低。反之，该国从国外借贷越多，世界利率水平就会越高。

4. 三元悖论也称三难选择，它是美国经济学家保罗·克鲁格曼就开放经济下的政策选择问题，是在蒙代尔－弗莱明模型的基础上提出的，其含义是：本国货币政策的独立性、汇率的稳定性、资本的完全流动性不能同时实现，最多只能同时满足两个目标，而放弃另外一个目标。本国货币政策的独立性是指一国执行宏观稳定政策进行反周期调节的能力，这里主要是指一国是否具有使用货币政策影响其产出和就业的能力；汇率的稳定性是指保护本国汇率免受投机性、货币危机等的冲击，从而保持汇率稳定；资本的完全流动性即不限制短期资本的自由流动。

三种选其中的二种是国际货币体系三元悖论的根本特性。根据三元悖论，在资本流动、货币政策的独立性和汇率固定三者之间只能进行以下三种选择：

（1）保持本国货币政策的独立性和资本的完全流动性，必须牺牲汇率的稳定性，实行浮动汇率制。实行浮动汇率制，发挥汇率的调节作用，实际上是以牺牲稳定的汇率为代价，来达到货币真正的独立性与资本的完全流动。这是由于在资本完全流动的条件下，频繁出入的国内外资金带来了国际收支状况的不稳定，如果本国的货币当局不进行干预，即保持货币政策的独立性，那么本币汇率必然会随着资金供求的变化而发生频繁的波动。利用汇率调节将汇率调整到真实反映经济现实的水平，可以改善进出口收支，影响国际资本流动。虽然汇率调节自身具有缺陷，但实行浮动汇率确实较好地解决了"三难选择"。但对于发生金融危机的国家来说，特别是发展中国家，信心危机的存在会大大削弱汇率调节的作用，甚至起到恶化危机的作用。当汇率调节不能奏效时，为了稳定局势，政府的最后选择是进行资本管制。

（2）保持本国货币政策的独立性和汇率稳定，必须牺牲资本的完全流动性，实行资本管制。在金融危机的严重冲击下，在汇率贬值无效的情况下，唯一的选择是实行资本管制，实际上是政府以牺牲资本的完全流动性，来维护汇率的稳定性和货币政策的独立性。大多数经济不发达的国家，比如中国，就实行的是这种政策组合。一方面是由于这些国家需要实行相对稳定的汇率制度来维持对外经济的稳定；另一方面是由于国家的监管能力较弱，无法对自由流动的资本进行有效的管理。

（3）维持资本的完全流动性和汇率的稳定性，必须放弃本国货币政策的独立性。根据蒙代尔－弗莱明模型，资本完全流动时，在固定汇率制度下，本国货币政策的任何变动都将被所引致的资本流动的变化而抵消其效果，本国货币政策丧失独立性。在这种情况下，本国或者参加货币联盟，或者更为严格地实行货币制度，基本上就很难根据本国经济情况来实施独立的货币政策对经济进行调整，最多是在发生投机冲击时，短期内被动地调整国内利率以维持固定汇率。可见，为实现资本的完全流动与汇率的稳定，本国经济将会付出放弃货币政策的巨大代价。

如果以三角形的三个顶点分别表示构建国际货币体系旨在实现的三个目标，那么每一条边均代表一类可能的国际货币体系安排。克鲁格曼将此三角形称作"永恒的三角形"，其妙处在于它提供了一个一目了然地划分各种国际货币体系的方法。事实上，在国际货币体系的发展过程中，三角形的三条边所代表的不同国际货币体系安排都曾经在现实中实施过。比如，在1944年至1973年的布雷顿森林体系中，各国货币政策的独立性和汇率的稳定性得到实现，但资本流动受到严格限制。而1973年以后，布雷顿森林体系解体，各国汇率开始自由浮动，因此货币政策独立性和资本自由流动得以实现，但汇率稳定不复存在。今天的欧洲货币联盟、货币制度和历史上的金本位制均选择汇率稳定和资本自由流动，牺牲本国货币政策独立性。而我国选择汇率稳定和货币政策独立性，放弃资本自由流动，即只开放经常账户，不开放资本账户。

5. 资本完全流动是指该国居民可以完全进入世界金融市场。特别是，该国政府并不阻止国际借贷。在这样的假设下，所考察的这样的小型开放经济中的利率 r 必定等于世界利率 r_w，即 $r = r_w$，其中一个重要的原因在于资本的完全流动性，套利资本的存在使小国利率与世界均衡利率水平保持一致。$r = r_w$ 代表一个假设：国际资本流动迅速足以使国内利率等于世界利率。

在固定汇率的小型开放经济中，当政府增加货币供给时，对汇率产生了向下的压力。为了维持本国汇率的稳定，中央银行在外汇市场上卖出外汇、买进本币，引起货币收缩，导致 LM^* 曲线回到其初始位置；当政府减少货币干预时，对汇率产生了向上的压力，为了维持本国汇率的稳定，中央银行在外汇市场买入外汇、卖出本币，引起货币膨胀，导致 LM^* 曲线又回到其最初始位置。因此，在固定汇率的小型开放经济中，货币政策通常是无效的。

6. （1）购买力平价理论简称"PPP理论"，是西方汇率决定理论中最具影响力的理论之一，认为两国货币的购买力之比是决定汇率的基础，汇率的变动是由两国货币购买力之比引起的。

购买力平价的理论基础是一价定律，即同一种商品在两个国家的货币购买力应相同，否则就会出现套利行为。根据购买力平价理论，一国的价格水平上升，该国的货币就会贬值，反之，该国的货币就会升值，或者说，通货膨胀率高的国家的货币会贬值，通货膨胀率低的国家的货币会升值。

（2）假设A国的真实物价水平为 P_A，B国的真实物价水平为 P_B，名义汇率为 e，真实汇率为 ε，那么 $P_B = \varepsilon \times P_A$，这个就是购买力平价。考虑通货膨胀的因素，$P_B(1+2\%) = 6 \times P_A(1+8\%)$，因此真实汇率 $\varepsilon = \dfrac{P_A}{P_B} = \dfrac{6 \times (1+8\%)}{1+2\%} \approx 6.35$。

7. （1）由四部门经济国民收入恒等式 $Y = C + I + G + NX$ 可得
$$Y = 100 + 0.75(Y - 200) + 400 - 20 \times 5 + 200 + 200 - 200e$$
化简可得经济的 IS^* 方程为
$$Y = 2\,600 - 800e^*$$

由货币市场均衡条件 $\left(\dfrac{M}{P}\right)^d = \dfrac{M}{P}$，可得

$$Y - 100 \times 5 = \dfrac{1\,000}{2}$$

可得 LM^* 方程为 $Y = 1\,000$

（2）当市场实现均衡时，联立 IS^* 方程和 LM^* 方程：

$$\begin{cases} Y = 2\,600 - 800e^* \\ Y = 1\,000 \end{cases}$$

解得均衡收入为 $Y^* = 1\,000$，均衡汇率为 $e^* = 2$。

此时贸易余额为：$NX = 200 - 200e^* = -200$，即出现贸易逆差。

投资为 $I = 400 - 20r = 300$。

第八章

经济增长

★核心知识

一、核心知识点

1. 经济增长的含义
2. 经济增长和经济发展的关系
3. 经济增长的核算
4. 经济增长影响因素
5. 哈罗德－多马经济增长模型（哈－多模型）
6. 新古典经济增长模型
7. 内生经济增长理论
8. 促进经济增长的政策

二、核心知识脉络图

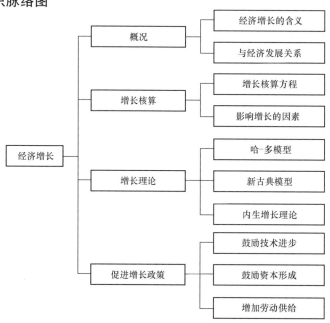

★ 内容总结与经典例题

一、内容总结

1. 经济增长

经济增长通常定义为产量的增加,产量既可以指经济的总量,也可以指人均产量。

2. 经济增长与经济发展的关系

(1) 区别:经济增长是一个量的概念,经济发展是一个质的概念。

(2) 联系:经济发展包括经济增长,也包括国民的生活质量,以及整个社会经济结构和制度结构的总体进步。

3. 经济增长的核算

设经济的生产函数为 $Y = AF(N, K)$,该生产函数满足以下条件:经济是完全竞争的,规模收益不变。Y 表示总产出、N 表示投入的劳动量、K 表示投入的资本量、A 表示经济的技术状况(全要素生产率)。

该函数可以用来明确预测投入增长和产出增长的关系,增长函数为

$$\frac{\Delta Y}{Y} = \alpha \frac{\Delta N}{N} + \beta \frac{\Delta K}{K} + \frac{\Delta A}{A}$$

其中,$\frac{\Delta Y}{Y}$ 表示经济增长率,$\frac{\Delta N}{N}$ 表示劳动增长率,$\frac{\Delta K}{K}$ 表示资本增长率,$\frac{\Delta A}{A}$ 表示技术增长率,α 表示劳动收益在产出中所占的份额,即劳动份额,β 表示资本收益在产出中所占的份额,即资本份额。

即产出增长 = 劳动份额 × 劳动增长 + 资本份额 × 资本增长 + 技术进步

由方程 $\frac{\Delta Y}{Y} = \alpha \frac{\Delta N}{N} + \beta \frac{\Delta K}{K} + \frac{\Delta A}{A}$ 可得 $\frac{\Delta A}{A} = \frac{\Delta Y}{Y} - \alpha \frac{\Delta N}{N} - \beta \frac{\Delta K}{K}$,全要素生产率是作为一个余量计算出来的,即作为考虑了可以直接衡量的增长决定因素后剩余的产出增长率,由于这个原因,$\frac{\Delta A}{A}$ 被称为索洛剩余。

4. 经济增长的影响因素

(1) 生产要素投入方面:劳动力在数量上的增加和质量上的提高;资本(包括土地)在数量上的增长。

(2) 总要素生产率方面:劳动力从农业和小资本经营中重新配置到更有效的用途上去,即资源配置的改善;规模的节约;知识技术的发展以及它在生产上的应用。

作为经济增长源泉的最主要的因素是劳动力、资本和技术进步。

5. 哈罗德-多马经济增长模型

(1) 基本假设。

①整个社会只生产一种产品;

②生产要素为劳动(L)和资本(K)两种;

③技术水平不变;

④固定技术系数且规模收益不变;

⑤储蓄（S）是国民收入（Y）的函数，即 $S = sY$，s 为储蓄率；
⑥人口或劳动的增长率为常数；
⑦没有资本折旧，即总投资与净投资相等或资本增量等于投资。

（2）哈罗德模型的方程。

$$G = \frac{\Delta Y}{Y} = \frac{s}{v}$$

其中，G 表示国民收入增长率，即经济增长率；s 表示储蓄率；v 表示边际资本 – 产量比率 $\frac{\Delta K}{\Delta Y}$（假定其等于资本 – 产量比率 $\frac{K}{Y}$），且 $v = \frac{I}{\Delta Y}$。方程表明，要实现均衡的经济增长，国民收入增长率就必须等于社会储蓄与资本 – 产量比两者之比。

（3）多马模型的方程。

$$G = \frac{\Delta I}{I} = s \cdot \delta$$

其中，$\frac{\Delta I}{I}$ 为投资增长率，即哈罗德模型中的经济增长率；δ 表示资本生产率 $\frac{\Delta Y}{I}$，即哈罗德模型中 v 的倒数。多马模型和哈罗德模型的区别在于多马模型用资本生产率表示资本 – 产量比率，且 G 表示投资增长率，所以

$$G = \frac{s}{v} = s \cdot \delta$$

（4）实际增长率。在一定储蓄比例下由资本的实际变化量与国民收入的实际变化量之比 v 推出的国民收入增长率，用 G_A 表示，公式为

$$G_A = \frac{s}{v}$$

（5）有保证的增长率。指与企业家所需要的资本 – 产量比率 v_r 相适应的国民收入增长率，即能满足投资等于储蓄的稳定的增长率，用 G_W 表示，公式为

$$G_W = \frac{s_d}{v_r}$$

其中，s_d 为合意的储蓄率，v_r 为企业家所需要的资本 – 产量比率。该公式表明，当既定的合意储蓄率和合意的资本 – 产量比率所决定的增长率是有保证的增长率时，经济可以实现稳定增长。在此增长率下，企业家预期的投资需求恰好等于本期的储蓄供给。

（6）自然增长率。指长期中人口增长和技术进步所允许达到的最大增长率。它反映人口与劳动力增长、技术进步与劳动生产率提高和经济增长之间的关系。用 G_n 表示，公式为

$$G_n = \frac{s_o}{v_r}$$

其中，s_o 表示一定制度下最合适的储蓄率，v_r 表示预期的资本 – 产量比率。如果 $G_W = G_n$，说明社会的所有劳动能力和生产设备在既定的技术水平下得到充分利用；如果 $G_W < G_n$，说明储蓄和投资的增长率低于人口增长和技术进步所容许程度而出现长期繁荣趋势；如果 $G_W > G_n$，说明储蓄和投资的增长率超过人口增长和技术进步所容许程度而出现长期停滞趋势。

(7) 模型的"不稳定性原理"。实现充分就业均衡增长的可能性是存在的。但由于储蓄比例、实际资本 – 产量比率和劳动力增长率分别由不同的若干因素独立决定，因此，除非偶然，这种充分就业的均衡增长是不会出现的。虽然 $G_W = G_n = G_A$ 这种理想的充分就业均衡增长途径是存在的，但在一般情况下，经济很难按照均衡增长途径增长。

根据达到均衡增长要求的公式变形为 $G_A \cdot v = G_W \cdot v_r = s$，若 G_A 大于（或小于）G_W，那么 v 就会小于（或大于）v_r，企业的固定资产和存活就会少于（或多于）企业家所需要的数量，进而促进企业家增加（或减少）订货，增加（或减少）投资，从而使实际产量水平进一步提高（或降低），最终使实际增长率 G_A 与有保证的增长率 G_W 之间出现更大的缺口，经济发展不是连续上升，就是连续下降，呈现出剧烈波动的状态。

6. 新古典经济增长模型

(1) 基本假设。

①经济由一个部门组成，该部门生产一种既可用于投资也可用于消费的商品，可设想这种商品就是国内生产总值。

②该经济为不存在国际贸易的封闭经济，且政府部门被忽略。

③生产的规模报酬不变。

④该经济的技术进步、人口增长及资本折旧的速度都由外生因素决定。

⑤社会储蓄函数为 $S = sY$，s 为储蓄率。

(2) 模型方程。经济的生产函数为 $Y = F(N, K)$（经济中不存在技术进步），根据以上假设，新古典增长模型的方程为

$$\dot{k} = sf(k) - (n + \delta)k$$

其中，k 表示资本深化，即人均资本的增加，s 为储蓄率，$f(k)$ 为人均产量，n 为人口增长率，δk 为折旧，是资本存量的固定比率，$(n + \delta)k$ 表示资本广化，即新增劳动力所配备的资本数量和资本折旧。新古典增长模型的基本方程也可表述为

资本深化 = 人均储蓄（投资） – 资本广化

将技术进步因素引入后，即假定 A 以一个固定的比率 g 增长，经济中的生产函数为 $Y = F(AN, k)$，根据以上假设，新古典增长模型的方程为

$$\dot{\tilde{k}} = sf(\tilde{k}) - (n + g + \delta)\tilde{k}$$

(3) 稳态分析。

①稳态是指一种长期均衡状态。在稳态下，人均资本达到均衡值并维持在均衡水平不变；在忽略了技术变化的条件下，人均产量也达到稳定状态。

②稳定状态的条件为

$$sf(k) = (n + \delta)k \quad (g = 0，经济中不存在技术进步因素)$$

图8-1中 k_A 为稳定资本存量，y_A 为稳态人均产量。因此，稳态 A 点既确定了内生变量人均资本存量的水平，又确定了内生变量人均产量的水平。

就稳定状态而言，引入技术创新并没有使稳定分析的结论产生太大的变动。假定经济初始状态按有效劳动平均的资本为 $\tilde{k}_0$。它低于其稳定值，随着时间的推移，$\tilde{k}$ 是逐渐提高的。因为在 $\tilde{k}_0$ 处，即达到 $sf(\tilde{k}) = (n + g + \delta)\tilde{k}$，这时经济处于稳定状态，这种稳定状态代表

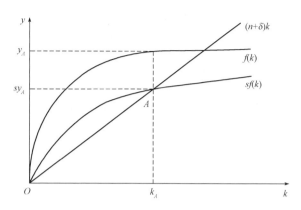

图 8-1　不考虑技术进步新古典模型的稳态

经济的长期均衡。其稳态条件为 $sf(\tilde{k}) = (n+g+\delta)\tilde{k}$（$g \neq 0$，经济中存在技术进步因素），如图 8-2 所示。

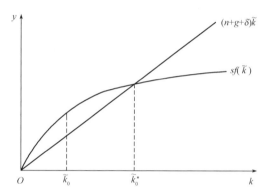

图 8-2　考虑技术进步新古典模型的稳态

③稳态时的增长率。

$$\frac{\Delta Y}{Y} = \frac{\Delta N}{N} = \frac{\Delta K}{K} = n \text{（不存在技术进步因素）}$$

$$\frac{K}{N} = \frac{Y}{N} = g \quad \frac{\Delta Y}{Y} = \frac{\Delta K}{K} = n+g \text{（存在技术进步因素）}$$

（4）应用新古典增长模型。

①储蓄率的增加不能影响稳态增长率。储蓄率增加对产量增长的影响不能影响稳态增长率，因为这一增长率独立于储蓄率，但确实能提高收入的稳态水平。

②人口增长对产量增长的影响。人口增长率增加降低了人均资本的稳态水平，进而降低了人均产量的稳态水平；提高了总产量的稳态增长率。

③资本黄金分割律。资本的黄金分割律水平是指稳定状态人均消费最大化所对应的人均资本水平。费尔普斯认为一个经济体的发展目标是使稳定人均消费最大化。在技术和劳动增长率固定不变时，经济体中的人均资本量应使得资本的边际产品等于劳动的增长率，方程表示为 $f'(k^*) = n$。

7. 内生经济增长理论

(1) 基本模型。

$$\begin{cases} Y = AK \\ \Delta K = sY - \delta K \end{cases} \Rightarrow \frac{\Delta Y}{Y} = \frac{\Delta K}{K} = sA - \delta$$

该模型不存在资本边际收益递减，额外一单位资本均生产 A 单位的额外产出。上式表明只要 $sA > \delta$，即使没有外生技术进步的假设，经济的收入也一直在增长。

(2) 两部门模型。

$$Y = F[K, (1-u)EN] \text{（企业的生产函数）}$$

$$\Delta E = g(u)E \text{（大学的生产函数）}$$

$$\Delta K = sY - \delta K \text{（资本积累方程）}$$

式中，u 为在大学的劳动力比例，$(1-u)$ 为制造业的劳动力比例；E 为知识存量，决定了劳动效率；$g(*)$ 表明知识增长如何取决于大学的劳动力比例的函数。

8. 促进经济增长的政策

促进经济增长的政策包括鼓励技术进步、鼓励资本形成、增加劳动力供给等。

二、经典例题

1. 下列选项中，（ ）属于生产要素供给的增长。

　　A. 劳动者教育年限的增加　　　　B. 实行劳动专业化
　　C. 规模经济　　　　　　　　　　D. 电子计算机技术的迅速应用

答案解析：经济增长的生产要素投入方面包括劳动力在数量上的增加和质量上的提高，资本（包括土地）在数量上的增长。因此，可得答案为 A。

2. 假如要把产量的年增长率从 4% 提高到 6%，在资本 - 产量比率等于 3 的前提下，根据哈罗德增长模型，储蓄率应达到（ ）。

　　A. 18%　　　　B. 25%　　　　C. 27%　　　　D. 30%

答案解析：根据哈罗德经济增长模型的公式：$G_A = \frac{s}{v}$。已知 $v = 3$，$G_1 = 4\%$，$G_2 = 6\%$，将已知数据代入，则有：$s_1 = 3 \times 4\% = 12\%$，$s_2 = 3 \times 6\% = 18\%$。因此，储蓄率应从 12% 提高到 18%，故答案为 A。

3. 根据新古典模型，人口增长率的上升将（ ）。

　　A. 提高每个工人资本的稳定状态水平
　　B. 降低每个工人资本的稳定状态水平
　　C. 对每个工人资本的稳定状态水平没有影响
　　D. 无法确定

答案解析：由新古典模型的应用知识点可知：人口增长率的增加降低了人均资本的稳定状态水平，进而降低了人均产量的稳定状态水平；人口增长率的上升增加了总产量的稳定状态增长率。因此，人口增长率的上升将降低每个工人资本的稳定状态水平，故答案为 B。

4. 经济增长的源泉有哪些？

答案解析：经济增长的源泉（即导致经济增长最主要的因素）是劳动数量增加和质量提高、资本存量的增加、技术进步和资源配置效率提高。资本和劳动的增加是生产要素的增加。技术进步包括发现、发明和应用新技术，生产新的产品，降低产品的生产成本。技术进步会使生产要素的配置和利用更为有效，进而推动经济的增长。资源从生产率低的部门转移到生产率高的部门有助于社会平均生产率提高。

5. 在哈罗德模型中，均衡增长率、实际增长率和自然增长率的含义是什么？三者不相等时社会经济将出现什么情况？

答案解析：均衡增长率、实际增长率和自然增长率分别是哈罗德增长模型中研究经济实现充分就业下的均衡增长所必需的条件时区分的三种不同的经济增长率概念。

均衡增长率，也称为有保证的增长率（G_W），是指在储蓄率 s 和资本-产量比率 v 既定的条件下，为使储蓄全部转化为投资所需要的产出增长率。G_W 是由储蓄率和厂商合意的资本-产量比率决定的，$G_W = \dfrac{s}{v}$。

实际增长率 G，是指实际上实现了的产出增长率，它取决于有效需求的大小，即一定资本-产量比率下社会实际储蓄率。

自然增长率 G_n，是指长期中人口增长和技术进步等因素变化后所能达到的最大可能实现的增长率，它是由劳动力和技术水平所决定的。

经济中实现充分就业的均衡增长，需满足 $G = G_W = G_n$。但由于三种增长率由各不相同的因素所决定，因此实际中很难达到三者相等的情况。这时社会经济可能出现下列情况：

（1）如果 $G > G_W$，说明社会总需求超过厂商所合意的生产能力，这时，厂商将增加投资，投资的增加在乘数作用下使实际增长率更高，显得资本存量更不足，因此，其结果是需求膨胀，引起经济累积性持续扩张。

（2）如果 $G < G_W$，说明社会总需求不足，厂商拥有的资本过剩，这时，厂商将削减投资，由于乘数作用，实际增长率更低，显得资本更过剩，结果是收入下降，经济持续收缩。

（3）如果 $G_W > G_n$，说明储蓄和投资的增长率超过了人口增长和技术水平条件下所允许的程度，增长受劳动力不足和技术条件的限制，出现资本闲置，因此，厂商将削减投资，引起经济的长期停滞。

（4）如果 $G_W < G_n$，说明储蓄和投资的增长率未达到人口增长和技术水平条件所要求的水平，因劳动力过多而使工资低廉，因此，刺激经济形成长期高涨。

因此，只有当 $G_W = G_n$ 的情况下，经济才能均衡增长，否则将出现短期内经济收缩与扩张的波动。只有当 $G_W = G_n$ 时，才能在既定的技术水平下，实现充分就业，否则将使经济处于长期的失业或通货膨胀中。当 $G = G_W = G_n$ 时，可实现充分就业的均衡增长，这是一种最理想的经济增长状态。

6. 假定在某一时期，资本的增长率为 5%，劳动的增长率为 3%，实际产出的增长率为 5%，由统计资料得知资本的国民收入份额为 0.2，劳动的国民收入份额为 0.8。

（1）计算总要素生产率的增长率；

（2）假定一项减少预算赤字的政策使投资增加，资本的增长率上升 1%，产出的增长率将上升多少？

（3）假定实行一项减税政策使劳动力供给增长 1%，实际产出的增长率又将如何变动？

答案解析：

（1）根据经济增长理论，由资本和劳动这两种要素供给的增加取得的综合增长率为

$$0.2 \times 5\% + 0.8 \times 3\% = 3.4\%$$

而由已知，实际的产出增长率 $y = 5\%$，两者的差额即因要素生产率的提高而取得的增长率，为

$$5\% - 3.4\% = 1.6\%$$

（2）若资本的增长率上升 1%，则 $k' = 5\% + 1\% = 6\%$。

在其他条件不变时，新的产出增长率 y' 为要素生产率的增长率与因资本供给增加而取得的新的综合增长率之和，即

$$y' = 1.6\% + 0.2 \times 6\% + 0.8 \times 3\% = 5.2\%$$

则实际产出的增长率将上升 $5.2\% - 5\% = 0.2\%$。

（3）若劳动的增长率上升 1%，则 $l' = 3\% + 1\% = 4\%$

在其他条件不变时，新的产出增长率 y'' 为要素生产率的增长率与因劳动力供给增加而取得的新的综合增长率之和，即

$$y'' = 1.6\% + 0.2 \times 5\% + 0.8 \times 4\% = 5.8\%$$

则实际产出的增长率将上升 $5.8\% - 5\% = 0.8\%$。

★基础训练

一、名词解释

1. 经济增长
2. 人力资本
3. 资本深化
4. 不稳定原理
5. 索洛剩余

二、单项选择

1. 经济增长的标志是（   ）。
   A. 失业率的下降　　　　　　　　B. 先进技术的广泛运用
   C. 社会生产能力的不断提高　　　D. 城市化速度加快

2. 经济增长的源泉为（   ）。
   A. 劳动与资本　　B. 技术进步　　C. A 与 B　　D. 以上都不是

3. 根据哈罗德的分析，如果有保证的增长率 G_W 大于实际增长率 G_A，经济将（   ）。
   A. 持续高涨　　B. 长期萧条　　C. 均衡增长　　D. 不能确定

4. 有保证的增长率 G_W 和自然增长率 G_n 的区别在于（   ）。
   A. G_W 假定资本与劳动的比率不断提高，而 G_n 没有
   B. G_W 以充分就业为前提，而 G_n 没有
   C. G_W 随各种因素的变化而变化，是不稳定的增长率，而 G_n 是比较稳定的增长
   D. G_W 一定小于 G_n

5. 在哈罗德增长模型中，已知合意的储蓄率小于实际储蓄率，合意的资本－产量比率等于实际资本－产量比率，那么，有保证的增长率（　　）。
   A. 小于实际增长率　　　　　　　　B. 大于实际增长率
   C. 等于实际增长率　　　　　　　　D. 两者的关系不能确定
6. 下列不属于新古典经济增长模型的基本假定的是（　　）。
   A. 生产过程中只使用劳动 L 和资本 K 两种生产要素，这两种生产要素之间可以相互替代，但不能完全替代，因而每种要素的边际产量服从递减规律
   B. 生产过程处于规模收益不变阶段
   C. 储蓄在国民收入中所占的份额持续上涨
   D. 劳动力按照一个固定不变的比率增长
7. 在新古典增长模型中，均衡点是指（　　）。
   A. 实际增长率等于有保证的增长率，又等于自然增长率
   B. 产量正好用来满足新增加的人口
   C. 人口增长率为零
   D. 整个社会的积累正好用于装备新增加的人口
8. 根据新古典经济增长模型，一个国家最终将会（　　）。
   A. 以一个不断增长的比率增长　　　B. 保持一个静止状态
   C. 耗光自然资源，难以维持生存　　D. 造成严重的污染，使其人民难以生存
9. 根据新古典模型，人口增长率的上升将（　　）。
   A. 提高每个工人资本的稳定状态水平
   B. 降低每个工人资本的稳定状态水平
   C. 对每个工人资本的稳定状态水平没有影响
   D. 无法确定
10. 下列（　　）项是新古典经济增长模型所包含的内容。
    A. 均衡的增长率取决于有效需求的大小
    B. 要实现充分就业的均衡增长，要使 $G_n = G_A$
    C. 通过调整收入分配，降低储蓄率，可以实现充分就业的均衡增长
    D. 从长期看，由于市场的作用，经济总会趋向于充分就业的均衡增长

三、分析说明

1. 简述内生增长理论。
2. 简述经济增长的黄金分割律。
3. 在新古典经济增长模型中，稳态增长的条件是什么？
4. 简述哈罗德模型和新古典模型在基本假设前提上的异同。

四、计算

1. 在新古典经济增长模型中，生产函数为 $y = f(k) = 4k - 0.4k^2$，人均储蓄率为 0.5，人口增长率为 5%，求：
   （1）使经济均衡增长的 k。

(2) 黄金分割律所要求的人均资本量。（保留两位小数）

2. 已知资本－产量比率是 5，假设某国某年的国民收入为 1 600 亿美元，消费为 800 亿美元。按照哈罗德增长模型，要使该年的储蓄全部转化为投资，第二年的增长率应该为多少？

3. 生产函数 $Y = F(K, L) = \sqrt{KL}$

(1) 求人均生产函数 $y = f(k)$；

(2) 忽略技术进步，求稳态经济下人均资本水平、人均产量和人均消费水平；

(3) 求黄金律经济时期人均资本存量、人均产量和人均消费水平。

4. 有以下生产函数的索洛增长模型描述了一个经济：$y = \sqrt{k}$。

(1) 假设一个发达国家的储蓄率为 35%，人口增长率为每年 1%；一个不发达国家储蓄率为 20%，人口增长率为每年 4%。而在这两个国家中，$g = 0.02$，$\delta = 0.04$。求出每个国家稳定状态的值。

(2) 不发达国家为了提高自己的收入水平应该采取什么政策？

五、答案解析

（一）名词解释

1. 经济增长：经济增长是指一个经济所生产的物质产品和劳务在一个相当长时期内的持续增长，即实际总产出的持续增加。经济增长是按人口平均计算的实际产出，即人均实际产出的持续增长。

2. 人力资本：人力资本是体现在个人身上的获取收入的潜在能力的价值，它包括天生的能力和才华以及通过后天教育训练获得的技能。

3. 资本深化：与"资本广化"相对而言，指以超过劳动力增长的速度积累资本。在经济发展过程中，人口以一定的比率增长，但是资本积累的速度更快。这种变化的结果，是人均占有资本量增加，即资本－劳动比率上升。

4. 不稳定原理：哈罗德认为，实际增长率与有保证的增长率之间一旦发生了偏差，经济活动不仅不能自我纠正，而且还会产生更大的偏离。这个结论被称为哈罗德的"不稳定原理"。

5. 索洛剩余：又称索洛残差，是指不能为投入要素变化所解释的经济增长率。具体而言，索洛剩余是指在剥离资本和劳动对经济增长贡献后的剩余部分。一般认为剩余部分是技术进步对经济增长的贡献部分。

（二）单项选择

1. C   2. C   3. B   4. B   5. A   6. C   7. D   8. A   9. A   10. D

（三）分析说明

1. 内生增长理论是经济增长理论中的一种，它与新古典增长理论不同，内生增长理论用规模收益递增和内生技术进步来说明一个国家长期经济增长和各国增长率差异，认为经济的长期增长依赖于储蓄率和其他因素，而不仅仅依赖于劳动力增长率。其重要特征就是试图使增长率内生化。

根据其依赖的基本假定条件的差异，内生增长理论可分为完全竞争条件下的内生增长模型和垄断竞争条件下的内生增长模型。按照完全竞争条件下的内生增长模型，使稳态增长率内生化的两条基本途径就是：

（1）将技术进步率内生化；

（2）如果被积累的生产要素有固定报酬，那么可以通过某种方式使稳态增长率被要素的积累所影响。

2. 经济增长的黄金分割律是经济增长理论中的一个重要结论，是由经济学家费尔普斯运用新古典增长模型分析得出的。他认为如果使资本－劳动比率达到使得资本的边际产品等于劳动的增长率这样一个数值，则可以实现社会人均消费的最大化。假定经济可以毫无代价地获得它今天所需要的任何数量的资本，但将来它不得不生产出更多的资本存量。黄金分割律的内容是欲使每个工人的消费达到最大，则对每个工人的资本量的选择应使资本的边际产品等于劳动的增长率。如果目标是走上使每个工人的消费最大化的稳定增长道路，黄金分割律决定的是一个经济体一开始应该选择的每个工人的资本量。

3. 在新古典经济增长模型中，稳态增长的条件为人均资本不发生变化，或者说每人使用的资本量不变，这就要使人均储蓄正好等于资本的广化。在新古典经济增长模型公式 $\dot{k} = sf(k) - (n+\delta)k$ 中，人均资本不发生变化即 $\dot{k}=0$，则 $sf(k) = (n+\delta)k$。$sf(k)$ 是储蓄率与人均产量（或人均收入）的乘积，即人均储蓄，$(n+\delta)k$ 是资本的广化。在宏观经济学中，储蓄等于投资是均衡的条件，储蓄等于储蓄率乘以收入，即 $S=sY$。投资可用资本增量 $\dot{k}$ 表示。而上述公式 $sf(k) = (n+\delta)k$，即 $sy = (n+\delta)k$，$y=\dfrac{Y}{N}$ 表示人均收入，k 表示每一劳动力或每一人口配备的资本量，即 $k=\dfrac{K}{N}$。将 $y=\dfrac{Y}{N}$ 代入 $sy=(n+\delta)k$，可得 $s\dfrac{Y}{N}=(n+\delta)\dfrac{K}{N}$，即 $sY=(n+\delta)K$。由于储蓄等于投资，即 $sY=I=\Delta K$，因此 $sY=(n+\delta)k$ 也就是 $\Delta K=(n+\delta)k$，$0<\delta<1$，所以 $\dfrac{\Delta K}{N}=n$。该式表示资本增长率等于人口增长率。这当然会使人均资本配备量不变。因此，在新古典经济增长模型中，稳态增长的条件，既可用 $sf(k)=(n+\delta)k$ 表示，也可用 $\dfrac{\Delta K}{N}=n$ 表示。

4.（1）哈罗德模型是在凯恩斯的有效需求理论基础上发展而来的。哈罗德模型采用的是长期化和动态化的分析方法。长期化是把人口、资本和技术等因素看作变量，而不再将它们假定为不变量，动态化是指把经济活动看作时间上有连续性的活动，重点研究充分就业下经济稳定增长的条件。

哈罗德模型的基本假设前提是：①全社会只生产一种产品；②储蓄倾向不变，储蓄由收入水平决定；③社会生产中只有劳动和资本两种要素，两种要素的比例不变；④技术水平不变，资本－产量比率不变；⑤生产规模报酬不变。

哈罗德模型主要有三个理论观点：①经济稳定增长的条件；②经济短期波动的原因，包括实际增长率低于有保证的增长率和实际增长率高于有保证的增长率两种情况；③经济长期波动的原因，包括有保证的增长率高于自然增长率和有保证的增长率低于自然增长率两种情况。

(2) 新古典增长模型是由美国经济学家索洛提出的。模型假设：①社会经济只有两个部门，储蓄等于投资，社会储蓄是储蓄率与收入的乘积；②劳动力以一个不变的比率增长；③产出仅是人均资本的函数；④生产的规模报酬不变并且不存在技术进步。其基本公式是：$\dot{k} = sf(k) - (n+\delta)k$。$\dot{k}$ 表示资本深化，即人均资本的增加，s 为储蓄率，$f(k)$ 为人均产量，h 为人口增长率，$(n+\delta)k$ 表示资本广化。公式表明资本深化（即人均资本的增加量）＝人均储蓄－资本广化（一部分储蓄用于装备新劳动力，一部分用来折旧）。经济稳定增长的条件是人均资本增量 $\dot{k}=0$。若 $\dot{k}<0$，则说明人均储蓄不足以满足新增劳动力的人均资本，生产收缩，人均储蓄减少，渐趋于零，经济实现稳定增长。反过来讲，$\dot{k}>0$ 时，经济也会自动地克服波动，实现长期稳定的增长，这就是新古典增长模型。

(3) 哈罗德模型和新古典模型在基本假设前提的异同。

相同点：①全社会只生产一种产品；②生产中只有劳动和资本两种生产要素；③规模收益不变。

不同点：①哈罗德模型假设资本和技术不能相互替代，新古典增长模型假设两者可以相互替代；②哈罗德模型假设资本－产量比率不变，新古典增长模型假设资本－产量比率可变。

(四) 计算

1. (1) 经济均衡增长时，$sf(k) = nk$，将 $s=0.5$，$n=5\%$ 代入得
$$0.5(4k - 0.4k^2) = 0.05k$$

解得 $k = 9.75$。

(2) 按黄金分割律要求，对每个人的资本量的选择应使得资本的边际产品等于劳动的增长率，即 $f'(k) = n$。

则有 $f'(k) = 4 - 0.8k = 0.05$

可得 $k = 4.94$。

2. 由题意可知：第一年的国民收入 $Y_1 = 1\,600$ 亿美元，消费 $C = 800$ 亿美元

则储蓄 $S = 1\,600 - 800 = 800$（亿美元）

储蓄率 $s = \dfrac{S}{Y} = \dfrac{800}{1\,600} = 50\%$

为使该年 800 亿美元的储蓄全部转化为投资，第二年的有保证的增长率 G_W 应为 $G_W = \dfrac{s}{v}$

$= \dfrac{50\%}{5} = 10\%$

此时，如果第二年的增长率达到 10%，国民收入为
$$Y_2 = 1\,600(1+10\%) = 1\,760 （亿美元）$$

增加的国民收入：$\Delta Y = Y_2 - Y_1 = 1\,760 - 1\,600 = 160$（亿美元）

由于资本－产量比率 $v = 5$，则投资 $I = \Delta Y \cdot v = 160 \times 5 = 800$（亿美元）

即该年 800 亿美元的储蓄正好在第二年全部转化为投资，经济实现均衡增长。

3. (1) $y = f(k) = \dfrac{Y}{L} = \dfrac{\sqrt{KL}}{L} = \sqrt{\dfrac{K}{L}}$

(2) 设人口增长率为 h，储蓄率为 s，折旧率为 δ，则稳态经济下 $sY = (n+\delta)k$，即 $s\sqrt{k} = (n+\delta)k$

于是：$k = \left[\dfrac{s}{(n+\delta)}\right]^2$，$y = \dfrac{s}{n+\delta}$，$c = y - k\dfrac{s(n+\delta-s)}{(n+\delta)^2}$

(3) 黄金分割律经济时期 $f'(k^*) = n$，即 $0.5(k^*)^{-0.5} = n$

于是 $k^* = 0.25n^{-2}$，$y^* = 0.5n^{-1}$，$c^* = \dfrac{2n-1}{4n^2}$

4.（1）根据索洛增长模型，当经济达到稳态时，满足条件：

$$\dot{k} = sf(k) - (n+g+\delta)k = 0$$

因为 $y = \sqrt{k}$，所以可解出 $k^* = \left(\dfrac{s}{n+g+\delta}\right)^2$，所以稳态的人均收入为

$$y^* = \dfrac{s}{n+g+\delta}$$

对于发达国家而言，稳态收入为 $y_1^* = \dfrac{s}{n+g+\delta} = 5$

对于不发达国家而言，稳态收入为 $y_2^* = \dfrac{s}{n+g+\delta} = 2$

（2）通过（1）的计算，对比发达国家和不发达国家的人口增长率和储蓄率的差异，可知不发达国家较低的储蓄率和较高的人口增长率造成了其较低的稳态人均收入。因此，不发达国家可以采取鼓励储蓄的政策来提高储蓄率，从而提高其每单位有效劳动的资本存量，同时采取适当的人口政策（如计划生育政策）来降低人口的增长率，从而提高其人均收入水平。

★ 知识拓展

结合案例1和案例2，进一步理解经济增长模型与我国宏观经济增长。

案例1：缘何我国高增长实际效果不尽如人意

日本在20世纪50年代到70年代，经过20多年10%左右的高速增长，一跃成为世界第二经济大国。而我国从1978年开始，也经历了20余年的高速增长，到21世纪初却只达到了小康初级阶段。为什么会有这样的区别？国家统计局某权威人士（2004年）认为：首先，经济结构、运行模式、体制等方面存在问题。如优胜劣汰机制没有建立，大量资源由低效率企业支配。其次，企业追求自我循环，消耗高，第三产业发展水平低。最后，经济增长速度高，库存也很高。大量产品积压在仓库里，未转化为实际财富。我国经济发展中有以下一些偏向需要纠正：

首先，为了追求增量财富，破坏大量存量财富。一个典型的个案是大量拆除旧城区，创造新城区。今年挖，明天填；明天填，后天挖。创造1%的GDP，却消耗了2%的存量财富。

其次，未明确创造财富的主体是政府，还是民间。过去过多地看重政府、国有经济，没有运用市场、民间的力量，效率较低。例如，国有金融一统天下，未建立多元的金融体系，一抓就死，一放就乱。

最后，只注重财富创造，未注重财富分配。分配关系未理顺，市场体系下的分配方式不尽合理，严重挫伤了各方的积极性。从 2000 年起，中国的基尼系数开始超过 0.4 的国际警戒线。

（资料来源：http://finance.sina.com.cn/roll/20040707/0657854477.shtml.）

案例 2：信息技术在经济增长中的作用

经济全球化的深入发展，以信息技术为代表的科技革命不断取得突破，信息化已经成为各国经济社会发展的强大动力，推动人类社会以前所未有的速度走向新的历史高度。以信息技术革命为基础的第三次浪潮几乎没有遭遇到地域的限制，这是一次全球性的浪潮。新的经济不再以传统工业为产业支柱，不再以稀缺自然资源为依托，而是以高技术产业为支柱，而发展高技术又离不开信息技术的发展。

信息技术使知识和信息成为国民经济的重要战略资源。信息技术，尤其是微计算机革命和数字化革命使信息资源计算机化，把浩如烟海、杂乱无章的信息变成有序、有用、有经济价值的信息，进而成了现代国民经济的主要资源。信息技术的应用使经济中的知识性日益明显，知识已经成为最重要的生产要素和资源，企业中最关键的资产并不是资本而是智力。由于创意、信息和技术越来越多地成为产品的构成成分，产品和服务中的知识含量增大。国家的经济发展和繁荣在很大程度上将不依赖于自然资源和劳动力的数量与价格，而取决于所拥有的创造知识的能力和技术水平。

信息技术促进传统产业的更新与改造，进而优化产业结构。信息技术已成为推动人类文明进步的强大动力，它正在创立新的产业，全面改造和提升传统工业。设计、制造和营销管理都已经或正在实现自动化、智能化、信息化，从而导致国家实力的增长、生态环境的改善和人民生活水平的普遍提高。

随着全球信息技术的飞速发展，信息化建设已经成为国家经济的重头戏，先进的 IT 产业将带动整个国家的经济发展，这已是世界各国的共识。日本将信息化的成败、IT 产业的兴衰与日本经济竞争力的强弱紧密联系，订下信息化立国目标。韩国认为，21 世纪是知识和信息决定国际竞争力的时代，信息化、网络化不是一个选择的问题，而是决定国家兴衰存亡的根本大计。欧盟则把建立信息社会与统一欧洲市场和推行欧元等重大项目并列，当作一项具有历史意义的大事来抓。

虽然信息化已成为各国的普遍需要，但是各国的信息化战略仍然有各自鲜明的特色。事实证明，立足本国或本地区的历史和实际情况，扬长避短，不随波逐流，才能在滚滚大潮中立于不败之地。

（资料来源：乌家培，谢康.信息技术产业化与经济增长［J］.中国工业经济，1999（1）：37－41.）

★ 名校考研真题解析

一、名校考研真题

1. （北京工商大学 2011 研）简述新增长理论。

2. （华南师范大学 2011 研）根据新古典增长理论原理，说明我国转变经济增长方式的必要性和途径。

3. （暨南大学2011研）内生经济增长模型与新古典增长模型有何不同？

4. （武汉大学2007研）讨论有关经济增长的问题：

（1）请指出经济增长的源泉有哪些，并说明促进人均GDP增长的动力是什么？

（2）中国已经经历了持续28年的高速经济增长，请利用经济增长理论和GDP核算理论说明，我国经济增长的隐忧是什么？应该如何消除这些隐忧？

（3）是总供给方面的因素还是总需求方面的因素促进了经济增长？

二、真题解析

1. 新增长理论也称为内生经济增长理论，是继新古典经济增长理论之后的又一经济增长理论，产生于20世纪80年代后期与90年代初期，代表人物有罗默、卢卡斯和阿罗等经济学家。

内生经济增长理论假设资本边际收益不变，认为技术和资本一样，是"内生"的，卢卡斯通过引进人力资本积累因素（主要是人力资本的外在性与人力资本生产中的正反馈）来解释经济增长的内生性。内生经济增长理论模型中的生产函数为 $Y=AK$，其中 Y 是产出，K 是资本存量，而 A 是一个常量，它衡量一单位资本所生产的产出量。这个生产函数并没有反映出资本边际收益递减的性质。无论资本量为多少，额外一单位资本生产单位的额外产出，不存在资本边际收益递减是这个模型和新古典增长模型的关键区别。

在新增长理论中，当创新和技术进步时，经济增长以某一比例无限地持续下去。按照这种分析方法，即使没有外生技术进步的假设，经济的收入也会一直增长。内生经济增长理论的结论是经济增长率是内生的，即促使经济增长的因素是模型决定的，储蓄和投资会引起经济的长期增长。

2. （1）新古典经济增长理论认识到除了劳动对经济增长有贡献外，技术的进步和资本积累也可以加快经济增长的速度，技术的进步和资本深化可以克服边际报酬递减规律。该理论认为，人力资源、自然资源、资本及科学技术四种要素是拉动经济增长的四驾马车。经济增长同四要素的关系可以用以下公式来表示：$Q=AF(K,L,N)$，该理论特别强调科学技术进步在经济增长中的重要作用。

（2）经济增长方式是经济增长过程中对生产要素的分配和使用方式。从要素投入和产出对比上看，一个国家的经济增长方式可以分为粗放型和集约型两种，前者以高投入、高消耗、高排放、低产出为特征，后者以低投入、低消耗、低排放、高产出为特征；前者表现为效益差、效果差、效率低，后者表现为效益好、效果好、效率高。增长方式反映一个国家的科学技术水平、生产力水平、经营管理水平以及经济体制和机制的完善程度。

（3）我国过去几十年的经济增长方式属于粗放型增长方式，这种增长方式产生的弊端与问题日益显露突出，主要表现：①经济效益低下，影响综合国力迅速增长；②资源浪费严重，生态环境问题突出；③一度投资需求膨胀，经常造成总量失衡；④随着人民收入水平的不断提高，基本需求已经得到满足，但粗放型生产方式不能生产出高质量的新产品，旧产品在国内市场上的销售越来越困难，已经到了难以为继的地步；⑤我国的资源总量虽然很大，但人均占有量严重不足；⑥生产要素的比例受到限制，投资占国民生产总值的比重，就业人数占劳动力的比例，都有不可突破的上限；⑦西方发达国家早已实现集约型增长方式，我国以粗放型生产的产品，不能参与国际市场上的竞争，迫使我国的出口采取不惜工本、数量取胜的战略，效益很低。

总之，无论从国内形势还是国际环境看，无论从经济增长理论还是从我国经济增长实际看，都必须坚决转变经济增长方式，粗放式的增长方式已经走到尽头。

（4）根据新古典增长理论和我国的实际情况，可以通过以下途径转变经济增长方式：①大力发展循环经济。发展循环经济对环境的破坏降到最低程度，并最大限度地利用资源，从而大大降低了经济发展的社会成本。②建立绿色GDP指标体系。实行绿色GDP指标的经济发展模式和国民核算新体系，不仅有利于保护资源和环境，促进资源的可持续利用和经济的可持续发展，而且有利于加快经济增长方式的转变，提高经济效益，进而增进社会福利。③积极进行技术创新。通过技术创新，提高各种经济资源的使用效率，建立资源节约型的国民经济体系，减轻经济增长对资源和环境的压力。④经济发展转向内需为主。经济大国应该以内需为主，这可以说是学术界的共识。因此，我国不能总指望国际市场来消化过剩的生产能力。最近几年，大量的投资和出口形成一个循环，投资主要为出口服务，投资最快的是沿海、外向型的地区，消费服务投资则相形见绌，一旦国际形势发生重大变化，对国内经济就会造成很大的冲击。⑤降低外贸依存度。从国际经验比较看，我国经济增长当前有三个突出问题：一是外贸依存度高，现已高达70%，在此前的经济发展历史上，还没有出现过一个大国曾有如此高的外贸依存度；二是第二产业的比重高，我国第二产业的比重在2004年高达52.9%，比日本顶峰时期还要高10个百分点；三是服务业在2003年后比重一直下降，这是不正常的现象。⑥增加居民收入。增加居民收入，提高居民收入占GDP比重的同时，健全社会保障体系和社会信用体系，解除老百姓消费的后顾之忧，这是提高内需的必由之路。近年来，我国财政收入占GDP的比重已快速上升至20%，然而，我国居民福利水平的提高速度远远赶不上财政收入的增加速度，国民收入分配出现了财政收入远远高于居民收入增长的格局，我国消费增长缓慢的根源即在于此。

3. 内生经济增长理论也称为新经济增长理论，是继新古典经济增长理论之后的又一经济增长理论，代表人物有罗默、卢卡斯和阿罗等经济学家。新古典经济增长理论是美国经济学家索洛提出的。内生经济增长理论和新古典经济增长理论的主要区别有以下三个：

（1）假设条件不同。新古典经济增长理论假设资本边际收益递减，而内生经济增长理论假设资本边际收益不变。这是内生经济增长理论和新古典经济增长理论的关键区别。另外，新古典经济增长理论假设技术是外生的，而内生经济增长理论则认为技术和资本一样，是"内生"的。

（2）储蓄率变动对经济增长的影响不同。在索洛模型中，储蓄引起暂时增长，但资本收益递减最终迫使经济达到稳定状态，在这一稳定状态下经济增长只取决于外生技术进步。相反，在内生增长模型中，储蓄和投资可以导致经济持续增长。

（3）结论不同。内生经济增长理论的结论是经济增长率是内生的，即促使经济增长的因素是模型内决定的，储蓄和投资会引起经济的长期增长。新古典经济增长理论的结论是经济增长取决于外生的技术进步，而储蓄只会导致经济的暂时增长，资本边际收益递减最终使经济增长只取决于外生技术进步。

4. （1）经济增长的源泉主要有：劳动数量增加和质量提高，即人力资本的增长；资本存量的增加；技术进步，这里是广义概念，包括采用新技术、新产品、先进管理手段以及资源配置的高效率等。促成人均GDP增长的动力主要来自技术进步和资本深化。

（2）经济增长理论说明了资本深化（新古典增长理论）以及技术进步（新经济增长理论）对于经济增长的贡献。GDP核算理论则说明，经济增长直观地源于消费、投资、政府购买以及国外需求等方面。我国经济已经持续28年高速增长，但是存在着隐忧：

①从增长理论方面来看，过去20多年中，我国经济增长主要发挥了廉价劳动力的优势。农村富余劳动力向城市转移是典型的现象，这些劳动力为城市基础设施建设以及劳动密集型产业的发展提供了支持，我国城市化进程迅速加快，同时纺织业、电子工业等制造业产业的产品在国际上获得了竞争优势。但是随着我国计划生育政策周期性结果的产生以及老龄化进程的加快，人口金字塔结构已经发生了变化。农村空巢以及"民工荒"等现象屡屡出现，我国"人口红利"即将耗尽的问题正在逐渐成为热点问题。同时，拉美、印度、非洲、东盟等国家和地区的劳动力优势开始凸现，有可能成为继中国之后的制造业产业承接国。

②从GDP核算方面来看，在前几年的发展过程中，投资和外贸是经济增长的主要贡献力量。我国投资率长期处于较高水平，其中又以政府投资居多。另一方面，国际市场对中国廉价产品的需求十分旺盛，我国制造业产品持续多年保持强劲的出口态势，由此产生了巨额贸易顺差，带来了大量的外汇储备。然而，政府投资项目主要是公共产品，居民消费水平的提高远远滞后于经济发展速度，作为经济增长"三驾马车"之一的消费始终疲软，成为阻碍经济增长的重要原因。同时，我国的制造业产品在欧美市场遭遇了越来越严重的贸易壁垒，国外反倾销、反补贴、配额、关税等手段的同时使用阻碍了产品的出口，给外贸企业造成了利益损失。巨额的外汇储备也使人民币面临升值压力，而外汇管理制度改革的滞后使得中央银行必须发行人民币来购买外汇，国内流动性过剩问题难以有效解决。此外，近年来的发展很大程度上牺牲了环境与资源，而这一些因素尚未进入GDP统计。粗放型经济增长方式亟待转变。

消除这些隐忧的主要办法是：

①促进创新，提高技术进步率。通过技术进步获得高效的生产能力，由此取得竞争优势，弥补劳动力在未来可能出现短缺所造成的经济增长隐忧。

②拉动国内消费需求。发展消费信贷市场，更新消费观念；发展农村消费品市场，挖掘产品销售潜力等办法可以提高消费水平，使之成为促进我国经济增长的又一重要源泉。

③发展绿色GDP核算。在经济发展的同时考虑环境保护和资源使用效率，由粗放型增长转变为集约型增长，树立科学发展观。

（3）从以上的分析可以看出，促进我国经济增长的主要动力既有总供给方面的因素，也有总需求方面的因素：我国经济增长一部分是来自劳动力供给和技术革新（工业化改造），另外一部分是来自投资需求、出口需求以及政府公共支出的增长。

第九章

经济周期

★核心知识

一、核心知识点
1. 经济周期含义与阶段
2. 经济周期类型
3. 外生经济周期理论
4. 内生经济周期理论
5. 乘数—加速数模型
6. 实际经济周期理论

二、核心知识脉络图

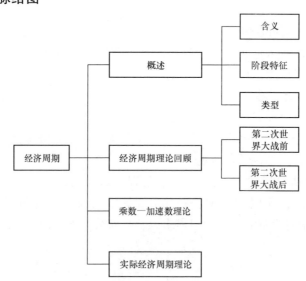

★ 内容总结与经典例题

一、内容总结

1. 经济周期定义与内涵

美国著名经济学家米切尔和伯恩斯对经济周期的定义是:"经济周期是在主要以工商企业形式组织其活动的那些国家的总量经济活动中可以发现的一种波动形态。一个周期包含许多经济领域差不多同时发生的扩张,接下来是同样一般性的衰退、收缩和复苏,后者又融入下一周期的扩张;这一系列的变化是反复发生的,但不是定期的;经济周期的持续时间从1年以上到10年、20年不等,它们不能再分为具有相同特征的更短的周期。"

一般而言,经济周期是指经济活动沿着总体发展趋势所经历的扩张和收缩。这种扩张和收缩主要表现为总产出、工业生产指数、就业及通货膨胀率、投资、消费等经济变量的上下波动。

经济周期是国民收入及经济活动的周期性波动。在理解这一含义时应注意这样几点:第一,经济周期的中心是国民收入的波动。经济波动实质上是实际国内生产总值与潜在国内生产总值(经济长期增长趋势)之间的背离。这两者之间的背离程度越大,经济波动就越严重。第二,经济周期是经济中不可避免的经济现象。第三,虽然每次经济周期并不完全相同,但它们有共同点,即每个周期都是繁荣与萧条的交替。

2. 经济周期阶段及特征

经济周期可以分为四个阶段:繁荣阶段、衰退阶段、萧条阶段、复苏阶段。两个大阶段:上升(扩张)阶段与下降(收缩)阶段;两个转折点:顶峰和谷底。

经济周期的各个阶段如图 9-1 所示。

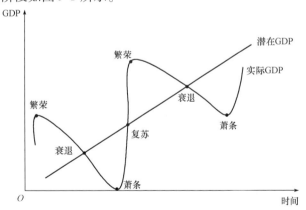

图 9-1 经济周期的各个阶段

(1)繁荣阶段。在经济繁荣阶段,经济活动频繁,需求旺盛,各种盈利的机会增多,从而使利率上升,就业不断扩大,总产出逐渐达到最高水平。其特征是就业增加,产量扩大,投资增加,信用扩张,物价水平上涨,公众对未来持乐观态度。繁荣的最高点称为顶峰。然而,经济繁荣不会永远保持下去,当经济活动达到最高峰时,由于受到各种外界因素的作用,经济必然会从某个时刻起开始下滑,比如当需求受到反向冲击时,需求下降,导致投资水平下降,也可能投资需求因受到直接冲击而下降,于是利率跟着下降,失业开始增加，总产出开始下降，经济从此进入衰退阶段。

（2）衰退阶段。在衰退初期，生产过剩引起物价下跌，利润减少，从而企业将减少投资和生产，这又导致失业增加，国民收入水平下降。而收入的下降引起消费减少，进而导致投资的进一步减少，生产进一步下降，从而导致失业进一步增加。这样不断地恶性循环，最终导致经济进入萧条阶段。

（3）萧条阶段。这一阶段的特征是投资减少，产品滞销，物价下跌，企业利润下降，信用紧缩，生产减少，存在大量的失业，大批生产能力闲置，工厂亏损，甚至倒闭，失业达到最高，投资和产出都达到最低。公众对未来持悲观态度。萧条的最低点称为谷底。与繁荣不能长久一样，经济也不可能永远处于萧条状态，萧条时期也不可能无限延长，随着时间的推移，现有设备的不断损耗，以及由消费引起的企业存货的减少，企业会考虑增加投资，就业开始增加，产量逐渐扩大，经济便进入复苏阶段。

（4）复苏阶段。即经济走出萧条并转向上升的阶段。当经营较差的企业被淘汰，只留下优质企业时，经济就要开始复苏，在这一阶段，投资开始增加，生产和销售回升，就业增加，价格也有所提高，整个经济呈上升的势头。随着生产和就业继续扩大，价格上升，整个经济逐步走向繁荣阶段，然后开始经济周期的又一个循环。

经济运行的这种繁荣、衰退、萧条、复苏的波动不会停止，各国经济建设的实践都表明经济就是这样波动式、周期式发展的。每经过一个周期性波动，经济运行的总体质量都比前一个周期相应提高。

3. 经济周期类型

按照周期性波动对经济发展的影响程度及发生时间的长短，经济周期可划分为以下四种类型：

（1）短周期（小周期或次要周期）。长度为3~4年，是由英国统计学家基钦提出来的，称为"基钦周期"。一般认为，它主要是由企业库存投资的变动而产生的。

（2）中周期（大周期或主要周期）。长度为8~10年，是由法国经济学家朱格拉提出的，称为"朱格拉周期"。他认为危机是经济社会不断面临的三个连续阶段中的一个，这三个阶段是繁荣、危机和清算，危机是由繁荣造成的不平衡状态的结果，这三个阶段反复出现就形成了周期现象。

（3）中长周期。长度为15~25年，是由美国经济学家西蒙·库兹涅茨提出的，一般认为，这种周期是由建筑投资的循环变动引起的，故也称其为"建筑周期"。

（4）长周期。长度为45~60年，是由苏联经济学家康德拉季耶夫提出的，称为"康德拉季耶夫周期"。对这种长周期形成原因的解释有很多种，如人口的增加、地理上的新发现、新资源的开发、战争等，但技术进步和革新可能是产生长周期的主要原因。

熊彼特认为每一个长周期包括六个中周期，每个中周期包括三个短周期。其中短周期为40个月，中周期为9~10年，长周期为50~60年，并以创新为标志，将第二次世界大战以前的200年划分为三个长周期。

4. 经济周期理论回顾

在第二次世界大战前，西方学者提出的经济周期理论主要包括纯货币理论、投资过度理论、创新理论、消费不足理论、心理周期理论及太阳黑子理论；而在第二次世界大战后，经济周期理论主要包括货币主义经济周期理论、乘数—加速数模型、政治周期理论、建立在信息障碍条件下的货币周期模型及实际经济周期理论。

（1）纯货币理论。该理论认为，经济周期是一种货币现象，其他非货币因素只会引起局部的萧条，只有货币因素才能引起普遍萧条。经济周期性的波动完全是由于银行体系交替地扩大和信用紧缩造成的。在发达的资本主义社会中，流通工具主要是银行信用，商人运用的资本主要来自银行信用。当银行降低利率时，信用扩大，商人从银行贷款的数量增加，进而增加向生产者订货，进一步引起生产的扩张和收入的增加，而收入的增加又引起对商品需求的增加及物价上升，经济活动扩大，经济进入繁荣阶段。反之，受制于银行信用扩张能力，当银行紧缩信用时，则会引起经济萧条。在经济萧条时，资金逐渐回笼到银行，银行又可以通过某些途径扩大信用时，便促进了经济复苏。

（2）投资过度理论。该理论是一种用生产资料的投资过多来解释经济周期的理论。该理论认为，无论是什么原因引起了投资的增加，这种增加都会引起经济繁荣。这种繁荣首先表现在对投入品需求的增加及投入品价格上升上。这就刺激了对投入品的进一步投资。投入品的生产过度引起消费品生产减少，从而形成经济结构的失衡。而投入品生产过多必将引起投入品过剩，于是出现生产过剩危机，经济进入萧条时期。

（3）创新理论。熊彼特提出用创新理论来解释经济周期变化，把经济周期看作是各种发明和创造带来的。熊彼特把创新定义为引进新产品、采用新技术和新方法、开辟新市场和实行新的生产组织形式，企业是创新的主体。熊彼特认为，创新在时间上是不均匀的，在一个时期创新很多、日新月异，而在另一个时期，又沉寂萧条、平淡无奇。技术革新和发明有它的高潮和低潮，因而导致经济上升和下降，形成经济周期。

（4）消费不足理论。这种理论的代表人物主要包括英国经济学家马尔萨斯和J·霍布森、法国经济学家西斯蒙第等。该理论认为，经济中出现萧条与危机是因为社会对消费品的需求赶不上消费品的增长，而消费品需求不足又引起了对资本需求的不足，进而整个社会出现生产过剩危机。当然，该理论主要用于解释经济周期中危机阶段的出现及生产过剩的原因，并没有形成解释经济周期整个过程的理论。

（5）心理周期理论。心理周期理论认为，经济周期性波动的原因在于公众心理反应的周期变化。人们的心理和情绪的变化表现为乐观和悲观的交替：一段时期内，人们的心情很好，对未来充满了乐观的预期，这时，投资和生产就要增加，经济走向繁荣；而在另一段时期内，人们的心情不是很好，对未来悲观失望，这时，投资和生产都是下降的，经济走向衰退。心理周期理论就是这样运用人们心理上的乐观预期和悲观预期的交替，来说明经济繁荣和萧条的交替。

（6）太阳黑子理论。这种理论用太阳黑子活动解释经济周期。该理论认为，太阳黑子的活动对农业生产影响很大，而农业生产状况又会影响工业及整个经济。太阳黑子的周期性活动，决定了经济的周期性。因此，这种理论属于典型的外生经济周期理论。

（7）货币主义经济周期理论。以弗里德曼为代表的货币主义（或者货币学派）将经济周期归因于货币和信贷的扩张和收缩。该理论认为货币是影响总需求最基本的要素。例如，1981—1982年美联储为对付通货膨胀而将名义利率提高到18%，就引发过经济衰退。

（8）乘数—加速数模型。其代表人物是萨缪尔森。该模型说明乘数和加速数的相互作用如何导致总需求发生有规律的周期性波动。

（9）政治周期理论。代表人物是诺德豪斯。该理论将经济波动归因为政治家为重新当选而对财政政策和货币政策的操纵。

（10）建立在信息障碍条件下的货币周期模型。代表人物是卢卡斯。该理论的观点是，对价格和工资变动的错觉使人们提供的劳动或者过多或者过少，从而导致产出和就业的周期性波动。

（11）实际经济周期理论。代表人物是普雷斯科特。该理论认为，经济周期主要是由于总供给冲击造成的，某一部门的创新或技术的变动所带来的影响会在经济中传播，进而引起经济的波动。

综观以上所有经济周期理论，西方学者关于经济周期根源的论述可划分为两类，即外生经济周期理论和内生经济周期理论。外生经济周期理论是在经济体系之外的某些要素的波动中寻找经济周期的根源，如战争、革命、选举、石油价格、发现金矿、移民、科学突破和技术创新，甚至太阳黑子和天气等。内生经济周期理论则在经济体系内部寻找经济周期的机制和原因。这种理论认为，任何一次扩张都孕育着新的衰退和收缩，任何一次收缩也都包含着可能的复苏和扩张。

5. 乘数—加速数模型

（1）乘数—加速原理相互作用理论概述。乘数—加速原理相互作用理论是把投资水平和国民收入变化率联系起来解释国民收入周期性波动的一种理论，是最具影响的内生经济周期理论。乘数—加速原理相互作用理论是凯恩斯主义者提出的。凯恩斯主义者认为引起经济周期性波动的因素是总需求，在总需求中起决定作用的是投资。这种理论正是把乘数原理和加速原理结合起来说明投资如何自发地引起经济周期性波动。经济学家认为，经济中会发生周期性波动的根源正在于乘数原理与加速原理的相互作用。具体来说，乘数—加速原理所说明的是：

第一，在经济中，投资、国内生产总值、消费相互影响，相互调节。如果政府支出为既定的（即政府不干预经济），只靠经济本身的力量自发调节，那么，就会形成经济周期。经济周期中各阶段的出现，正是乘数原理与加速原理相互作用的结果。而在这种自发调节中，投资是关键的，经济周期性波动主要是投资引起的。

第二，乘数原理与加速原理相互作用引起经济周期性波动的具体过程是，投资增加通过乘数效应引起国内生产总值的更大增加，国内生产总值的更大增加又通过加速效应引起投资的更大增加，这样，经济就会出现繁荣。然而，国内生产总值达到一定水平后由于社会需求与资源的限制无法再增加，这时就会由于加速原理的作用使投资减少，投资的减少又会由于乘数原理的作用使国内生产总值继续减少。这两者共同作用使经济进入衰退期。衰退持续一定时期后由于固定资产更新，即大规模的机器设备更新又使投资增加，国内生产总值再增加，经济从而进入另一次繁荣。正是由于乘数原理与加速原理的共同作用，经济中形成了由繁荣到衰退，又由衰退到繁荣的周期性波动。

第三，政府可以通过干预经济的政策来减轻甚至消除经济周期性波动。乘数—加速原理表明国内生产总值的变化会通过加速数对投资产生加速作用，而投资的变化又会通过投资乘数使国内生产总值成倍变化，加速数和投资乘数的这种交织作用便导致国内生产总值周而复始地上下波动。

(2) 加速原理。自发投资的增加将使国民收入增加,并且国民收入增加量 ΔY 是自发投资增加量 ΔI 的一个倍数 m($m = \Delta Y/\Delta I$),这个倍数 m 叫作投资乘数。在没有闲置生产能力的情况下,国民收入的增加必然会提高有效需求,引起资本存量增加,并且资本存量的增加量 ΔK 是国民收入增加量 ΔY 的一个倍数 α($\alpha = \Delta K/\Delta Y$),这个倍数就叫作加速数。一般来说,在资本存量 K 与总产出 Y 之间存在一定的比率,这个比率就叫作资本 – 产量比,即 σ ($\sigma = K/Y$),通常假设这个比率在一定时间内保持不变。显然,在这个假定下,加速数 α 就等于资本 – 产量比 σ,即

$$\alpha = \Delta K/\Delta Y = K/Y = \sigma$$

为方便计算,设折旧率为零,则有

$$I_t = \Delta K_t = K_t - K_{t-1}$$

进而有

$$I_t = K_t - K_{t-1} = \sigma Y_t - \sigma Y_{t-1}$$

这表明,t 时期的投资额取决于产量的变动,当 $Y_t > Y_{t-1}$ 时,$I_t > 0$;当 $Y_t < Y_{t-1}$ 时,$I_t < 0$。I_t 的大小取决于 ΔY 与 σ。考虑到资本是存量而产量是流量,所以一般情况下,$\sigma > 1$。因此,净投资或资本存量变动快于产量变动。当产量增加时,资本存量的增加大于产量的增加,当产量减少时,资本存量的减少大于产量的减少;这就是加速的含义。为什么将收入或产量变动引起投资变动的理论称为加速原理呢?因为收入增加必定引起消费增加,而消费增加必定引起消费品生产的增加,为了增加产量,就要求扩大生产能力,因而引起投资增加。反之引起投资减少。一句话,收入增减会引起投资增减,不仅如此,收入的增减必定会引起投资以更大的幅度增减,或者说加速增减。

(3) 乘数—加速数模型的推导。萨缪尔森从最简单的国民收入运动方程 $Y = C + I + G$ 出发,运用乘数原理和加速原理,给出了经济运行动态方程

$$\begin{cases} Y_t = C_t + I_t + G_t \\ C_t = \overline{C} + cY_{t-1} \\ I_t = \overline{I} + (\alpha/c)(C_t - C_{t-1}) \end{cases} \quad t = 1, 2, 3, \cdots$$

式中:$c = 1 - 1/m$ 为边际消费倾向;C_t 为时期 t 的消费;I_t 为时期 t 的投资(净额);G_t 为时期 t 的政府支出;Y_t 为时期 t 的总收入;$\overline{C}$ 为自发消费;$\overline{I}$ 为自发投资。注意,c 表示收入增加 1 单位所引起的消费增加量,$C_t - C_{t-1}$ 为消费增加的总量,可见,$(C_t - C_{t-1})/c$ 就是收入的增加额,即 $(C_t - C_{t-1})/c = Y_{t-1} - Y_{t-2}$,从而时期 t 的投资 $I_t = \overline{I} + \alpha(Y_{t-1} - Y_{t-2})$,这正是国民收入增加对投资的加速作用。由萨缪尔森提出的如上方程可得

$$Y_t = cY_{t-1} + \alpha(Y_{t-1} - Y_{t-2}) + \overline{C} + \overline{I} + G_t$$

整理后得

$$Y_t = (c + \alpha)Y_{t-1} - \alpha Y_{t-2} + \overline{C} + \overline{I} + G_t$$

这里,政府支出 G_t 完全由政府自己决定,因而可视为经济的外生变量。为了简单起见,可假定政府支出 G_t 是常数,不随时间变化:

$$G_t = \overline{G} \quad (t = 0, 1, 2, \cdots)$$

于是，国民收入的运动方程可以写成

$$Y_t = (c + \alpha) Y_{t-1} - \alpha Y_{t-2} + \overline{C} + \overline{I} + \overline{G}$$

或者写成

$$Y_t - (c + \alpha) Y_{t-1} + \alpha Y_{t-2} = \overline{C} + \overline{I} + \overline{G}$$

这是关于 Y 的二阶差分方程，也就是所谓的乘数—加速数模型。

6. 实际经济周期理论

从 20 世纪 80 年代开始，一批经济学家开始转向实际因素，试图用实际因素去解释经济周期性波动的根源，由此诞生了构成新古典宏观经济学核心的实际经济周期（Real Business Cycle，RBC）理论。其中，2004 年诺贝尔经济学奖获得者基德兰德和普雷斯科特于 1982 年通过构建动态随机一般均衡模型来研究技术冲击对经济周期性波动的影响，把经济波动的原因归结为经济受到的随机冲击（如石油危机、自然灾害、战争、人口增长、技术创新等），冲击的随机性使得经济的长期增长路径表现出了随机跳跃性：若受到正向冲击，则经济就要在更高的起点上增长；若受到反向冲击，则经济增长就要出现滑坡。该理论指出，经济受到的冲击有时是局部性的，有时是全局性的，但不论是局部性的还是全局性的，都将引起经济波动；而连续性的单向冲击或者一次性的重大冲击，会引起经济持续波动。在冲击的影响过后，经济又将恢复到稳定增长道路上去。

(1) 经济波动的根源。经济周期性波动的根源是实际因素，其中特别值得注意的是技术冲击。技术冲击具有随机性质，它使产出的长期增长路径也呈现出随机的跳跃性：当出现技术进步时，经济就在更高的起点增长；当出现技术退步时，经济将出现衰退。当技术冲击最初发生在某一个部门时，由于社会生产各部门之间存在密切的联系，它会引起整个宏观经济的波动。

(2) 基本理论。在人口和劳动力固定的情况下，一个经济中生产的实际收入便取决于技术和资本存量，从而总量生产函数可以表示为

$$y = zf(K)$$

式中：y 为实际收入；K 为资本存量；z 为技术状况。于是生产中的技术变动便反映在 z 发生的变化上，z 的变动表现为生产函数的变动。假定资本折旧率为 δ，于是没有被折旧的资本存量为 $(1-\delta)K$，那么在所考察时期的期末，经济中可供利用资源为当期的产量加上没有折旧的资本存量，即

$$zf(K) + (1-\delta)K$$

实际经济周期理论假定经济中每个人都具有相同的偏好。这相当于经济中存在反映多数人利益的代表。该理论进一步假定，这个代表最好的做法是在整个生命期内均匀地消费。图 9-2 给出了生产函数和资源函数。图中，横轴 K 为资本存量；纵轴 J 表示这样几个变量，即实际收入、消费、下期的资本存量和投资。总资源函数为 $zf(K) + (1-\delta)K$。图中向右下方倾斜的直线为经济中的约束线（又称消费和资本积累可能线），它反映消费与积累的关系，当期可供消费的最大量为当期收入加上未折旧的资本量，如果这个量被消费掉，则下一期将没有资本存量。从图中可知约束线的斜率为 -1，因为下一期一单位额外资本存

量的增加正好来自当期一单位消费量的减少。约束线上的每一点可供经济社会选择。假定约束线上的 A 点代表经济的稳定状态,这时,下期资本存量为 K_0,投资为 I_0,消费为 C_0,实际收入为 y_0。如果资本存量 K_0 保持不变以及生产函数不发生变动,从而总资源曲线不发生变动,则消费、投资和实际收入将会重复下去。

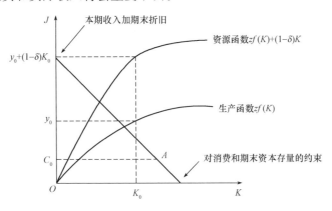

图 9-2　生产函数与资源函数

图 9-3 用来说明实际经济周期理论对宏观经济波动的解释:经济原有的稳定状态为图中的 A_1 点,现在假定由于技术进步,使 z 从 z_0 增加到 z_1,则生产函数和总资源函数向上移动。在资本存量 K_0 不变的情况下,产量增加到 y_1,总资源增加到 $y_1 + (1-\delta)K_0$,从而使下期的消费和资本积累相应地增加,这表现为约束线向右移动。如果新约束线上 A' 是被经济社会所选择之点,则资本存量增加到 K_1,消费上升到 C_1。

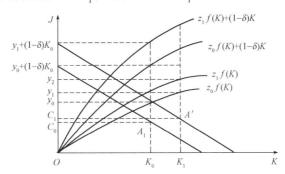

图 9-3　实际经济周期理论对宏观经济波动的解释

若没有进一步的技术变化,在 K_1 水平的资本存量之下,实际收入在下一个时期进一步增加到 y_2,相应地,经济的总资源也增加,在下一个时期,关于消费和资本存量的约束线又往右移动,这些进一步的变动在图中并没有表示出来,但可以想象,资源约束显得向外移动会在接下来的时期相继发生,但向外移动幅度会越来越小,经济会向新的稳定状态收敛。最终,资本存量、收入、消费和投资都将增加到各自新的稳态水平上。这种由于技术冲击所导致的收入变动的路径可用图 9-4 表示。

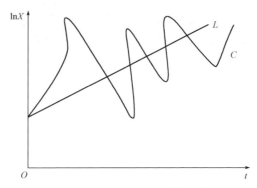

图 9-4 技术冲击所引起的收入变动

二、经典例题

1. 如何理解经济周期的内涵？

答案解析：经济周期是国民收入及经济活动的周期性波动。在理解这一含义时，应注意这样几点：第一，经济周期的中心是国民收入的波动。经济波动实质上是实际国内生产总值与潜在国内生产总值（经济长期增长趋势）之间的背离。这两者之间的背离程度越大，经济波动就越严重。第二，经济周期是经济中不可避免的经济现象。第三，虽然每次经济周期并不完全相同，但它们有共同点，即每个周期都是繁荣与萧条的交替。

2. 乘数原理和加速原理有什么区别和联系？

答案解析：乘数原理和加速原理是从不同角度说明投资与收入、消费之间的相互作用的。将其结合起来，才能全面地、准确地考察收入、消费与投资三者之间的关系，并从中找出经济依靠自身的因素发生周期性波动的原因。乘数原理说明投资的变动可以引起国民收入的加倍变动，加速原理表述了随着国民收入的变动，投资的加速增加的现象。两者结合起来可以解释在国民收入中，投资、消费和收入是相互影响、相互加速的，这就解释了经济中扩张与衰退的交替并形成经济周期的现象。乘数原理和加速原理不同的是，投资的乘数作用是投资的变动导致收入的数倍变动，而投资的加速作用则是收入或消费需求的变动导致投资的数倍变动。

★ 基础训练

一、名词解释

1. 经济周期
2. 基钦周期
3. 朱格拉周期
4. 乘数原理
5. 技术冲击

二、单项选择

1. 经济波动的周期分为四个阶段，依次为（　　）。

  A. 扩张、顶峰、衰退、谷底   B. 顶峰、衰退、谷底、扩张

  C. 谷底、扩张、顶峰、衰退   D. 以上各项都不对

2. 经济周期的中心是（ ）。
   A. 价格波动　　　　B. 国民收入波动　　C. 利率波动　　　　D. 就业率波动
3. 当某一社会经济处于经济周期的扩张阶段时，（ ）。
   A. 经济的生产能力超过它的需求　　　B. 总需求逐渐增长，但没有超过总供给
   C. 存货的增加与需求的减少相关　　　D. 总需求超过总供给
4. 根据现代关于经济周期的定义，经济周期是指（ ）。
   A. GDP 上升和下降的交替过程
   B. 人均 GDP 上升和下降的过程
   C. GDP 增长率上升和下降的交替过程
   D. 以上各项都不对
5. 康德拉季耶夫周期是一种（ ）。
   A. 短周期　　　　　B. 中周期　　　　　C. 长周期　　　　　D. 不能确定
6. 8~10 年一次的经济周期被称为（ ）。
   A. 基钦周期　　　　　　　　　　　　B. 朱格拉周期
   C. 康德拉季耶夫周期　　　　　　　　D. 库兹涅茨周期
7. 下列关于经济波动的叙述中，正确的是（ ）。
   A. 经济波动在其衰退阶段是总需求和经济活动下降的时期，表现为 GDP 的下降
   B. 在一定时期内，经济波动是围绕着长期的经济增长趋势而上下波动的
   C. 乘数作用导致总产出的增加，加速作用导致总产出的减少，乘数和加速数的交织
      作用造成经济的周期性波动
   D. 如果政府不进行政策调控，经济波动将无限扩张与收缩
8. 导致经济周期性波动的投资主要是（ ）。
   A. 存货投资　　　B. 固定资产投资　　C. 意愿投资　　　D. 重置投资
9. 下述哪一项说法正确表达了加速原理？（ ）
   A. 投资的变动引起国民收入数倍变动
   B. 消费支出随着投资变动而数倍变动
   C. 投资的变动引起国民收入增长率数倍变动
   D. 消费需求的变动引起投资的数倍变动
10. 加速原理发生作用的条件是（ ）。
    A. 国民收入或消费支出持续增长时　　B. 经济活动由衰退转向扩张时
    C. 社会上没有剩余生产能力时　　　　D. 任何时候均可

三、分析说明

1. 对经济波动的根源有哪些不同的解释？关于经济波动性质的观点和关于政府作用的观点之间有什么关系？
2. 举例说明什么是乘数—加速数模型。

四、计算

1. 如果某国经济中连续 5 年的国民收入分别是 $Y_t = 1\,000$ 亿元，$Y_{t+1} = 1\,200$ 亿元，

$Y_{t+2} = 1\,600$ 亿元，$Y_{t+3} = 1\,600$ 亿元，$Y_{t+4} = 1\,500$ 亿元，t 年的净投资额 I_t 为 400 亿元，当年的国民收入比上年增加了 200 亿元，求 $t+1$ 年到 $t+4$ 年该国的净投资额分别为多少。

2. 如果某国经济中 t 年的国民收入 Y_t 是 $1\,000$ 亿元，资本－产量比率 V 为 2，重置投资 D_t 为每年 200 亿元，年初资本存量 K_0 为 $1\,800$ 亿元，以后三年的国民收入分别为 $1\,120$ 亿元、$1\,180$ 亿元及 $1\,150$ 亿元，分别计算连续四年的净投资 I 及总投资 G。

3. 假定某国经济的边际消费倾向 $b = 0.75$，资本－产量比率 $V = 2$，每期自发投资 $I_d = 900$ 亿美元，1992 年国民收入水平为 $6\,000$ 亿美元，比 1991 年增加 400 亿美元，求 1993 年和 1994 年的总投资和国民收入水平分别是多少。

五、答案解析

（一）名词解释

1. 经济周期一般是指经济活动沿着经济发展的总体趋势所经历的有规律的扩张和收缩，是国民总产出、总收入和总就业的波动，是国民收入或总体经济活动扩张与紧缩的交替或周期性波动变化。

2. 主要由企业库存投资的变动而产生的经济周期叫基钦周期。

3. 经济社会不断面临的三个连续阶段是繁荣、危机和清算，三个阶段反复出现形成的周期现象叫作朱格拉周期。

4. 乘数原理是指投资增加，通过乘数效应引起国内生产总值的更大增加，国内生产总值的更大增加又通过加速效应引起投资的更大增加，以此来增加经济繁荣度。

5. 在一般市场上，由于技术进步等原因导致的经济波动叫作技术冲击。

（二）单项选择

1. C　2. B　3. B　4. C　5. C　6. B　7. B　8. B　9. D　10. C

（三）分析说明

1. 对经济波动主要有四种不同解释：

（1）传统的经济周期理论认为经济中存在引起其波动的内生力量，即波动的根源是内生的，因而经济的上升和下降在很大程度上可被预测，从而政府的政策在减轻这种波动方面可以起作用。乘数—加速数模型即这种传统的理论。

（2）实际经济周期理论认为波动是对经济的外在冲击的结果，这种冲击是随机的和未预期到的，如某种重要的投入（如石油）的价格变动，自然灾害以及特别是技术的冲击（如新发明）。这些冲击来自经济外部，是外生事件，因而都在政策制定者的控制之外，经济（市场）可有效率地适应这些冲击。

（3）货币主义和新古典主义把波动归纳为政府的错误导向（特别是货币政策）的结果。例如，在短期内，货币当局用人们预期不到的方法变动货币供给量时，价格和产出就会发生波动。因此，对于波动，政府不能解决问题，反而制造问题，政府干预引发了经济的波动，扰乱了市场经济的正常运行。

（4）新凯恩斯主义者认为经济波动由于经济内部和外部的各种原因引起，现代经济的内在特征扩大了一些这样的波动，并使其持续存在。就是说，波动起因于对总需求和总供给两方面的冲击，外在冲击的影响由于经济结构而被扩大并且被延长，这种波动靠市场经济本身不能迅速得到调整，尤其在衰退时更是如此，需要也能够利用政府政策来刺激经济。

2. 用乘数原理和加速原理结合起来说明经济波动的理论就称作乘数—加速数模型。例如，假定经济期初处于衰退期但产出开始增加，这种增加假定是由于增加 100 亿美元投资而启动，若乘数为 2.5，那么国民收入增加 250 亿美元。由于销售增加 250 亿美元，厂商需要增加资本品即新的生产能力。如果加速数是 2，即多生产 1 美元产品要增加 2 美元资本品，则销售额增加 250 亿美元需要增加投资 500 亿美元。增加 500 亿美元投资，通过乘数效应，产出增加 1 250 亿美元，于是厂商再增加投资 2 500 亿美元，使产出又增加 5 000 亿美元。这一扩张过程会受到可用资源的限制，使扩张减缓或停止。相反的过程即经济收缩便开始，加速的衰退到一定限度又会停止，转而逐步扩张，经济便如此反复波动。

(四) 计算

1. 根据加速原理，收入变动对净投资的影响可以用资本–产量比率 V 来表示。则

$$V = \frac{I}{\Delta Y}$$

由题意可知，t 年的收入变动 $\Delta Y_t = 200$ 亿元，$I_t = 400$ 亿元。则

$$V = \frac{I_t}{\Delta Y_t} = \frac{400}{200} = 2$$

由于加速系数取决于该国生产的技术条件，在一定时期中保持稳定。则可知

$$I_{t+1} = V(Y_{t+1} - Y_t) = 2 \times (1\,200 - 1\,000) = 400 \text{（亿元）}$$
$$I_{t+2} = V(Y_{t+2} - Y_{t+1}) = 2 \times (1\,600 - 1\,200) = 800 \text{（亿元）}$$
$$I_{t+3} = V(Y_{t+3} - Y_{t+2}) = 2 \times (1\,600 - 1\,600) = 0 \text{（亿元）}$$
$$I_{t+4} = V(Y_{t+4} - Y_{t+3}) = 2 \times (1\,500 - 1\,600) = -200 \text{（亿元）}$$

由此可见，在一定时期中，净投资随收入的增加而增加，随收入的减少而减少。

2. 由题意可知，第 t 年的国民收入 $Y_t = 1\,000$ 亿元，资本–产量比率 $V = 2$。则根据加速原理，在此生产技术条件下，取得 1 000 亿元国民收入需要使用的资本数量为

$$K_t = V \times Y_t = 2 \times 1\,000 = 2\,000 \text{（亿元）}$$

又因为 t 年年初的资本存量 $K_0 = 1\,800$ 亿元，则当年新增资本存量 ΔK（即净投资 I_t）为

$$I_t = K_t - K_0 = 2\,000 - 1\,800 = 200 \text{（亿元）}$$

而总投资 $G_t = D_t + I_t = 200 + 200 = 400$（亿元）

以此类推，第 $t+1$ 年：

$$K_{t+1} = V \times Y_{t+1} = 2 \times 1\,120 = 2\,240 \text{（亿元）}$$

而 $K_t = 2\,000$ 亿元，因此，

$$\Delta K_{t+1} = I_{t+1} = 2\,240 - 2\,000 = 240 \text{（亿元）}$$
$$G_{t+1} = D_{t+1} + I_{t+1} = 200 + 240 = 440 \text{（亿元）}$$

第 $t+2$ 年：

$$K_{t+2} = V \times Y_{t+2} = 2 \times 1\,180 = 2\,360 \text{（亿元）}$$

而 $K_{t+1} = 2\,240$ 亿元，因此，

$$\Delta K_{t+2} = I_{t+2} = K_{t+2} - K_{t+1} = 2\,360 - 2\,240 = 120 \text{（亿元）}$$
$$G_{t+2} = D_{t+2} + I_{t+2} = 200 + 120 = 320 \text{（亿元）}$$

第 $t+3$ 年：

$$K_{t+3} = V \times Y_{t+3} = 2 \times 1\,150 = 2\,300\,（亿元）$$

而 $K_{t+2} = 2\,360$ 亿元，因此，

$$\Delta K_{t+3} = I_{t+3} = K_{t+3} - K_{t+2} = 2\,300 - 2\,360 = -60\,（亿元）$$
$$G_{t+3} = D_{t+3} + I_{t+3} = 200 + (-60) = 140\,（亿元）$$

由此可见，净投资构成各时期的新增资本存量，并且随着总产出的增加而增加，随着总产出的减少而减少，总投资也随之相应变动。

3. 由题意可知，1991 年的国民收入水平为

$$Y_{91} = Y_{92} - \Delta Y_{92} = 6\,000 - 400 = 5\,600\,（亿美元）$$

则

$$C_{92} = b \times Y_{91} = 0.75 \times 5\,600 = 4\,200\,（亿美元）$$
$$C_{93} = b \times Y_{92} = 0.75 \times 6\,000 = 4\,500\,（亿美元）$$

根据加速原理，1993 年的引致投资为

$$\begin{aligned} I_{i93} &= V \times (C_{93} - C_{92}) \\ &= 2 \times (4\,500 - 4\,200) \\ &= 600\,（亿美元）\end{aligned}$$

则 1993 年的总投资为

$$I_{93} = I_d + I_{i93} = 900 + 600 = 1\,500\,（亿美元）$$

1993 年的国民收入水平为

$$Y_{93} = C_{93} + I_{93} = 4\,500 + 1\,500 = 6\,000\,（亿美元）$$

同理

$$C_{94} = b \times Y_{93} = 0.75 \times 6\,000 = 4\,500\,（亿美元）$$
$$\Delta C_{94} = C_{94} - C_{93} = 0$$

则

$$I_{i94} = V \times \Delta C_{94} = 0$$
$$I_{94} = I_d = 900\,（亿美元）$$
$$Y_{94} = C_{94} + I_{94} = 5\,400\,（亿美元）$$

★ 知识拓展

请结合案例 1 和案例 2，进一步理解经济周期与宏观经济政策选择。

案例 1：变化中的世界经济与秩序重建

2007 年始发于美国，而后席卷全球的金融危机不仅对世界经济的稳定发展产生冲击，更从本质上挑战了由美国为首的发达国家主导世界经济地理形态及功能性关系的既有格局。金融危机后，世界经济的动力源从虚拟刺激转向实体支撑、世界经济的增长极从发达国家转向新兴经济体、南北经济关系从单向支配转向双向依赖、美日欧大三角格局趋于瓦解、多边体制出现碎片化和停滞化倾向，上述变化对未来世界经济秩序重建的三大影响，即世界经济治理结构将从非对称结构向南北共治的平衡结构过渡、南北对话形式将从传统单一渠道向多渠道过渡、世界经济秩序的改革方向将从体制内改革向新体制建设过渡。

（资料来源：金芳．变化中的世界经济与秩序重建［J］．社会科学家，2011（6）：13-17.）

案例 2：抓住经济周期，更好进行理财

在不同的阶段有不同的投资热点可以关注，如果说我们知道现在处在什么阶段上那是不是就知道了哪种投资方式是最好的呢？答案显而易见，那么摆在我们面前的就是明晰从现阶段来讲我们究竟处在经济周期的哪个阶段上。接下来我们按时间做一个经济周期的阶段划分：

第一阶段，从 2008 年 7 月到 2009 年 7 月，大宗商品价格以大豆为首开始自高点回落，随后受到美国"金融危机"的影响有色金属和化工品价格出现大幅回落，随后在 2009 年包括中国、美国等国家在内都推出了相应的"量化宽松"政策来救市，从而导致经济迅速从低谷拉升回来。那么我们把这个阶段定性为"衰退—复苏阶段"。

第二阶段，从 2009 年 7 月到 2010 年 7 月，这时候经济出现疯狂的上行走势，伴随而来的是包括房价、菜价、大宗商品在内的所有商品价格的暴涨，经济走势上丝毫看不到曾经出现经济衰退的迹象。这个阶段我们把它叫作"复苏—过热阶段"。

第三个阶段，从 2010 年 7 月到 2011 年 7 月，为了控制不断升温的经济和 CPI，国家不断出台政策，通过限购来压制房地产市场的过热情况，再通过不断加息和提高存款准备金率的方式来降低 CPI 的增长，但是随之而来的，因为贷款难而导致中小企业的融资出现了问题，伴随问题持续发生了温州一些企业为了逃避高息融资而跑路的情况。这个阶段我们把它定性为"过热—滞涨阶段"。

那么还剩下一个阶段是没有走完的，权且我们按照前三个阶段的一年周期把它界定为 2011 年 7 月到 2012 年 7 月，按照经济周期的规律这个阶段被定性为"滞涨—衰退阶段"。在这样的阶段里必然伴随大宗商品价格的快速回落，但是如何确定经济周期进入了衰退阶段呢？这同样有一个标准，那就是在经过连续的加息阶段之后，再次出现降息的时候就标志着经济周期已经进入完全的"衰退阶段"。就在 2011 年 12 月 4 日，中国政府将银行的存款准备金率下调了 50 基点，这在近三年来也是首次调降存款准备金率，从时间来看距离 2012 年 7 月尚有时日，那么也就是说不管你信不信经济衰退已经向我们袭来。

通过以上分析，对于投资者来讲，你只要知道当下所处的经济周期阶段也就等于抓住了投资的"脉络"，而这恰恰是诸多投资者为什么在投资当中既不缺少方法也不缺少资金却最终落得"大败亏输"的结果。

（资料来源：http：//money.hexun.com/2012-05-03/141043877.html.）

★名校考研真题解析

一、名校考研真题

1. （吉林大学 2001 研）简述网络经济条件下经济周期性波动变化。
2. （中南大学 2007 研）评述乘数和加速原理相互作用模型。
3. （华中科技大学 2004 研）乘数—加速原理是如何解释经济周期的？
4. （西南大学 2010 研）简述政府如何采取措施对经济波动实行控制。
5. （暨南大学 2009 研）试述西方几种具有代表性的货币作用机制观，并提出对我国就业问题对策的思考。

二、真题解析

1. 经济周期是指以实际国内生产总值衡量的经济活动总水平的波动。传统的经济理论将经济周期划分为萧条、复苏、繁荣、衰退四个阶段，基本上客观地反映了工业社会资本主义经济周期性波动的规律。但是，在网络经济条件下，经济的周期性波动出现了新的变化。

（1）传统的物质生产部门在整个国民经济中的比重日渐缩小，信息产业尤其是以知识、智能为基础的信息服务业大幅度增长，使得传统产业的衰退与高涨对整个国民经济的周期性波动的影响力在减弱。在欧美等发达国家，传统工业只占整个国民经济的20%左右，比起工业革命时期的50%以上，它对经济增长的影响显然是大大下降了。传统的、由工业的兴衰决定的经济周期性波动必然要发生重大变化。

（2）迅速发展起来的、在国民经济中占主导地位的第三产业的周期性波动将会对经济增长周期性波动特点产生决定性影响。第三产业的周期性波动将不取决于固定资本的更新，而取决于新技术、新知识及其获取方式的创新。在当今的信息网络化时代，新技术、新知识及其获取方式的创新速度，要远远快于传统工业技术革新的速度。如电话、电报、纸版图书、校园教育、计算机、电视、录像机，计算机与通信结合的信息处理与传输网络、光纤通信、多媒体计算机、卫星通信、信息高速公路、全球通信和数据传输网等新技术的更新与进步，导致新行业、新市场、新需求不断涌现，成为决定经济持续增长的重要推动力。

（3）高新技术融入传统工业领域，如计算机集成综合自动化系统在工业中的广泛应用使物质生产部门的固定资产更新方式和周期发生变化。传统的大机器生产线适应大批量、少品种的生产。当生产规模扩大到市场所不能容纳的地步时，就必须更新技术、更新设备、生产新产品，以适应新的需要。因此，大规模的固定资产更新就成为经济由危机、萧条走向复苏、高涨的起点。在计算机控制下的集成综合自动化系统是一种"柔性"系统，或称"弹性"系统。它在满足市场需求变化时具有及时适应性，可以进行小批量、多品种生产制造。它的寿命主要由计算机软件决定。设备的改造更新，往往是新的计算机软件程序的设计和改进所致。这样，机器设备的更新，更大程度上将取决于其自然寿命，而不是社会寿命。这就是说，计算机软件的不断更新，将使固定资产的寿命延长，从而减缓由于固定资产更新所引发的周期性波动。

（4）高技术的突飞猛进和科学—技术—生产一体化的发展是从科学发现到相关技术的创新，再到新产品生产的周期发生变化。有资料表明，从科学发现和技术发明到投产所需时间在逐渐缩短，至今已出现一体化趋势。另外，一些企业本身已经成为大型的科学—技术—生产一体化的综合性实体，如美国电话电报公司，许多信息技术的重大发明皆出自该公司，同时该公司又是美国最大的电话公司。

（5）在网络经济时代，信息作为调节资源优化配置的"第二只看不见的手"，补充了市场价格机制失灵的空缺，使经济运行趋于平稳。例如，美英两国，在20世纪80年代，库存对销售的比率是17%，现在仅为8%。信息的调节作用，不仅使生产更加符合市场的需要，而且使"市场出清"的速度大为提高。信息传输网以至信息高速公路的建成，对于商品流通、货币流通以及劳动力的流动方式均会带来积极影响，使生产者、消费者的时空观念发生相应变化，也使经济增长速度的周期性波动过程变化。从理论上讲，由于信息要素在生产过程中的地位日益重要,信息量的增大,信息传输速度的加快,必然使经济发展过程中各个环节、各产业部门之间的不平衡幅度缩小,使经济增长升幅、跌幅落差缩小。从实践的发展上看,欧美发达国家信息技术的进步,包括对传统产业的改造,以及信息服务业壮大,正以人们难以预料的方式和速度向前发展。这些国家的经济已经开始迈入知识经济和信息网络化时代,经济结构和经济运行方式都已发生了重大变化,那种工业时代的大起大落的经济周期性波动,即将成为历史。

2. 乘数与加速原理相互作用模型又称"汉森-萨缪尔森模型",是说明乘数与加速原理结合而产生的经济周期性波动的数学模型。

投资乘数原理用来说明投资的变动将如何引起收入的变动。加速原理说明收入的变动将如何引起投资的变动。西方经济学家认为,凯恩斯只注意到了乘数的作用,而未注意加速系数的作用,这是不全面的,只有把两者结合起来,才能说明收入、消费与投资之间的关系。因此,他们主张把乘数与加速原理的作用结合起来进行考察,美国经济学家汉森和萨缪尔森建立了这一模型。其内容如下。

设边际消费倾向为 c,加速系数为 a,本期收入为 Y_t,上一期收入为 Y_{t-1},本期消费为 C_t,上一期消费为 C_{t-1},本期消费由上一期收入与边际消费倾向决定,自发投资为 I_0,引致投资为 I_i,本期投资为

$$I_t = I_0 + I_i = I_0 + a(C_t - C_{t-1})$$

所以,在乘数与加速原理结合的模型中,其基本公式为

$$C_t = cY_{t-1}$$
$$I_t = I_0 + I_i = I_0 + a(C_t - C_{t-1})$$
$$Y_t = C_t + I_t = cY_{t-1} + [I_0 + a(C_t - C_{t-1})]$$

根据上述模型,可以得出两点结论:

(1) 在国民收入中,投资、消费和收入是相互影响、互相加速的。如果自发投资是一个固定的量,依靠经济本身的调整,就会自发形成经济的周期性波动。经济的扩张与衰退正是乘数与加速原理相互作用而决定的。

(2) 为了减少经济的周期性波动,实现经济的长期稳定增长,政府有必要对宏观经济进行干预。干预的办法可有多种选择,如影响私人投资,或影响劳动生产率的提高,或影响人们的消费在收入增量中的比例等。

乘数和加速原理相互作用模型,是凯恩斯主义者解释经济周期的主要理论,这一模型可以部分地解释西方经济出现周期性波动的原因。因为在社会经济活动中,投资的变动能引起国民收入的变动,而国民收入的变动又会引起投资的变动。前者是投资乘数的作用,后者是加速原理的作用,乘数与加速原理的相互作用是客观存在的,对经济周期的变动也确实起一定作用。

3. 乘数—加速原理是新古典综合派综合了凯恩斯的乘数原理和西方经济学的加速原理来解释经济周期性波动的一个重要理论。

(1) 乘数原理。凯恩斯系统地阐述了乘数原理。乘数原理的主要含义是:在短期内,消费倾向是相对稳定的,不会发生大的变动。于是,凯恩斯把重点转移到投资方面,特别强调投资在就业量和收入变动中的作用。为了强调投资的作用,凯恩斯在边际消费倾向(b)

这个概念的基础上建立了乘数原理。即在一定的消费倾向下，新增加的投资可导致收入和就业的多倍增加，倍数的大小直接取决于边际消费倾向数值的大小。如果只考虑居民户和企业两个部门，则

$$Y = C + I$$

其中 $C = a + bY$，$I = I_0$，于是，

$$Y = a + bY + I_0$$

从中解出 $Y = (a + I_0) / (1 - b)$。当投资从 I_0 增加到 I_1 时，即

$$\Delta I = I_1 - I_0$$

则

$$\Delta Y = \Delta I / (1 - b)$$

从上式可以看出，边际消费倾向越高，投资乘数就越大；反之投资乘数则越小。凯恩斯通过乘数原理来说明增加投资对于减少失业、克服经济危机，以达到充分就业的重大作用。凯恩斯主义者利用这一原理来论证在私人投资不足时，增加政府开支和公共投资的必要性。并且认为，增加非生产性、浪费性的开支，也能导致一系列派生性就业量的增加。这样，乘数原理就成了实行赤字预算的理论依据。

(2) 加速原理。加速原理最早是由法国经济学家阿夫塔里昂在《生产过剩的周期性危机》(1913) 一书中提出的。美国经济学家 J·M·克拉克在1917年发表的《商业的加速和需求规律》一文中也提出了同样的理论。后来，哈罗德在1936年发表的《经济周期》一文中也把它作为决定经济周期性波动的三个动态因素之一。加速原理是一种关于投资决定因素的理论。它的内容是：社会所需要的资本存量，不管是存货还是设备，都主要取决于生产的水平；资本存量的增加，即净投资，只有在产出增长时才出现。结果，繁荣时期的结束并不是单纯由于销售量的下降，它还可以仅仅由销售量停留于高水平这一事实造成。加速原理可以用来补充乘数原理的不足。乘数原理只说明一定量新增投资如何引起收入和就业的变动，而没有说明收入（或消费）的变动如何反过来引起投资的变动。加速原理根据现代化机器大生产应用大量固定资本的技术特点，说明收入或消费的变动将引起投资量更剧烈的变动，而且认定这种"引致投资"的变动不取决于收入或消费变动的绝对量，而取决于收入或消费量变动的比率（增减百分率）。资本增量与收入增量（或产品增量）之比（$\Delta I / \Delta Y$）被称为加速系数。

投资有两种情况：一是新投资或净投资，主要取决于收入的变化，上面所讲的投资即指这种新投资；另一种是用来补偿资本设备消耗（折旧）的重置投资，主要取决于原有资本设备的数量、构成、使用年限等。实际上，这两种投资因素大多混杂在一起，难以严格区分。

所以，在研究投资变动时，必须同时考察收入变动引起的投资变动和补偿资本设备损耗引起的投资变动。由此得出一个重要结论：投资变动的幅度特别大，投资变动的剧烈程度往往大于消费需求的变动。而且在变动的时机上，投资一般不是在消费需求变动之后再变动，而经常是预先发生变动。因此，加速原理是造成经济不稳定的一个强有力的因素。当企业销售量上升或下降时，加速原理可以加强它们的波动：在经济活动上升时导致净正投资，在经济活动下降时造成净负投资。

根据这个原理,要想使投资保持继续增长,消费必须继续快速增长。如果消费不再以那么快的速度增长,或仅停留在原来的高水平上,那么净投资的增长会大大下降,甚至下降为零。由此可见,仅仅由于销售量停止快速增长,衰退也可以到来,虽然在这种情况下,销售量并没有绝对地下降,而不过只是停留在一个高额的水平。

(3) 乘数—加速原理。受汉森的启发,萨缪尔森于1939年发表了《乘数分析与加速原理的相互作用》一文,将乘数原理与加速原理结合在一起,提出了乘数—加速原理的动态经济模型,用以解释经济周期性波动的原因和波动的幅度。

假定在失业的情况下,产出重新开始增长,不断提高的产出通过加速数引致新的投资,新投资进一步通过乘数使产出增长。因此,产出增长率可以自行维持。在某一点,自行维持的复苏最终会碰到充分就业上限,碰到这个最高限度后,经济就从充分就业上限弹回到衰退。因为只要经济停止了它的迅速增长,加速数的作用便会减少支持繁荣的高额投资。就像飞机的速度减慢到一定的程度就会坠落一样,经济也会骤然下跌。

相同的乘数—加速分析可以说明衰退的最终结束和回升的开始。当产出骤然下跌时,加速原理要求负的投资。但是,对整个经济来说,用于工厂和设备的总投资不可能是负数,所以它为投资的跌落设置了下限。所以,萧条包含着自身复苏的源泉,一旦投资碰到下限,它必然停止下降,然后产出也必然停止下降。那么对于这一点,厂商可能需要某种更新投资,所以总投资再次上升,新的周期可能开始。

这就是乘数—加速原理所描绘的一个简单的经济周期模型。在其中,外部力量使周期开始运动,但是,运动一旦开始,内部的加速数和乘数的力量将使之维持下去。当经济周期被现代经济的其他现实因素(如存货、金融市场和通货膨胀)一一扩大时,乘数—加速机制可以解释现代商业周期的许多特点。

4. 西方经济学家认为,虽然在乘数与加速系数的相互作用下,经济会自发地形成周期性波动,但政府在这种经济波动面前仍可有所作为。政府可以根据对经济活动变化的预测采取预防性措施,对经济活动进行调节,以维持长期的经济稳定。而政府的措施主要通过以下三个环节来实现。

(1) 调节投资。经济波动是在政府支出及自发性投资不变的情况下发生的,如果政府及时变更政府支出或者采取影响私人投资的政策,就可以使经济的变动比较接近政府的意图,从而达到控制经济波动的目的。例如,在私人投资下降时,政府可以增加公共工程的投资,增加社会福利的转移支付,或采取减税、降低利率及银行储蓄率等措施鼓励私人投资,从而使总需求水平不致因私人投资的下降而降低,以保持经济稳定、持续增长。

(2) 影响加速系数。如果不考虑收益递减问题,加速系数与资本-产量比率是一致的。政府可以采取措施影响加速系数以影响投资的经济效果。例如,政府可采取适当的措施来提高劳动生产率,使同样的投资能够增加更多的产量,从而对收入的增长产生积极的作用。

(3) 影响边际消费倾向。政府可以通过适当的政策影响人们的消费在收入中的比例,从而影响下一期的收入。例如,当经济将要下降时,政府可以采取鼓励消费的政策,提高消费倾向,增加消费,从而增加私人投资,进而促进下期收入的增加。

5. 所谓货币是否中性,是指货币存量的变动最终是只影响名义价格与名义工资等名义变量，还是对实际产出、实际利率等实际变量也产生影响，这是货币政策选择的基本依据，也是宏观经济学领域一个长期争论的问题。在当前需求不足，就业压力日益凸显的形势下，分析西方几种具有代表性的货币作用机制观对正确选择货币政策、缓解就业压力具有重要的现实意义。

（1）西方几种具有代表性的货币作用机制观。

①熊彼特的非常信用理论。所谓非常信用，是指不以现实商品流通为基础，纯粹是创造流通工具的信用。熊彼特认为，经济发展的动力来自企业家对各种生产要素的新组合（即创新），这种新组合能提高生产效率，降低成本，增加产出，使经济步入繁荣。而企业家要实行要素新组合，就必须把要素从原来的用途中抽出，这就会产生企业家购买力不足的问题，这种新的购买力需求不可能通过出售前期生产的产品来获得，而只能来自非常信用。企业家先借入没有物资作担保的信用贷款，用于购入要素进行生产。这样，信用的供给就先于商品的生产，如果新组合后生产出来的商品价值大于企业家所借入的贷款，那么原先商品和货币的对应关系就得到恢复，物价也就回落到原来的水平。

熊彼特通过分析非常信用导致要素重新配置，来说明货币因素对经济的重大影响，即使在今天看也未过时。但货币的这种积极作用，须建立在银行能正确判断贷款项目的未来前景、贷款决策不存在大的失误基础上。而由于信息的不对称、市场的不确定性、人的有限理性以及由此造成的合同的不完备性，做到这点很难。另外，从货币超前投放到新的供给能力形成之间有一段时滞，在这段时间内，非常信用所超前投放的货币必然产生物价上涨的压力，这不能不使熊彼特的主张付诸实施，具有很大风险，其最终结果是难以把握的。

②内生—外生货币理论的货币作用观。内生货币与外生货币是美国经济学家 J·格利和 E·肖在 20 世纪 60 年代提出的一对概念，它为我们分析货币作用是否中性问题提供了一种思路。所谓内生货币，是指政府在购买私人部门发行的初级债券时所发行的货币，它是持有者（私人部门）对发行者（政府）的债权，但它同时与私人部门对政府的债务相抵消，因此内生货币对私人部门来说不是一种净资产。所谓外生货币，是指政府进行采购或支付时发行的货币。这里不考虑税收，政府没有任何收入，它要靠发行货币来进行购买或转移支付，因此外生货币是政府对私人部门的净债务，构成私人部门的净资产。这两种货币的最大区别在于币值的变化会不会引起财富在私人部门和政府之间的转移。因为币值与价格水平成反比，当价格上升时，外生货币的实际余额减少，财富从私人部门转移到政府部门，私人部门净财富的减少必然影响总需求函数，投资、消费由此减少，最终影响产出。对于内生货币来说，物价变动引起的私人部门资产价值的变化，正好被私人部门对政府负债价值的反向变化抵消，因此物价变化所引起的内生货币价值变化不会产生收入再分配效应，从而也就不会直接影响总需求和产出。

该理论认为，货币作用是非中性的，这种非中性有正负两种。要发挥其促进经济增长的作用，就要避免用诸如财政发行这种增加外生货币供应的办法，而要用增加内生货币的方法，即通过扩大企业债券的购买来扩大名义货币量。由于企业债券发行量的增加建立在再生产规模扩大的基础上，因此内生货币的增加也就意味着这种货币发行属于经济发行，具有物资担保。这一结论与我国长期坚持的稳定货币的经验可谓不谋而合。

③托宾货币增长论的货币作用观。传统的经济增长理论都是从资本、技术等实物因素方面研究经济增长，忽略了货币因素。后来，以托宾为代表的经济学家提出"货币增长论"，旨在弥补传统理论的不足，专门研究货币政策对经济增长的影响。托宾假设：a. 所有货币均以外生货币的形式存在；b. 货币收益取决于价格的变动；c. 不考虑货币发行成本；d. 社会财富由资本和实际现金余额两部分组成；e. 人们以实际现金余额形式持有一部分收入；f. 价格灵活可变。托宾关于货币非中性的观点实际上依存于他假设社会财富由资本和实际现金余额组成。这一假设与现实有较大差异。托宾效应是不确定的，它能否存在，在很大程度上取决于通货膨胀率的高低。

④凯恩斯主义的货币作用观。凯恩斯的货币作用理论建立在存在货币幻觉和工资刚性这两个假设的基础上。假定货币工资不变，当货币供应量增加，物价上升引起实际工资下降时，由于货币幻觉的存在，工人没有要求增加工资，而雇主则由于工人实际工资减少使成本得到下降、利润增加而增加对劳动力的雇用，就业由此增加。凯恩斯的理论遭到合理预期学派的抨击。合理预期学派的代表人物卢卡斯认为，只有未被预期到的价格水平变动才会影响总供给。而根据卢卡斯判据，公众的预期是理性的，不会犯系统性错误，即预期偏差的期望值等于零，则公众意料之外的货币价格冲击从长期来看不可能发生，因此实际产出对充分就业产出的偏差是暂时现象。

凯恩斯主义所主张的货币非中性论实际上隐含着这样一个假设前提，即有效需求不足，经济未达到充分就业水平。正是在这样一个前提下，货币作用的非中性才有存在的基础。否则，货币供给量的增加只会产生价格效应，而不会带来产出效应。

⑤货币主义的观点。货币主义认为，在货币供给增加之初，名义利率会下降，此即凯恩斯所指出的流动性效应；但随着利率下降的刺激，投资扩大，经乘数作用，收入增长，货币需求也增加，推动名义利率上升，此即价格效应；如果公众预期物价将继续上涨，则名义利率必须进一步提高才能保障债权人的利益不受通货膨胀的侵蚀，此即预期效应。综合三种效应的结果，实际利率最终还是回到原来水平，这意味着中央银行无法改变实际利率，试图通过货币扩张降低利率来刺激经济的政策，从长期来看是无效的。对菲利普斯曲线所揭示的通货膨胀与失业的替代关系，货币主义认为，只有在短期内通货膨胀率尚未被人们充分预期的情况下才成立，一旦人们从亲身经历的经验中预期到通货膨胀率的变动，原始菲利普斯曲线所显示的替代关系便无法维持，实际失业率则只能在与自然失业率吻合时才处于均衡状态。

⑥货币税模型的货币作用观。在现代信用货币制度下，货币（包括存款货币）是发行者对货币持有者的负债，也即货币持有者拥有的对发行银行的债权（净资产）。货币的易手，也就是银行债务的转移。政府可以利用信用货币的这种性质，通过货币的超量发行，来强制公众向它提供信用，且这种强制性是非常隐蔽的，谁也不知道自己手中的货币有多少是超过流通所需要的。作为个人，持币者可以通过花掉手中的钱来收回对发行银行的授信，但甲的支出就是乙的收入，因此作为整个社会，无法摆脱这部分过多的货币。西方经济学家萨尔沃认为，通货膨胀作为一种"货币税"，政府通过它可获得收入，"货币税"给政府带来的收入为"税基"（即实际货币余额）与"税率"（即货币贬值幅度）的乘积，当物价上涨幅度与货币增发幅度一致时，政府新增收入就等于增发的货币量。这种观点主要依据以下三

个假设：a. 政府利用通货膨胀"货币税"收入的边际投资倾向高于私人部门。b. 传统的赋税制度具有充分的弹性，或者在税收中存在诸如收入指数化这样的制度安排。这样，当通货膨胀引起人们的名义收入增加时，税收收入随之相应增加。c. 通货膨胀所造成的效率损失比利用传统赋税来增加政府收入所造成的效率损失要小。

但是，货币税模型的观点是经不起推敲的。研究证明，上述假设无一不是一厢情愿。a. 只有在政府对税收增加额的边际消费倾向比私人部门对用于纳税的资金的边际消费倾向更小时，较高的税收才能转化为较高的投资。而在大多数发展中国家中，政府税收收入大部分不是用于积累，而是用于行政开支，这种现象被称为"普利斯效应"。b. 在发展中国家，由于税收征管制度漏洞很多，部分企业和个人也参与"货币税"的瓜分，赋税收入的增长远远落后于人均名义收入的增长。c. 在通货膨胀条件下，政府必须相应扩大非积累性支出，如增加财政补贴，弥补公务员生活因价格上升而造成的损失。d. 通货膨胀会干扰经济主体的正常决策，这有损于总储蓄的增长。总之，对发展中国家来说，利用通货膨胀来积累资本所需的制度前提几乎不存在。

⑦实际经济周期理论观点。对形成经济周期的原因，西方学者提出过种种不同的解释。一种具有代表性的理论是把经济周期看成一种货币现象，认为经济波动是银行货币和信用波动的结果。鉴于这一理论无法解释为何货币政策的频频干预仍无法避免经济衰退，20世纪80年代以来，许多学者试图用真实因素（主要是技术因素）来解释经济波动，认为经济周期取决于技术进步周期。西方经济学家朗和普洛塞描述了这样一个过程：假设经济一开始处于稳态，现出现一个正向的技术冲击，比如机器人的发明应用使劳动生产率大大提高，带来整个国民经济的技术改造，从而出现一个固定资产更新高潮，最终使投资消费均出现跳跃式的增长。过了一段时间，带有新技术的新资本到位后，经济回到稳态并仍以长期增长率增长。实际经济周期理论在美国20世纪90年代持续10年的经济繁荣中得到很好的证明：美国的高增长、低失业、低通胀，主要得益于信息技术的运用所带来的传统产业的改造和产业结构的升级。这一时期美国货币政策可以说是中性的，只是通过维持物价稳定，为经济运行创造稳定的金融环境，并未用扩张的办法去刺激经济增长。

（2）对我国就业问题对策的思考。综上可知，货币在经济波动中的作用既非像古典货币数量论所认为的那样只是一层面纱，但也绝非经济增长的决定性因素。从长期看，货币政策对经济增长和就业的影响是中性的；从短期看，则可能是非中性的，既可能是积极的，也可能是负面的。即使存在积极影响，也要受到一系列苛刻条件的限制。因此，货币政策促进产出和就业增加的效应很有限。

一般来说，失业按成因划分，有三种类型：第一类是由于资源闲置导致的失业，它往往随经济景气的变化而变化，是货币政策所要解决的问题。第二类是结构性失业，是由于经济结构变化导致的劳动技能供给与需求不匹配引起的，这类失业问题只能依靠教育培训和提高劳动力市场配置效率来解决。第三类是和一国发展阶段相关的原生性失业。我国的失业问题主要属于第三种，是由于资本不足导致的，不是短期货币政策所能解决的。解决这类失业的主要对策是根据我国资本不足、人口多、劳动力价格低的特点，发展低技术、低资金的劳动力密集型的出口替代，把对剩余劳动力的消化纳入国际大循环的轨道。这样，既避开资本匮乏这一短处，又把人口过剩这一不利条件转变成自己的优势，不仅可以缓解就业压力这一诱发通货膨胀的"高危"因素，还为日后的发展积累了资金。至于金融部门能为解决这类失业问题做的贡献：一是通过维持币值的稳定，创造一个正的实际利率以吸引储蓄，以此加快资本积累；二是通过资本项目的逐步开放来吸引外资，用国外储蓄弥补国内资本的短缺。上述两点都是通过金融深化逐步疏解资本不足的瓶颈。如果硬要货币政策承担其力所不能及的任务，不仅达不到目的，反而可能陷入滞胀这一更难对付的困境。

第十章

宏观经济学的微观基础

★ 核心知识

一、核心知识点

1. 跨期消费决策模型
2. 霍尔的随机游走假说
3. 新古典投资模型
4. 住房投资
5. 存货投资
6. 货币供给模型

二、核心知识脉络图

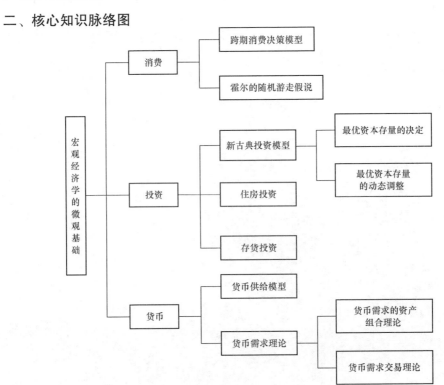

★ 内容总结与经典例题

一、内容总结

西方经济学被分为宏观经济学和微观经济学两大方面。宏观经济学通过使用国民收入、经济整体的投资和消费等总体性的统计概念来分析研究经济社会总体的运行规律；微观经济学则是对个体经济单位进行研究。两者的研究对象虽然不同，但是对经济社会总体的研究都离不开对个体的分析，因此微观是宏观的基础。本章主要从消费、投资、货币三个方面介绍宏观经济学的微观基础。

1. 跨期消费决策模型

费雪的跨期消费决策模型假设消费者既可以储蓄又可以借贷，不存在借贷制约且消费者只面临两个时期的消费决策。这样消费者便受到了消费预算约束，表示为 $C_1 + C_2/(1+r) = Y_1 + Y_2/(1+r)$，如图10-1所示。

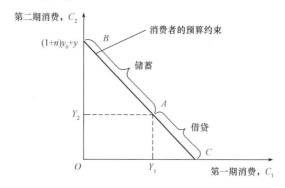

图 10-1 跨期预算约束

无差异曲线表示使消费者获得同样满足的第一期与第二期消费的各种组合（见图10-2）。消费者在同一条无差异曲线上的所有点的偏好都是无差异的。无差异曲线的斜率表示两期消费之间的边际替代率，即消费者愿意用第二期消费替代第一期消费的比率。

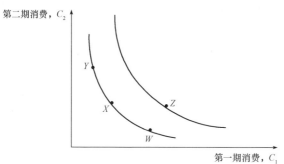

图 10-2 跨期无差异曲线

消费者跨期消费的最优决策行为必须满足两个条件：一是最优的消费决策必须是消费者最偏好的两期消费组合；二是最优的消费决策必须位于给定的预算约束线上。因此，最优决策点就是无差异曲线与预算约束线相切的点（见图10-3）。

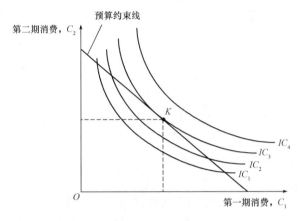

图 10-3 跨期最优选择

（1）收入对消费的影响。无论是现期收入还是未来收入，收入的增加都会使预算约束线向右平移。如果两期消费的都是正常物品，两个时期的消费都会增加（见图10-4）。

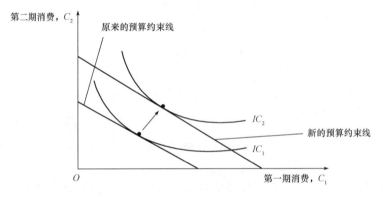

图 10-4 收入变动对跨期消费的影响

（2）实际利率对消费的影响。实际利率上升对消费的影响可分解为两种效应：收入效应和替代效应。收入效应即利率的上升使得消费者的收入增加，从而可以向更高的无差异曲线移动，并把增加的收入分摊到两期消费中。替代效应即两期消费的相对价格变动造成两期消费量的变动。在第一期储蓄的前提下，利率的上升会使第二期消费相对于第一期消费变得更便宜，替代效应会使消费者选择在第二期增加消费，而在第一期减少消费。

因此，实际利率上升，收入效应和替代效应都增加了第二期消费，但两个效应对第一期消费有相反的影响，第一期消费可能减少也可能增加。图10-5表示替代效应大于收入效应的情形。

2. 霍尔的随机游走假说

霍尔的随机游走假说是研究在不确定的情况下，把理性预期方法论应用到生命周期假说和持久收入假说之上。如果永久收入的估计和今后的消费都以理性预期为基础，那么，由消费或收入过去的变化反映出来的过时资讯对现期的消费变化不应有任何影响，消费者只有在

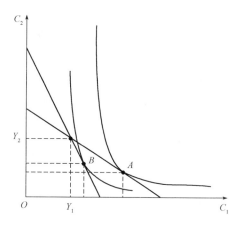

图 10-5　价格变动对跨期消费的影响

接到关于其一生资源的消息时才会改变其消费。只有消费者未预期到的政策变动才会影响消费，通常这些政策通过改变消费者本来的预期来影响消费。

3. 新古典投资模型

根据新古典投资模型，企业的投资主要取决于资本的边际产量和资本的使用成本，而资本的边际产量决定了资本的实际租赁价格。如果租赁价格高于资本的成本，企业就会投资；如果租赁价格低于资本的成本，企业就不投资。投资企业总是逐期不断地调整固定投资以追逐不断变动的最优资本存量。

4. 住房投资

住房投资取决于住房的相对价格。住房的相对价格则取决于住房需求和现期固定的住房供给。在住房供给不变的情况下，住房需求的增加，会提高住房价格，从而增加住房投资。在住房需求不变的情况下，在短期内，住房价格决定了新住房的供给。在长期内，逐步增加的新住房投资会增加住房存量，降低住房的相对价格，从而减少新住房的投资，进而减少新住房的供给。

5. 存货投资

存货投资是企业存货的变动。企业因为多方面的动机而持有存货。根据存货的加速模型，当产出增加时，企业想持有更多的存货量，存货投资很高；当产出减少时，企业想持有的存货量减少，存货投资为负。存货会随着经济周期的波动而变化，存货投资在经济周期中的作用是自愿的存货变动和非自愿的存货变动的混合。

6. 货币需求理论

（1）货币需求的资产组合理论。货币需求的资产组合理论强调了货币作为价值储藏手段的作用。该理论认为货币的需求函数为

$$\frac{M^d}{p} = L\ (r_s,\ r_b,\ \pi^e,\ W)$$

式中，r_s 为预期的股票实际收益，r_b 为预期的债券实际收益，π^e 为预期的通货膨胀率，W 为实际财富。r_s 或 r_b 的提高减少了货币需求，因为其他资产变得更有吸引力。π^e 的上升也减少了货币需求，因为货币变得更为缺乏吸引力。W 的增加提高了货币需求，因为更多的

财富意味着更大数量的资产组合。

（2）货币需求交易理论。货币需求交易理论是强调货币作为交换媒介作用的货币需求理论。鲍莫尔-托宾模型是该理论中具有代表性的一个模型，它分析持有货币的成本与收益。该模型认为持有货币是有机会成本的，即用于购买债券等生息资产所能得到的利息；而人们持有货币是为了交易的方便，其收益在于减少交易成本。它描述了个人对货币资产的需求，正向地取决于支出而反向地取决于利率。

该模型认为到银行提款的人所承担的总成本是放弃的利息和去银行的成本之和。即

$$C = \frac{rY}{2N} + FN$$

式中，Y 为一年中的实际支出，N 为去银行的次数，F 为每次去银行的固定成本，r 为利率。$Y/2N$ 表示持有的平均货币量。最后得出结论：

①放弃的利息、去银行的成本和总成本取决于去银行的次数 N。

②去银行的次数为 N^* 时，消费者持有货币的总成本最小。

$$N^* = \left(\frac{rY}{2F}\right)^{1/2}$$

③消费者货币支出量越大、去银行的成本越大、利率越低，则持有的平均货币量越大。

7. 货币供给模型

货币供给是指一定时期内，一国银行系统向经济中投入、创造、扩张（或收缩）货币的行为。货币供给是由中央银行、商业银行和非银行公众共同决定的。货币供给的主体是银行，是通过中央银行创造基础货币和商业银行创造存款货币共同创造的。令 M 代表货币供给，C 代表通货，D 代表活期存款，则

货币供给 = 通货 + 活期存款

$$M = C + D$$

（1）准备金制度。准备金是商业银行为了应付客户提取存款和正常的贷款要求而准备的资金，即银行得到了但没有贷出的存款。根据商业银行是否将所有存款都作为准备金，将准备金制度分为百分之百准备金银行制度和部分准备金银行制度。在这两种制度下，商业银行对货币供给的影响是不同的。

①百分之百准备金银行制度。在这种准备金制度下，银行只接受存款，不发放贷款，它把所有存款都作为准备金持有。这时，银行体系不影响货币供给。

②部分准备金银行制度。在这种准备金制度下，银行将部分存款作为准备金，而将其余存款用于向企业或个人发放贷款或者投资，若得到贷款的人再将贷款存入其他银行，从而使其他银行增加了发放贷款或者投资的资金，这一过程持续下去，使得更多的货币被创造出来了。最终 1 单位的初始存款能创造 $1/rr$ 单位的货币，rr 为法定准备金率。因此，部分准备金银行制度是银行能够进行多倍货币创造的前提条件。

（2）货币供给模型。货币供给模型：$M = mB$，它揭示了影响货币供给的两大基本因素：基础货币（B）和货币乘数（m）。

①基础货币。基础货币指商业银行存入中央银行的准备金（R）与社会公众以通货形式所持有的现金（C）之和（即 $B = C + R$），是中央银行直接控制的变量。

②货币乘数。货币乘数是货币供给 M 与基础货币 B 之比。公式为 $m = (cr+1)/(cr+rr)$,其中 rr 为准备金—存款比率(法定存款准备金率),cr 为通货—存款比率。决定货币乘数的主要因素有准备金—存款比率和通货—存款比率。准备金—存款比率和通货—存款比率的下降都会提高货币乘数,增加货币供给。此外,其他因素也会影响货币乘数,如中央银行的法定准备金率等。

根据货币供给模型,货币供给 M 取决于基础货币 B、准备金—存款比率 rr 和通货—存款比率 cr。基础货币与货币供给量成正比,准备金—存款比率和通货—存款比率与货币供给成反比。

二、经典例题

1. 甲和乙都遵循两个时期的费雪消费模型。甲在第一期赚了 100 美元,在第二期也赚了 100 美元。乙在第一期没有赚钱,而在第二期赚了 210 美元。他们俩都可以按利率 r 借款或贷款。

(1) 甲和乙都是在第一期消费了 100 美元,并在第二期消费了 100 美元。求利率 r 是多少?

(2) 假设利率上升了,甲第一期的消费会发生什么变化?甲的状况比利率上升之前变好了还是变坏了?

(3) 当利率上升时,乙第一期的消费会发生什么变化?乙的状况比利率上升之前变好了还是变坏了?

答案解析:(1) 使用乙的跨期选择预算约束来解出利率:

$$C_1 + \frac{C_2}{1+r} = Y_1 + \frac{Y_2}{1+r}$$

将数值代入公式,得

$$100 + \frac{100}{1+r} = 0 + \frac{210}{1+r}$$

解得

$$r = 10\%$$

(2) 如果利率上升,甲会减少第一期的消费以增加储蓄,进而增加第二期的消费,从而利率上升会使其消费状况变好。分析如下:如图10-6所示,利率上升会使预算约束线围绕两期收入的组合点(100,100)顺时针旋转,变得更陡峭。在利率没有上升时,甲的预算约束线与无差异曲线相切于 A 点,他第一期和第二期的消费都是 100 美元。利率上升后,消费均衡点变动到 B 点,甲第一期的消费将低于 100 美元,第二期的消费将高于 100 美元。这是由于替代效应:利率上升使他现期消费的成本高于未来消费,即利率升高使现期消费的机会成本增加。

在新的利率下,通过无差异曲线可知,甲的状况变好了,即甲的无差异曲线从 U_1 上移至 U_2。

(3) 如果利率上升,乙会减少第一期的消费,第二期的消费可能增加也可能减少。分析如下:乙同时面临替代效应和收入效应。根据替代效应,利率上升,第二期消费相对于第一期消费变得减少,故乙会选择减少第一期消费而增加第二期的消费。同时,由于乙所有的收入都在第二期，利率的上升增加了乙的借贷成本，因此，相当于减少了乙的收入。根据收入效应，这又会减少第二期的消费。如图 10-7 所示，根据显示偏好原理，可以判断出乙的消费状况变坏了，因为利率上升后乙的新的均衡点在更低的无差异曲线 L_2 上。

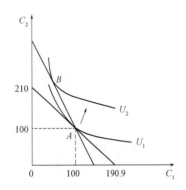

图 10-6 利率变动与消费者甲的最优选择

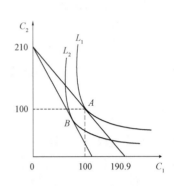

图 10-7 利率变动与消费者乙的最优选择

2. 假定在完全竞争市场中，某企业的生产函数 $Q = AK^\alpha L^{1-\alpha}$，产量 $Q = 100$，$\alpha = 0.3$，资本的租金率 $R = 0.1$，企业产品价格 $P = 1$。

（1）计算最优资本存量；

（2）假定最优资本存量在 5 年内保持不变，现有的资本存量为 100，企业会逐步调整资本存量使其接近于最优值，设 $\lambda = 0.3$。第一年的投资量是多少？第二年的资本存量是多少？

答案解析：（1）当 $\alpha = 0.3$ 时，由 $Q = AK^{0.3}L^{1-0.3}$ 得

$$MP_K = 0.3AK^{-0.7}L^{0.7}$$

根据最优资本存量条件 $MP_K = R/P$，得

$$0.3AK^{-0.7}L^{0.7} = 0.1$$

同时根据产量限制条件，有

$$100 = Q = AK^{0.3}L^{1-0.3}$$

将上面两等式联立，可求得当产量为 100 时的最优资本存量：

$$K^* = 300$$

（2）如果 $K_0 = 100$，$K^* = 300$，所以，

第一年的投资量为 $I_1 = \lambda(K^* - K_0) = 0.3 \times (300 - 100) = 60$，

第一年的资本存量为 $K_1 = 100 + 60 = 160$，

第二年的投资量为 $I_2 = \lambda(K^* - K_1) = 0.3 \times (300 - 160) = 42$，

第二年的资本存量为 $K_2 = 160 + 42 = 202$。

3. 假定住房存量供给函数 $S_S = 100$，需求函数 $D = Y - 0.5P$，住房流量供给函数 $S_F = 2P$，式中，P 为住房价格，Y 为收入。当 $Y = 200$ 元时，住房的均衡价格是多少？当收入增加到 300 元，并且假定住房能在瞬间造好，则短期住房价格为多少？新建住房价格为多少？

答案解析：（1）当 $Y = 200$ 元时，需求函数为 $D = 200 - 0.5P$。

根据住房存量供给函数与住房流量供给函数，得住房总供给函数为

$$S = 100 + 2P$$

住房市场均衡时，根据均衡条件 $D=S$，求得住房均衡价格 $P^*=40$。

（2）收入增加到 300 元时，需求函数为
$$D=300-0.5P$$
短期内住房价格将不变，即
$$P=40$$
此时住房需求量为 $300-0.5\times40=280$，而短期内住房存量供给量只有 180，因此存在 100 单位的住房差额需求，需要由新房来提供。

根据住房流量供给函数 $S_F=2P$，可得当 $S_F=100$ 时，新建房价格 $P=50$。

4．假设某人每月赚 1 600 美元，储蓄存款账户每月利率为 0.5%，交易成本为 1 美元。
（1）试问他最好交易几次？
（2）他持有的平均现金金额是多少？
（3）若其收入增加到 1 800 美元，其货币需求会变化多少？

答案解析：（1）假定此人交易两次，即一次在月初把一半收入变成储蓄存款，另外一半则用来支出；另一次在月中取出，那么在这一个月中，他的平均货币持有量为 $Y/4$，即 $1\,600/4=400$。以此类推，若交易 n 次，则平均货币持有量为 $1\,600/(2n)$，储蓄存款账户每月利率为 0.5%，那么此人放弃的利息为 $0.5\%\times1\,600/(2n)=4/n$。每次的交易成本为 1 美元，则 n 次交易成本为 n 美元。那么总成本 $TC=4/n+n$。

对总成本公式两边同时求导，得
$$4/n^2-1=0$$
得 $n=2$。

则最好的交易次数为 2 次。

（2）此人持有的平均现金金额为 $1\,600/(2n)=1\,600/4=400$（美元）。

（3）其收入为 1 800 美元时，使用和（1）相同的方法，求得 $n=2.12$，但是由于交易次数应为整数，则只能是 2 次，因此他平均货币持有量为 $1\,800/4=450$（美元）。其货币需求会增加 50 美元。

5．假定法定准备金率为 0.12，没有超额准备，对现金的需求为 1 000 亿美元。
（1）假定总准备金为 400 亿美元，货币供给是多少？
（2）若央行把准备金率提高到 0.2，货币供给变动多少？
（3）央行买进 10 亿美元政府债券，准备金率 0.12，货币供给变动如何？

答案解析：（1）本题没有考虑通货—存款比率问题，因此，货币乘数是准备金—存款比率的倒数，即 $1/rr$。
$$\text{货币供给 } M=1\,000+400/0.12=4\,333.33\text{（亿美元）}$$

（2）若法定准备金率提高到 0.2，则准备金存款变为 $400/0.2=2\,000$（亿美元），现金仍是 1 000 亿美元，因此货币供给为 $1\,000+2\,000=3\,000$（亿美元），货币供给减少了 1 333.33 亿美元。

（3）中央银行买进 10 亿美元政府债券，相应地就要投放 10 亿美元的基础货币，则货币供给增加 $\Delta M=10\times1/0.12=83.3$（亿美元）。

★ 基础训练

一、名词解释

1. 跨期消费决策模型
2. 霍尔的随机游走假说
3. 新古典投资模型
4. 交易理论
5. 货币乘数

二、单项选择

1. 根据费雪的跨期消费理论，如果实际利率为正，那么（　　）。

   A. 用第一期的收入衡量的第二期消费成本低于同等数量的第一期消费

   B. 第二期的收入比第一期的同等数量的收入价值更高

   C. 消费者将不愿借钱，因而其第一期的消费小于第一期的收入

   D. A、B、C 均正确

2. 假设李明的消费决策遵循两个时期的费雪消费模型，他在第一期的收入为 1 000 元，第二期的收入为 3 100 元，他可以按市场利率借贷或储蓄，现在观察到李明在第一期消费了 2 000 元，在第二期也消费了 2 000 元，那么市场利率是（　　）。

   A. 5%　　　　　B. 8%　　　　　C. 10%　　　　　D. 12%

3. 下列（　　）的描述准确地将三种投资支出加以比较。

   A. 存货投资比其他两种投资要小得多

   B. 住宅投资对利率的敏感度比其他两种投资要小

   C. 固定资本投资比其他两种投资的波动幅度要大得多

   D. 存货投资比其他两种投资的波动要小

4. 如果货币市场上的货币供给量高于家庭及企业愿意持有货币数量，则利率会（　　）。

   A. 下降，导致家庭和企业持有更少的货币

   B. 上升，导致家庭和企业持有更多的货币

   C. 上升，导致家庭和企业持有更少的货币

   D. 下降，导致家庭和企业持有更多的货币

5. 根据鲍莫尔 - 托宾模型，下列哪一项使得平均货币持有量增加？（　　）

   A. 去银行的固定费用下降　　　　B. 通货膨胀率上升

   C. 利率下降　　　　　　　　　　D. 支出减少

6. 消费者起初是储蓄者，实际利率上升后，第一期消费一定（　　）。

   A. 不变　　　　B. 增加　　　　C. 减少　　　　D. 不一定

7. 消费者起初是借贷者，实际利率上升后，消费者继续作为借贷者，则他的状况会（　　）。

   A. 变好　　　　B. 变差　　　　C. 不变　　　　D. 不一定

8. 给定一个经济中，居民人均年支出水平 2 万元，居民平均小时工资为 80 元；银行存款利率为 10%，如果去一次银行取款需要花费 30 分钟，那么根据交易理论中的鲍莫

尔-托宾模型，居民平均持有的货币量为（　　）。

A. 1 000 元　　　　B. 2 000 元　　　　C. 4 000 元　　　　D. 5 000 元

9. 下列说法中哪一项关于预算约束的陈述是错误的？（　　）

   A. 第一期的消费增加，第二期的消费必然也增加，以使消费者在两期的满足程度相同

   B. 斜率等于边际替代率

   C. 第一期消费的减幅越大，为使消费者效用保持不变，需要增加的第二期消费减少

   D. 与较低的无差异曲线相比，消费者偏好于更高的无差异曲线

10. 如果资本的边际收益大于资本租用价格，那么厂商将（　　）。

    A. 增加投资支出以增加资本存量

    B. 减少投资支出，因为任何新的投资项目都无利可图

    C. 使得投资支出保持在当前水平不变，因为现有的资本存量的任何增加都将无利可图

    D. 仅仅进行重置投资，因为任何资本存量的增加都将无利可图

三、分析说明

1. 什么是随机游走？
2. 根据新古典投资模型，在什么条件下企业发现增加自己的固定资本存量是有盈利的？
3. 阐述企业持有存货的原因。
4. 解释货币需求的资产组合理论与交易理论之间的区别和联系。

四、计算

1. 假定现金—存款比率为 30%，法定存款准备金率为 8%，超额存款准备金率为 2%。如果中央银行在公开市场卖出了价值 2 000 万元的债券，货币供应量将发生什么变动？

2. 在鲍莫尔-托宾货币交易需求模型中，假设一月中取款两次，第一次在月初，令月初时间 $t=0$，月末时间 $t=1$，第二次取款时间 $0<t\leq 1$，设月收入为 Y，利率为 r，每次取款成本为 h。假设月消费和月收入相等，且消费平均散布在该月中，利息按月计算复利（不按日计算复利）。

   （1）计算这样做的总成本。

   （2）找出使总成本最低的第二次取款时间。

3. 在费雪的两期消费模型下考虑政府的跨期预算约束式，假设政府的支出路径不变，而税收在第一期被削减 1 000 万元（这意味着政府债务增加了）。

   （1）设政府和家庭均可在金融市场上自由借贷，假如利率是 5%，如果到下一期期末政府债务将恢复到正常水平，则下一期的税收必须增加多少？

   （2）最初的减税和随后出现的增税，对于消费者的跨期预算约束有什么影响？如何预期税收的这种变动对于消费的影响？

   （3）如果消费者面临流动性约束，则这种税收变动对消费有什么影响？

4. 假设企业的投资需求函数为 $I=0.2(K^*-K_{-1})$，其中 K^* 为最优资本存量，$K^*=0.01(Y/R)$，Y 为产出，R 为利率。假设没有折旧。其中 v 为常数。该式表示与产量 Y 成正

比变化，与租用成本 rc 成反比变化。假设 $v = 0.3$，$Y = 2.5 \times 10^9$ 元，$rc = 0.15$。

（1）当第一年产出为 2 000 元，利率为 0.05 时，求最优资本存量。

（2）当在第 0 年时的资本存量为 200 元时，求第一年的投资水平。

（3）假设产出和利率为常数，则第二、第三年以及以后各年的投资为多少？

五、答案解析

（一）名词解释

1. 跨期消费决策模型是将人们的现期消费和未来消费进行联系的一种消费模型。该模型认为消费者面临实际预算约束并选择达到一生最高满足水平的现期与未来消费。只要消费者可以储蓄和借贷，消费就取决于消费者一生的资源。

2. 霍尔的随机游走假说是将持久收入假说与消费者对未来收入有理性预期的假设结合起来的一种消费假说，它意味着消费的变动是不可预测的，因为消费者只有在接到关于一生资源的消息时才会改变其消费。只有消费者未预期到的政策变动才能影响消费。

3. 新古典投资模型是企业固定投资的标准模型，它通过分析企业拥有资本品的收益和成本，得出投资水平如何与资本的边际产量、利率相关。

4. 交易理论是强调货币作为交换媒介作用的货币需求理论。交易理论认为，货币是一种被支配资产，并强调人们持有货币而不是其他资产，是为了进行购买。

5. 货币乘数又称为"货币创造乘数"或"货币扩张乘数"，指中央银行提供一单位的基础货币所能增加的货币供应量。

（二）单项选择

1. A 2. C 3. A 4. D 5. C 6. D 7. B 8. B 9. A 10. A

（三）分析说明

1. （1）随机游走是指当影响消费的一种变量的变动不可预测时，消费随时间推移发生的变动是不可预测的，它是经济学家罗伯特·霍尔提出的。

（2）根据霍尔的观点，持久收入假说与理性预期的结合意味着消费遵循随机游走的规律。霍尔的推理如下：根据持久收入假说，消费者面临波动的收入，并尽最大努力使自己的消费在时间上保持稳定。在任何一个时点上，消费者根据现在对一生收入的预期选择消费。随着时间的推移，他们改变自己的消费是因为他们得到了使他们修正其预期的消息。如果消费者最优地利用所有可获得的信息，那么，他们应该只对那些完全未预期到的事件感到意外。因此，他们消费的变动也应该是无法预期的。

2. 根据新古典企业固定投资模型，如果企业资本的边际产量大于资本的成本，那么企业增加资本存量是有盈利的；如果边际产量小于资本的成本，那么企业增加资本存量就会亏损。分析如下：

新古典投资模型考察了企业拥有资本品的收益与成本。对每一单位资本，企业赚到的实际收益为 R/P，承担的实际成本为 $(P_K/P)(r+\delta)$。每单位资本的实际利润：

$$利润率 = 收益 - 成本 = R/P - (P_K/P)(r+\delta)$$

由于均衡状态是资本的实际租赁价格等于资本的边际产量，所以利润率可写为

$$利润率 = MP_K - (P_K/P)(r+\delta)$$

由上式可看出：如果企业资本的边际产量大于资本的成本，那么企业增加资本就是有盈

利的；反之没有盈利。

3. 存货指企业持有的作为储备的产品，包括原料与供给品、加工中的产品和成品。企业持有存货的原因：

（1）平衡不同时期的生产水平。按稳定的比率生产产品比调整生产以匹配销售的波动更为便宜，因此当销售低落时，企业的生产多于销售，把额外的产品作为存货；当销售高涨时，企业的生产少于销售，把存货中的产品拿出来作为补充。这样可使各个时期的生产平稳，避免产出的大起大落造成成本的增加。

（2）存货可以使企业更有效率地运转。例如，如果零售商店向顾客展示手头的产品，它们可以更有效地销售。制造业企业持有零部件存货，可以减少当机器发生故障时装配线停止运行的时间。这样，企业持有一部分存货，会促进产出增加。

（3）持有存货可在销售意外上涨时避免产品脱销。企业做生产决策前通常会预测顾客的需求水平，但是这种预测并不一定准确。如果需求大于生产而没有存货，该产品将会在一个时期内脱销，企业将损失销售收入和利润，企业持有存货就可避免脱销给企业带来的不利影响。

（4）一部分存货是生产过程中的产品。许多产品在生产中有许多道工序，因此生产需要时间。当一种产品仅仅是部分完成时，其部件被计入企业存货。这种存货称为在制品。

由于以上这些原因，企业都会持有一部分存货。

4. 货币需求的资产组合理论和交易理论之间的差别：

（1）两种理论所强调的货币的职能不同。货币需求的资产组合理论强调货币作为价值储藏手段的作用；货币需求的交易理论强调货币作为交换媒介的作用。

（2）两种理论认为货币需求的决定因素不同。资产组合理论关键的观点是货币提供了不同于其他资产的风险和收益的组合。特别是货币提供了一种安全的（名义）收益，而股票和债券的价格会上升或下降。该理论认为货币需求取决于货币和家庭可以持有的非货币资产所提供的风险和收益。此外，货币需求还应该取决于总财富，因为财富衡量了可以配置于货币和其他资产的资产组合的规模。货币需求函数写成：$\frac{M^d}{p} = L(r_s, r_b, \pi^e, W)$，其中$r_s$为预期的股票实际收益，$r_b$为预期的债券实际收益，$\pi^e$为预期的通货膨胀率，$W$为实际财富。$r_s$或$r_b$的提高减少了货币需求，因为其他资产变得更有吸引力。π^e的上升也减少了货币需求，因为货币变得更为缺乏吸引力。W的增加提高了货币需求，因为更多的财富意味着更大数量的资产组合。

货币需求的交易理论强调，货币是一种弱势资产，并强调人们持有货币而不是其他资产，是为了进行购买。该理论认为货币的需求取决于持有货币的成本和收益，持有货币的成本是只能赚取低收益率，而收益是使交易更方便。人们通过权衡这些成本和收益来决定持有多少货币。

两种理论的联系如下：

（1）货币需求的资产组合理论与交易理论都考虑了货币及其他不同的生息资产，都涉及资产组合；

（2）这两种理论都运用了资产的流动性假设；

(3) 这两种理论都形成了对凯恩斯货币需求理论的补充,完善了货币需求理论。

(四) 计算

1. 货币乘数的公式为

$$\frac{M}{B} = m = \frac{cr+1}{cr+rr}$$

将数据代入公式,得到货币乘数为

$$m = \frac{0.3+1}{0.3+0.08+0.02} = 3.25$$

中央银行在公开市场卖出 2 000 万元债券会相应使基础货币 (B) 减少 2 000 万元。因此可得:$\Delta M = m\Delta B = 3.25 \times (-2\,000) = -6\,500$ (万元)。

即货币供给量 (M) 将减少 6 500 万元。

2. (1) 设第二次取款时间为 t。则第一次取款额为 rY,第二次为 $(1-t)Y$。

$$\text{利息成本} = r \times \left(tY \times \frac{t}{2} + (1-t)^2 \frac{Y}{2}\right)$$

取款成本为 $2h$,总成本 $C = r \times \frac{Y}{2}(2t^2 - 2t + 1) + 2h$

(2) 对 (1) 中的公式求导,得

$$\frac{dC}{dt} = \frac{rY}{2}(4t-2) = 0$$

求得 $t = \frac{1}{2}$。

故 $t = \frac{1}{2}$ 时总成本最小,即在该月中间第二次取款可以使总成本最低。

3. (1) 设政府的支出为 G,税收为 T,那么政府的跨期预算约束为

$$G_1 + \frac{G_2}{1+r} = T_1 + \frac{T_2}{1+r}$$

政府支出路径不变,且第二期债务恢复到正常水平,则意味着

$$\Delta T_1 + \frac{\Delta T_2}{1+r} = 0$$

其中,$\Delta T_1 = -1\,000$,$r = 0.05$,于是 $\Delta T_2 = 1\,050$,即第二期政府的税收应增加 1 050 万元。

(2) 设消费者的消费为 C,税前收入为 Y,那么消费者的跨期预算约束为

$$C_1 + \frac{C_2}{1+r} = (Y_1 - T_1) + \frac{Y_2 - T_2}{1+r}$$

因为 $\Delta T_1 + \frac{\Delta T_2}{1+r} = 0$,所以消费者的跨期预算约束没有变化。

(3) 消费者如果面临流动性约束,将无法保持消费不变。考虑第一期的预算约束 $C \leq (Y-T) + D$,其中 D 为第一期可以借到的最多债务(可以为负,表示储蓄),它由第二期的储蓄来偿还。为简单起见,假设流动性约束是"完全"的,即 $D=0$,$C \leq Y-T$。

又假设在无流动性约束情况下,消费者在第一期的最优消费量大于 $Y-T$,则在流动性

约束情况下，消费者在第一期消费相对于第二期消费的边际替代率大于第一期消费相对于第二期消费的"价格"$1+r$，故消费者会选择 $C=Y-T$。

根据 $C=Y-T$，消费将随税收增加而减少，随税收减少而增加。

4.（1）将已知数据代入 $K^*=0.01\left(\dfrac{Y}{R}\right)$ 中，得 $K^*=0.01\times\dfrac{2\,000}{0.05}=400$（元）。

（2）根据投资需求函数可知，由实际资本向意愿资本水平的调整是逐步进行的。故当在第 0 年时的资本存量为 200 元时，第一年的投资为 $I_1=0.2（K^*-K_{-1}）=0.2\times(400-200)=40$（元）

（3）当产出和利率为常数时，意愿资本存量不变（即 400 元）。由第一年的资本存量为 $200+40=240$（元），知第二年的投资为 $I_2=0.2\times(400-240)=32$（元）；由第二年的资本存量为 $240+32=272$（元），知第三年的投资为 $I_3=0.2\times(400-272)=25.6$（元）。

在以后各年中，投资量每年将递减 1/5，直至为零。此时，实际资本达到意愿资本水平。

★ **知识拓展**

请结合案例 1 与案例 2，理解建立宏观经济学微观基础的重要性。

案例 1：宏观经济与企业行为

宏观经济学是研究经济的总体行为、考察经济的总体趋势的学问，而经济的总体趋势是经济中数以百万计的单个经济个体的行为加总的结果，因此，宏观经济理论必须与构成经济的数以百万计的家庭和企业的微观基本行为相一致。为此，现代宏观经济学对经济的研究采取三个基本步骤：首先，试图从理论层面上理解单个家庭和企业的决策过程。假定经济中存在一个典型的或平均的家庭或企业，利用微观经济学的工具研究它们在各种不同的经济环境中怎样以及将要怎样行为。其次，宏观经济学家试图通过加总经济中个别家庭和企业的所有决定，来解释经济的整体行为。他们将典型家庭或企业的行为以某种适当的方法加以"复合"，把经济中的关键变量（如价格、产量、消费量等）加总，推导出整体数据之间的各种不同关系，以解释关键变量之间的联系。最后，通过收集并分析实际宏观经济数据以赋予理论经验内容，验证理论的有效性。宏观经济学就是这样运用微观经济学理论来不断完善自己的理论体系的。宏观经济学离不开微观的基础，企业作为微观基础的一个重要组成部分，对宏观经济运行有着深远影响。

在我国，目前微观基础呈现二元格局，即非国有企业和国有企业两部分。非国有企业基本上是按照现代企业制度的要求建立起来的，是市场经济意义上的微观主体；国有企业在产权结构和治理结构方面存在明显的政企难分的特征，其行为具有对市场和政府的双重依赖性，是不完全市场经济意义上的微观主体。

（资料来源：赵锡斌. 论宏观经济政策与企业行为的相关性［J］. 武汉大学学报：人文科学版，1996（5）：23-28.）

案例 2：新常态下我国经济的宏观表象和微观基础

我国经济步入新常态以后发生了一些变化：①经济增长速度的重要性降低，经济增长质量得到重视；②经济增长速度的适度下调，增加了结构调整的获利空间；③拉动经济的"三驾马车"作用在减弱；④短期内我国宏观经济面临内需与外需双疲软的困境，经济的各种结构都需要优化升级，强调供给管理是必然选择，也是保障经济长期可持续发展的必由之路。

与之相对应的，微观基础也发生了变化：①劳动力成本上升。导致劳动力成本上升的原因有很多，主要是经济发展导致劳动力需求增加与劳动力供给减少。在市场经济条件下，物价水平的过快上涨也导致了我国劳动力成本的逐渐上升。②原材料和能源价格的上升。③新常态下技术进步的成本提高，以往通过学习和模仿的学习型技术进步的空间越来越小。这也说明我国技术低成本时代已成为过去，企业想要获得成本最小化的技术，必须重视研发和创新。④微观主体投资收益下降，高附加值投资机会减少。⑤微观主体消费需求模式转变，管理需求方式亟待改变，需要对总供给管理予以高度重视。⑥创新和创业激发增长新动力。需要我国在新常态下更加注重技术进步的创新，通过创新来激活和释放微观主体的积极性与主观能动性。

上述的宏观表象和微观基础之间存在一定的内在机理：

第一，经济增长的稳态分析。我国经济历经改革开放40年的高速增长后，其增长模式已然发生了重大改变。特别是进入21世纪以来，经济周期体现出期限结构拉长、峰位下降、谷位上升以及波动率降低等特征，使得从经济增长稳态理论的视角审视新常态形成机理的研究逐渐进入学者们的视野。稳态理论是在动态比较分析框架下，通过系统模型研究，测度一国经济运行是否达到稳定状态。

第二，经济增长的收敛性假说。经济增长的收敛是经济发展新常态的重要形成机理之一，目前比较成熟的收敛性假说有三种：一是无条件收敛性假说，即无论经济资源和体制条件如何，经济增长速度都将向人均收入水平较高的稳态收敛；二是条件收敛性假说，要求实现经济增长收敛的国家在资源条件、技术条件和制度条件上应该满足一定条件；三是集团收敛性假说，即要求寻求经济增长收敛的国家应该加入某些经济团体或者经济组织，以便利用经济联盟的优势实现快速经济增长。

第三，经济增长的"自然率假说"。即使经济增长没有稳定的状态和持续的经济增长收敛，经济运行仍然会出现一些相对稳定和持续的状态，这就是经济"自然率"状态，这与我国当前和今后一段时间需要实现的平稳快速增长的新常态密切相关，因此是我国经济发展新常态形成的机理之一。

第四，经济发展新常态的内生性特征。人口红利、后发优势、创新追赶、城镇化迁移、"边干边学"等来自我国经济发展新常态的内生性特征及其特殊性。经济发展新常态的内生性特征及其特殊性的出现有其根本原因，特别是与我国改革开放40年来的实践与探索有关。有些形成原因和作用机理本身就是我国经济发展过程具有的独特现象。

（资料来源：刘金全，冯坚福. 中国经济发展新常态的宏观表象和微观基础 [J]. 东北师大学报：哲学社会科学版，2016（3）：1-13.）

★名校考研真题解析

一、名校考研真题

1. （中山大学2013研）设生产函数为柯布-道格拉斯形式 $Y = AK^{\theta}N^{1-\theta}$。

（1）推导合意资本存量 K^* 的表达式。

(2) 假设 $\theta=0.3$,$Y=50$ 万亿元人民币,资本租金成本 $rc=0.10$,计算合意资本存量 K^*。

(3) 如果预期产出将上升到 $Y=60$ 万亿元人民币,计算相应的合意资本存量 K^*。

(4) 假定预期收入变动之前,资本存量处于合意水平。再假定投资根据可变加速数模型进行,调整速度参数 $\lambda=0.4$。则预期收入变动后第一年的净投资为多少?

2.(南开大学2012研)请判断以下关于货币供给的论断是否正确并解释之。

(1) 只有银行体系才具有货币创造的能力,而其他金融机构没有这种能力。

(2) 银行体系创造货币不仅增加了经济中的流动性,同时也增加了经济中的财富。

3.(南开大学2010研)假设消费者面对如下跨期选择。消费者共生存两期,在第一期收入为 $Y_1=380$,消费为 C_1,在第二期收入为 $Y_2=262.5$,消费为 C_2。消费者第一期可选择储蓄 S,当 S 为负时,表明其第一期借款。储蓄或借款的利率 $r=5\%$。消费者生存期末既无储蓄也无借款。在此约束下,该消费者欲实现生存期间效用最大化。假设其效用函数为 $U(C_1,C_2)=\ln(C_1)+0.5\ln(C_2)$。

(1) 计算该消费者的最优消费额 C_1 和 C_2。

(2) 假设储蓄 S 不可为负,即第一期不能借款,请问消费者的最优消费 C_1 和 C_2 分别为多少?

二、真题解析

1.(1)由生产函数 $Y=AK^\theta N^{1-\theta}$,可得资本边际产出为

$$MP_K=\frac{\partial Y}{\partial K}=\theta AK^{\theta-1}N^{1-\theta}=\theta A\left(\frac{K}{N}\right)^{-(1-\theta)}=\frac{\theta Y}{K}$$

假定资本租金成本为 rc,根据合意资本存量均衡条件 $MP_K=rc$,有

$$\frac{\theta Y}{K}=rc$$

可得合意资本存量的表达式为

$$K^*=\frac{\theta Y}{K}$$

(2) 将 $\theta=0.3$,$Y=50$,$rc=0.10$ 代入合意资本存量的表达式中可得

$$K^*=\frac{\theta Y}{K}=\frac{0.3\times 50}{0.1}=150(万亿元人民币)$$

即此时合意资本存量为150万亿元人民币。

(3) 若预期产出水平上升到 $Y=60$,此时合意资本存量为

$$K^*=\frac{\theta Y}{K}=\frac{0.3\times 60}{0.1}=180(万亿元人民币)$$

(4) 根据可变加速数模型 $I=\lambda(K^*-K)$,可得

$$I_1=0.4\times(180-150)=12(万亿元人民币)$$

即预期收入变动后第一年的净投资为12万亿元人民币。

2.(1)通常情况下,只有银行体系才具有货币创造功能,不过这个"银行体系"指的是广义的银行体系,即所有拥有"吸收存款并利用存款发放贷款"业务的公司,都算在这个"银行体系"之中,这些公司通过"多倍存贷款"运作创造货币。但是,金融创新使得

许多具有货币特性的资产不断出现,这些资产具有货币流动性的特征,被称为准货币,即获得了货币流动性的非货币资产。在这种情况下,不能说只有银行体系才具有货币创造的能力,其他金融机构不能创造货币。

(2)尽管银行体系的部分准备金创造了货币,增加了经济的流动性,但它并没有增加社会的实际财富。当一个银行贷出自己一部分准备金时,它给了借款人进行交易的能力,从而增加了货币供给。但是,借款人也承担了对银行的债务义务,因此,贷款并不能使他们变得更富有。换言之,银行体系创造货币增加了经济的流动性,但并没有增加社会的实际财富。

3.(1)跨期预算约束方程为

$$C_1 + \frac{C_2}{1+5\%} = Y_1 + \frac{Y_2}{1+5\%} = 380 + \frac{262.5}{1+5\%} = 630 \quad (1)$$

根据效用函数可得第一期消费和第二期消费的边际效用,即

$$MU_1 = \frac{1}{C_1}, \quad MU_2 = \frac{1}{2C_2}$$

根据消费者跨期消费最优决策的条件 $MRS = 1 + r$,有

$$\frac{MU_1}{MU_2} = 1 + r = \frac{\frac{1}{C_1}}{\frac{1}{2C_2}} = 1.05 \quad (2)$$

整理可得 $2C_2 = 1.05C_1$。

联立(1)(2)两式,可解得 $C_1 = 420$,$C_2 = 220.5$。

(2)根据(1)分析可知,消费者偏向于第一期消费。若储蓄 S 不可为负,即第一期不能借款,理性的消费者会把第一期所有的收入全部用于第一期消费,即第一期消费量为380,第二期消费量为262.5。

第十一章

宏观经济学在目前的争论和共识

★ 核心知识

一、核心知识点

1. 总供给曲线的代数推导
2. 新古典宏观经济学的理论基础、基本假设、AD-AS 模型
3. 新凯恩斯主义经济学的理论基础、假设条件、AD-AS 模型
4. 新古典宏观经济学与新凯恩斯主义经济学的联系与区别
5. 名义黏性

二、核心知识脉络图

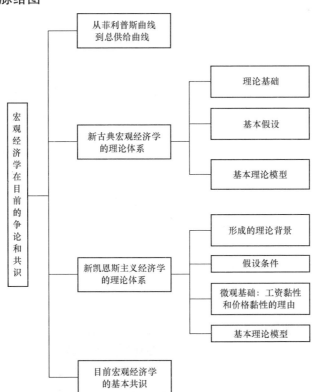

★ 内容总结与经典例题

一、内容总结

目前，宏观经济学主要分为两大学派：一派是由货币主义和理性预期理论发展而来的新古典宏观经济学；另一派是由凯恩斯主义演变而来的新凯恩斯主义经济学。本章主要介绍这两个学派的基本理论体系，并通过比较，简要总结宏观经济学理论流派的基本共识与分歧。

1. 总供给曲线的代数推导

根据附加预期的菲利普斯曲线方程式，有

$$\pi - \pi^e = -\varepsilon(\mu - \mu^*)$$

用 $P - P_{-1}$ 代替 π。用 $P^e - P_{-1}$ 代替 π^e，这里 P 为价格水平的对数，将某个宏观经济变量用其对数加以表示，是西方经济学家经常采用的一种方式。对这种做法合理性的一个解释是，由于对数函数是一个单增函数，因此，某个变量对数的变化与该变量本身的变化是同方向的，故不影响原有的经济关系。P_{-1} 为前一期价格水平，P^e 为预期价格水平。则上式变为

$$P - P^e = -\varepsilon(\mu - \mu^*)$$

另一方面，根据奥肯定律，有

$$\frac{y - y_f}{y_f} = -a(\mu - \mu^*)$$

将上式代入 $P - P^e = -\varepsilon(\mu - \mu^*)$，替换掉 $(\mu - \mu^*)$ 后得

$$P - P^e = \frac{\varepsilon}{a}\left(\frac{y - y_f}{y_f}\right)$$

设 $\lambda = \dfrac{a y_f}{\varepsilon}$，则上式可写为

$$y = y_f + \lambda(P - P^e)$$

上式即总供给方程。这一方程可以同时代表古典的、凯恩斯的和常规的总供给曲线，而三者的差别在于参数 λ 的取值及对 λ 的解释。具体来说，当 $\lambda = 0$ 时，总供给方程化为 $y = y_f$，即古典的总供给方程；当 $\lambda \to 0$ 时，总供给方程化为 $P = P^e$，在 P^e 已知的情况下，这一方程即凯恩斯的总供给方程；对 λ 取有限正数的情况，方程即为常规的总供给方程。根据这一方程，总产出与未预期到的价格水平的变动相关。

一般认为，当研究产出与价格水平时，使用总供给曲线比较方便；当研究失业与通货膨胀时，使用菲利普斯曲线比较方便。这里的论述表明，菲利普斯曲线和总供给曲线实际上是一枚硬币的两面。从这个意义上说，关于菲利普斯曲线的讨论补充和深化了总供给的分析。

2. 新古典宏观经济学的理论体系

（1）理论基础。新古典宏观经济学的理论源于货币主义，货币主义的两个基本理论就是新货币数量论和自然率假说。

①新货币数量论。新货币数量论区别于传统货币数量论，即费雪方程、剑桥方程、凯恩斯的货币需求方程。新货币数量论认为货币流通速度 V 不是数值不变的常数，而是决定其他几个有限变量的稳定函数。V 在长期内是一个不变的量，在短期内可以做出轻微的变化。

②自然率假说。任何一个资本主义社会都存在一个自然失业率,其大小取决于社会的技术水平、资源数量和文化传统。在短期内,虽然可以通过货币政策把失业率人为地维持在小于自然失业率的水平,但长期内不可能做到这一点。

(2) 基本假设。

①个体利益最大化。厂商追逐利润最大化,家庭追逐效用最大化。

②理性预期。在有效利用一切信息的前提下,对经济变量做出的在长期中平均说来最为准确的,而又与所使用的经济理论、模型相一致的预期。它包含三个含义:一是做出经济决策的经济主体是有理性的;二是为了做出正确的决策,经济主体在做出决策时会力图获得一切有关的信息;三是经济主体在决策时不会犯系统性的错误。

③市场出清。劳动力市场上的工资和产品市场上的价格都具有充分的灵活性,可以根据供给情况迅速进行调整,所以劳动力市场和产品市场都不会存在超额供给。

④自然率。任何一个资本主义社会都存在一个自然失业率,其大小取决于社会的技术水平、资源数量和文化传统。

(3) AD-AS 模型(卢卡斯模型)。

①卢卡斯总供给函数

$$y = y^* + r(P - \hat{P})$$

②附加预期变量的总供给曲线。短期存在预期错误,使预期价格与实际价格出现偏离 ($P \neq \hat{P}$),进而导致实际产出与潜在产出的偏离 ($y \neq y^*$)。因此,短期总供给曲线是向右上方倾斜的;在长期内,理性预期的存在使得预期价格与实际价格相等 ($P = \hat{P}$),进而导致了实际产出与潜在产出相等 ($y = y^*$)。因此,长期总供给曲线是一条垂直于横轴的直线。

③模型的政策含义。新古典宏观经济学认为,理性预期的存在导致了宏观政策的无效性。

图 11-1 中,经济起初在 A 点运行,该点是总需求曲线 AD_0、总供给曲线 $SRAS_0$ 和 LRAS 三条线的交点。假设货币当局宣布打算提高货币供给,考虑到理性预期,当货币工资在一个向上的价格预期之下提高时,总需求曲线从 AD_0 向右平移到 AD_1 的效果就被总供给曲线从 $SRAS_0$ 到 $SRAS_1$ 的向左移动(当预期通货膨胀

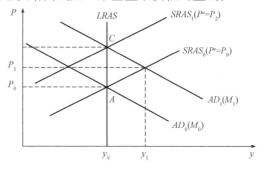

图 11-1 政策无效性主张

率上升时,总供给曲线将会向左移动)抵消,这会使得经济将从 A 点直接平移到 C 点,停留在垂直的长期总供给曲线 LRAS 上。在这种情况下,即使在短期内,产量和就业也没有什么变化。因此,新古典宏观经济学反对一切宏观经济政策。

3. 新凯恩斯主义经济学的理论体系

新凯恩斯主义与新古典综合派同属凯恩斯主义阵营,两者的关键区别在于,新古典综合派的理论倾向于假定一个固定的名义工资,而新凯恩斯主义则试图为解释工资和价格黏性现象提供一个可以接受的微观基础。

(1) 理论基础。新凯恩斯主义产生的客观条件是:原凯恩斯主义的理论缺陷和新古典

宏观经济学在解释现实问题时力不从心。

新凯恩斯主义者以工资黏性和价格黏性代替原凯恩斯主义工资刚性和价格刚性的概念。以工资黏性、价格黏性和非市场出清的假设取代新古典宏观经济学的工资、价格伸缩性和市场出清的假设，并将其与宏观层次上的产量和就业量等问题相结合，建立起有微观基础的新凯恩斯主义宏观经济学。

(2) 假设条件。

①非市场出清假设。传统凯恩斯主义者认为工资和价格是刚性的，劳动力市场上的供求未必经常相等，而且经常处于非出清状态。新凯恩斯主义者基于工资和价格黏性的前提假设，也推导出市场非出清是客观存在的。

②经济当事人利益最大化原则。新凯恩斯主义者同意宏观经济理论必须符合微观经济学的假设条件，特别是个人利益最大化的假设条件，这就是说，宏观经济理论必须有微观经济学的基础。

③理性预期。新凯恩斯主义者虽然并不认为人们最终能够准确地预期到现实的情况，但是，他们也认为，为了自己的利益，人们会尽量收集信息，使他们的预测能够趋于正确；收集的信息不仅涉及过去，而且牵涉未来的事态。

④工资和价格黏性。传统凯恩斯主义者认为价格和工资是刚性的，即认为工资能上不能下，在短期内无法调整，这被认为是短期内经济波动之源。而新凯恩斯主义者放松了这个严格的假定，认为工资和价格不是不能调整，但调整是缓慢的，两者存在黏性。

在基本假设方面，新古典宏观经济学坚持市场出清假设，而新凯恩斯主义则坚持非市场出清假设。这是新凯恩斯主义与新古典学派的最重要的区别。

(3) AD-AS 模型。

①新凯恩斯主义的短期总供给曲线。如图 11-2 所示，考虑到价格黏性，在合同期内，根据 P^e 而决定的 W 是不变的。而在同一期间，实际价格水平却可以经常变动，整个社会的厂商是按实际价格 P 来决定对劳动需求。

可以发现，在工资具有刚性或黏性的情况下，从不同的 P 可得到不同的 N，根据这些不同的 N 便可以在图 11-2 (b) 中得到不同的 y，从而可在图 11-2 (c) 中找到不同的点，用一条光滑的曲线将这些点连在一起便得到图 11-2 (c) 中的曲线 AS_1，这便是凯恩斯主义的短期总供给曲线。

在长期内，W 会逐渐调整，所以 P^e 等于实际的

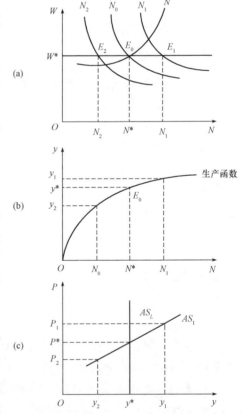

图 11-2　凯恩斯主义短期总供给曲线推导
(a) 实际价格；(b) 生产函数；(c) 总供给曲线

P。这就是说,劳动者可以按照实际的P来决定W的大小,从而能使N_d,N_s相交于充分就业之点。因此,新凯恩斯主义者认为,长期总供给曲线应为图11-2(c)中的相当于y^*的垂直线AS_L。

②对宏观经济波动的考察。如图11-3所示,假定经济起初位于总需求曲线AD_0和新凯恩斯主义短期总供给曲线AS_0的交点上,这时的价格水平为P_0,实际收入为充分就业的收入y^*,假定受总需求冲击,总需求曲线从AD_0向左移动到AD_1。当总需求曲线移动到AD_1后,实际收入下降到y_1,价格水平下降到P_1,从而使劳动供求双方签订货币工资协议时货币工资下降,使短期总供给曲线向右移动到AS_2。按照这种思路,短期总供给曲线会依次移动到AS_3、AS_4,价格水平最终下降到P_4,收入恢复到总需求冲击前的充分就业的水平y^*。

假定劳动力市场的工资合同期为三年,且每年都有合同数的1/3数量的合同需要重新签订。总需求减少后,伴随着每一次劳动合同的重新签订,短期供给曲线不断向右移,直到移动至AS_4,价格水平下降到P_4,总需求为y^*。在新凯恩斯主义看来,整个经济经历了三年左右的衰退。这便是新凯恩斯主义对宏观经济波动所做的解释。

③新凯恩斯主义稳定化政策。如图11-4所示,假定经济是最初由总需求曲线AD_0和总供给曲线AS_1的交点A所确定的充分就业状态,这时的收入与价格水平分别为y_1和P_0。假如在一个为期一年的劳动合同被签订后的某一天,经济遭受总需求冲击,使总需求曲线移动到AD_1,这时,实际收入下降到y_0,价格水平下降到P_1。如果政府采取旨在刺激需求的政策,总需求曲线又会回复到原来的AD_0位置,从而经济又回复到原来充分就业的状态上。由于直到这一年的年末,尽管厂商和工人都有理性预期,但原合同还没到期,这样,没有新的劳动合同签订,这意味着AS曲线并没有变动,从而上述稳定化政策是必要的。

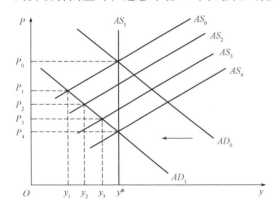

图11-3 新凯恩斯主义对经济波动的解释

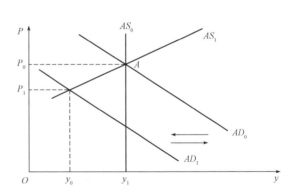

图11-4 新凯恩斯主义稳定化政策

新凯恩斯主义在政策方面所持有的观点是,由于价格和工资的黏性,经济在遭受总需求冲击后,从一个非充分就业的均衡状态回复到充分就业的均衡状态是一个缓慢过程,因此用政策来刺激总需求是必要的,不能等待工资和价格向下的压力带来经济恢复,因为这是一个长期的过程。

4. 新古典宏观经济学与新凯恩斯主义经济学的联系与区别

新古典宏观经济学和新凯恩斯主义经济学是现代西方宏观经济学的两大流派。这两大学派的根本分歧在于是否承认市场的不完整性以及政府干预的必要性。

(1) 区别。

①政策主张不同。新凯恩斯主义认为，由于价格和工资的黏性，经济在遭受总需求冲击后，从一个非充分就业的均衡状态回到充分就业均衡状态是一个缓慢的过程，因而刺激总需求是必要的。为了避免较长时期的非充分就业持续出现，新凯恩斯主义认为应该采取宏观经济政策对经济进行干预，其中财政政策尤其重要。新古典宏观经济学反对政府干预。早期的理性预期学派就曾断言，由于人们的合理预期，稳定的政策对产量变动是无效的。因而，为了避免政策的突然变动引起的经济波动，政府应按照稳定的政策行事。

②假设条件不同。新古典宏观经济学与新凯恩斯主义经济学最明显的分歧是：前者坚持市场出清假设，而后者则坚持非市场出清假设。新古典宏观经济学家认为，工资和价格具有充分的伸缩性，可以迅速调整。工资价格的不断调整使供给量与需求量相等，市场连续地处于均衡之中，即被连续出清。总之，新古典宏观经济学把表示供给量和需求量相等的均衡看作经常可以得到的情形。与此相反，新凯恩斯主义则认为，当经济出现需求扰动时，工资和价格均不能迅速调整到市场出清。缓慢的工资和价格调整使经济回到实际产量等于正常产量的状态需要一个很长（比如几年）的过程，而在这一过程中，经济处于供求不等的非均衡状态。

③解释经济波动的角度不同。新古典宏观经济学试图用实际因素从供给方面解释宏观经济波动，而新凯恩斯主义经济学则用货币因素从需求方面解释宏观经济波动。在新古典宏观经济学看来，引起经济波动的实际因素有很多，其中技术是一个重要的因素。在人口和劳动力固定的情况下，一个经济社会中所生产的实际收入便取决于技术和资本存量。换句话说，这时总量生产函数取决于表示技术状况的变量 z 和资本存量 k，即 $y=zf(k)$。如果假设资本折旧率为 δ，则在所考察期的期末，经济中可供利用的资源为当期的产量加上没有折旧的资本存量，即总资源函数为 $zf(k)+(1-\delta)k$。假定总资源只有两个用途：消费和积累。如果技术进步使 z 增加，生产函数和总资源函数向上移动，则原有的资本存量、产量和总资源都会相应地增加，从而使下期的消费和资本积累也相应增加。如果经济社会选择新的资本存量，则资本存量的增加又会使实际收入进一步增加。如果没有进一步的技术变化，经济会随着总资源的增加而扩张直至达到新的状态。这就是新古典宏观经济学对经济波动的解释。

新凯恩斯主义对宏观经济波动的解释较为复杂，为节省篇幅，这里只说明其基本思路。首先，新凯恩斯主义为与非市场出清假设一致，建立了包括长期劳动合同论的解释工资和价格黏性的各种理论。其次，新凯恩斯主义导出了短期总供给曲线。最后，利用短期总供给曲线，新凯恩斯主义通过考察经济遭受总需求冲击后恢复到正常状态的过程，说明经济经历了一次波动（衰退或高涨状态）。

(2) 联系。

①理性预期。新凯恩斯主义者虽然并不认为人们最终能够准确地预期到现实的情况，但是，为了自己的利益，人们会尽量收集信息使他们的预测能够趋于正确。其中，收集的信息不但涉及过去，而且牵涉未来的事态。

②微观基础。新凯恩斯主义者同意宏观经济理论必须符合微观经济学的假设条件。特别是个人利益最大化的假设条件。这就说明，宏观经济理论必须有微观经济学的基础。

5. 名义黏性

（1）名义工资黏性。早期的新凯恩斯主义者以长期劳动合同的形式引入了名义工资黏性。在发达经济中，工资不是在即时交易中决定的，而是由劳资双方以明确（或隐含）的合同确定的。劳动合同中的工资并不是完全刚性或完全固定的，每当新合同谈判时就有改变。但如果没有劳动合同，名义工资率可能每天都在自由变动。因此合同的存在使得名义工资率在谈判时首先就确定在合同规定的一定时间内保持不变。在整个经济中，所有的合同不可能在同一时期结束，这种现象叫作"交错合同"。如果合同是交错的，那么在冲击面前，与现有合同同时重新谈判以适应新情况的情形相比，名义工资将表现出更大的变动滞后或变动缓慢。

新凯恩斯主义者认为，长期劳动合同是实际收入和失业呈周期性变化的原因之一，因为它们在一定程度上限制了工资和价格的灵活性。按照美国经济学家费尔普斯的解释，建立长期劳动合同对于生产商和工人双方都是有好处的，可降低谈判成本，减少罢工次数，排除工资适应条件变化而迅速调整的可能性。

（2）名义价格黏性。新凯恩斯主义从不完全竞争的市场出发，试图解释经济中的名义价格黏性，其中较有影响的是菜单成本理论。这一理论认为，经济中的垄断厂商是价格的决定者，能够选择价格，而菜单成本的存在阻滞了厂商调整产品价格，所以，价格有黏性。所谓菜单成本，是指厂商每次调整价格要花费的成本。从直观的意义上说，厂商只有在调整价格后的利润增量大于菜单成本时，才会调价；否则，厂商将保持价格不变。

价格黏性的重要性在于，价格是否有黏性的问题可以转换为市场能否出清的问题，即市场机制是否有效的问题。当价格有黏性时，市场不能出清，市场机制失灵，只有政府干预才能纠正市场的无效性。

二、经典例题

1. 新古典宏观经济学与新凯恩斯主义经济学的区别。

答案解析：新凯恩斯主义经济学认为，宏观经济政策的目的和效果就在于使经济社会脱离自然失业的状态，但新古典宏观经济学认为新凯恩斯主义经济学的这种做法是不必要的，即使有必要，按照理性预期的假设条件也不可能达到目的。也就是说宏观经济政策无效。

新凯恩斯主义者认为人们只能根据过去的信息预测未来，而新古典学派认为这种预期是错误的，人们在预测未来时，除了以过去的事实作为依据外，同时也要考虑事态在将来的变化。例如，人们在估计某商品的价格时除了考虑历史价格外，也会考虑将来的变化对供给的影响。所以说这种预期不符合现实。

新凯恩斯主义者认为，正是由于工资和价格的刚性，市场上的供求量未必经常相等，即市场处于非出清或不出清的状态，这一点与新古典学派完全相反。

新凯恩斯模型在短期内有效，而新古典模型在长期内有效。价格调整的速度也就是总供给曲线要经过多长时间才能从水平转为垂直，这是一个正在积极探索的领域。

2. 总供给曲线的理论来源是什么？

答案解析：总供给为经济社会所提供的总产出或国民收入，即经济社会在既定制度和技术条件下，利用其基本资源所提供的总的实际收入。总供给曲线描述国民收入与一般价格水平之间的依存关系。根据短期生产函数和劳动力市场的均衡推导得到，当资本存量一定时，国民收入水平随着就业量的增加而增加，就业量取决于劳动力市场的均衡。因此，总供给曲线的理论源于短期生产函数和劳动力市场均衡的理论。

（1）卢卡斯的新古典错觉理论。物价总水平的变动会暂时误导供给者，使供给者对本身的产品价格产生错觉。物价总水平下降时，供给者会误认为是他们自己产品的相对价格下降了，这种错觉会使供给者减少产品的供给。工人们在没有注意到总体物价水平降低时，只是看到名义工资下降了，推论自己报酬也下降，于是减少劳动力供给量。在这两种情况下，引起供给者对低物价水平的反应是减少物品与劳务的供给量，因而价格下降，产出也下降。

（2）凯恩斯主义的黏性工资理论。凯恩斯及其追随者认为，名义工资在短期内调整缓慢，或者说在短期内是黏性的。所以物价水平下降时，实际工资就上升，较高工资使企业的实际成本增加，于是减少劳动雇用，生产较少产品。即由于工资不能随物价水平迅速调整，较低的物价水平使就业与生产不利，引起企业减少物品与劳务的供给量。

（3）新凯恩斯主义的黏性价格理论。新凯恩斯主义理论家强调，一些物品与劳务的价格对经济状况变动的调整是缓慢的，存在黏性。部分原因是调整价格存在菜单成本（印刷、分发目录和改变价格标签等所需要的时间等）。由于这些成本，短期内价格和工资可能都是黏性的。

在价格总水平下降的过程中，某些企业调整价格时产生黏性，导致价格过高，产品销售减少，企业削减生产和就业，物品和劳务的供给减少。

3. 比较微观经济学供求模型与宏观经济学 *AD-AS* 模型的异同。

答案解析：两者在形式上有一定的相似之处：

微观经济学的供求模型主要说明单个商品的价格和数量的决定。宏观经济中的 *AD-AS* 模型主要说明总体经济的价格水平和国民收入的决定。两者在图形上都用两条曲线来表示，在价格为纵坐标、数量为横坐标的坐标系中，向右下方倾斜的为需求曲线，向右上方延伸的为供给曲线。

两者在内容上有很大的不同：

其一，两模型涉及的对象不同。微观经济学的供求模型是微观领域的事物，而宏观经济中的 *AD-AS* 模型是宏观领域的事物。

其二，各自的理论基础不同。在微观经济学的供求模型中，需求曲线的理论基础是消费者行为理论，而供给曲线的理论基础主要是成本理论和市场理论，它们均属于微观经济学的内容。宏观经济学中的总需求曲线的理论基础主要是产品市场均衡和货币市场均衡理论，而供给曲线的理论基础主要是劳动力市场理论和总量生产函数，它们均属于宏观经济学的内容。

其三，各自的功能不同。微观经济学中的供求模型在说明商品的价格和数量的决定的同时，还可用来说明需求曲线和供给曲线移动对价格与商品数量的影响，这一模型描述的是微观市场的一些现象和结果。宏观经济中的 *AD-AS* 模型在说明价格和产出决定的同时，可以用来解释宏观经济的波动现象，还可以用来说明政府运用宏观经济政策干预经济的结果。

第十一章　宏观经济学在目前的争论和共识

> ★ 基础训练

一、名词解释

1. 理性预期
2. 市场出清假说
3. 自然率假说
4. 非市场出清
5. 菲利普斯曲线

二、单项选择

1. 新古典宏观经济学派的代表人物是(　　)。
   A. 弗里德曼　　　　　　　　　B. 凯恩斯
   C. 曼昆　　　　　　　　　　　D. 阿克洛夫

2. 根据理性预期理论，被预期到的货币供给的减少将(　　)。
   A. 降低价格水平而不会减少产量　　　B. 减少产量而不会降低价格水平
   C. 会降低价格水平和产量　　　　　　D. 不会降低价格水平和产量

3. 卢卡斯总供给曲线表现的是(　　)。
   A. GDP 和价格变动之间的正相关关系
   B. GDP 和未被预期的价格变动之间的正相关关系
   C. GDP 和被预期的价格变动之间的正相关关系
   D. GDP 和未被预期的价格变动之间的负相关关系

4. 当经济学家说人们是理性的时，这是指(　　)。
   A. 人们不会做出错误的判断
   B. 人们根据完全的信息而行事
   C. 人们总会从自己的角度做出最好的决定
   D. 人们不会为自己所做出的任何决策而后悔

5. 理性预期理论暗示：(　　)。
   A. 总需求曲线是垂直的　　　　B. 总供给曲线是垂直的
   C. 总供给曲线是水平的　　　　D. 总供给曲线是相当平缓的

6. 理性预期学派的理论认为(　　)。
   A. 公众的预期能影响货币政策的结果，但不能影响财政政策的结果
   B. 公众的预期能影响财政政策的结果，但不能影响货币政策的结果
   C. 公众对经济政策后果的预期会强化这些政策的作用
   D. 站在追求自我利益的立场上，通过对经济稳定政策做出的反应，公众会抵消这些政策的影响

7. 新凯恩斯主义最重要的假设是(　　)。
   A. 非市场出清　　　　　　　　B. 经济当事人最大化原则
   C. 理性预期　　　　　　　　　D. 价格黏性

8. 构成政策无效性命题的关键是( )。
   A. 信息是不完全的
   B. 预期是合乎理性的
   C. 价格和工资有完全伸缩性，预期是合乎理性的
   D. 价格和工资是有完全伸缩性的
9. 新凯恩斯主义吸收了新古典学派的观点是( )。
   A. 市场出清   B. 理性预期
   C. 自然率假说   D. 价格刚性
10. 新凯恩斯主义认为，劳动供过于求时( )。
   A. 一方面会产生非自愿性失业，另一方面工资会跌落
   B. 工资会跌落
   C. 会产生非自愿性失业
   D. 工资不会跌落，非自愿失业性也不会产生

三、分析说明

1. 简述货币主义的基本假设。
2. 分析新凯恩斯主义和凯恩斯主义的区别。
3. 如何用新凯恩斯主义解释宏观经济波动？
4. 说明宏观经济学目前的主要共识。

四、计算

从代数角度推导总供给曲线。

五、答案解析

（一）名词解释

1. 理性预期：又称合理预期。现代经济学中的预期概念之一，指人们的预期符合实际将发生的事实。它包括三个含义：首先，做出经济决策的经济主体是有理性的；其次，为正确决策，经济主体会在做出预期时力图获得一切有关的信息；最后，经济主体在预期时不会犯系统错误。即使犯错误，他也会及时有效地进行修正，使其在长期内保持正确。

2. 市场出清假说：指劳动力市场上的工资及产品市场上的价格都具有充分的灵活性，可根据供求情况做出迅速的调整，因此劳动力市场和产品市场都不存在超额供给。

3. 自然率假说：指任何一个资本主义社会都存在一个自然失业率，其大小取决于社会的技术水平、资源数量和文化传统。

4. 非市场出清：指在出现货币需求冲击或供给冲击后，工资和价格不能迅速调整到使市场出清的状态。

5. 菲利普斯曲线：表明失业与通货膨胀之间存在一种交替关系的曲线。通货膨胀率高时，失业率低；通货膨胀率低时，失业率高。

（二）单项选择

1. A 2. D 3. B 4. C 5. B 6. D 7. A 8. C 9. B 10. C

（三）分析说明

1. 货币主义的两个基本理论就是新货币数量论和自然率假说。

(1) 新货币数量论。新货币数量论 $\left[\frac{M}{P}=f(r_b, r_e, r_p, w, y, u)\right]$ 区别于传统货币数量论,即费雪方程（$Py=MV$）、剑桥方程（$M=kPy$）、凯恩斯的货币需求方程 $\left[\frac{M}{P}=L(y, r)\right]$。新货币数量论认为货币流通速度 V 不是数值不变的常数,而是决定其他几个有限变量的稳定函数。V 在长期内是一个不变的量,在短期内可以做出轻微的变化。

(2) 自然率假说。任何一个资本主义社会都存在一个自然失业率,其大小取决于社会的技术水平、资源数量和文化传统。在短期内,虽然可以通过货币政策把失业率人为地维持在小于自然失业率的水平,但长期内不可能做到这一点。

2. (1) 凯恩斯主义非市场出清模型假定名义工资刚性,而新凯恩斯主义非市场出清模型假定工资和价格有黏性,即工资和价格不是不能调整,而是可以调整的,只是调整得十分缓慢,需消耗相当的时日。

(2) 新凯恩斯主义模型增添了凯恩斯主义模型所忽略的两个假设:一个是经济当事人最大化原则,即厂商追逐利润最大化和家庭追求效用最大化,这一假设源于传统的微观经济学。经济当事人最大化原则和理性预期的假设使新凯恩斯主义突破了凯恩斯主义的理论框架。

3. 新凯恩斯主义解释宏观经济波动:

假定经济起初位于总需求曲线 AD_0 和新凯恩斯主义短期总供给曲线 AS_0 的交点上,这时的价格水平为 P_0,实际收入为充分就业的收入 y^*,假定受总需求冲击,总需求曲线从 AD_0 向左移动到 AD_1。当总需求曲线移动到 AD_1 后,实际收入下降到 y_1,价格水平下降到 P_1,从而使劳动供求双方签订货币工资协议时货币工资下降,使短期总供给曲线向右移动到 AS_1。按照这种思路,短期总供给曲线会依次移动到 AS_2、AS_3,价格水平最终下降到 P_4,收入恢复到了总需求冲击前的充分就业的水平 y^*。

假定劳动力市场的工资合同期为三年,且每年都有合同数的 1/3 数量的合同需要重新签订,总需求减少后,伴随着每一次劳动合同的重新签订,短期供给曲线不断向右移,直到移动至 AS_3,价格水平下降到 P_4,总需求为 y^*。在新凯恩斯主义看来,整个经济经历了三年左右的衰退。这便是新凯恩斯主义对宏观经济波动所做的解释。

4. 目前宏观经济学的主要共识有以下四点:

(1) 在长期内,一国的生产产品和劳务的能力决定着该国居民的生活水平。GDP 是衡量一国经济福利的一项重要指标。实际 GDP 衡量了该国居民需要和愿望的能力。从一定程度上,宏观经济学最重要的问题是什么决定了 GDP 的水平和 GDP 的增长。其次,在长期内,GDP 依赖于包括劳动、资本和技术在内的生产要素。当生产要素增加和技术水平提高时,GDP 增长。

(2) 在短期内,总需求能够影响一国生产的物品和劳务的数量。虽然经济生产物品和劳务的能力是长期内 GDP 的基础,但在短期内,GDP 也依赖于经济的总需求,进而所有影响总需求的变量都能够引起经济波动。更高的消费者信心、较大的预算赤字和较快的货币增长都可能增加产量和就业,从而减少失业。

(3) 预期在决定经济的行为方面发挥着重要作用。居民和企业如何对政策的变化做出反应决定了经济变化的规模，甚至有时还决定着经济变动的方向。

（4）在长期内，总产出最终回复到其自然水平上，这一产出水平取决于自然失业率、资本存量和技术的状态。无论是新古典宏观经济学还是新凯恩斯主义经济学都承认，经济的长期总供给曲线是一条位于潜在产量水平上的垂直线。

（四）计算

根据附加预期的菲利普斯曲线方程，有

$$\pi - \pi^e = -\varepsilon(\mu - \mu^*)$$

用 $P - P_{-1}$ 代替 π，用 $P^e - P_{-1}$ 代替 π^e，这里 P 为价格水平的对数，将某个宏观经济变量用其对数加以表示是西方经济学家经常采用的一种方式。对这种做法合理性的一个解释是，由于对数函数是一个单增函数，因此，某个变量对数的变化与该变量本身的变化是同方向的，故不影响原有的经济关系。P_{-1} 为前一期价格水平，P^e 为预期价格水平。则上式变为

$$P - P^e = -\varepsilon(\mu - \mu^*)$$

另一方面，根据奥肯定律，有

$$\frac{y - y_f}{y_f} = -a(\mu - \mu^*)$$

将上式代入到式 $P - P^e = -\varepsilon(\mu - \mu^*)$ 中，替换掉 $(u - u^*)$ 后得

$$P - P^e = \frac{\varepsilon}{a}\left(\frac{y - y_f}{y_f}\right)$$

设 $\lambda = \dfrac{a y_f}{\varepsilon}$，则上式可写为

$$y = y_f + \lambda(P - P^e)$$

上式即总供给方程。这一方程可以同时代表古典的、凯恩斯的和常规的总供给曲线，而三者的差别在于参数 λ 的取值及对 λ 的解释。具体来说，当 $\lambda = 0$ 时，总供给方程化为 $y = y_f$，此即古典的总供给方程；当 $\lambda = 0$ 时，总供给方程化为 $P = P^e$，在 P^e 已知的情况下，这一方程即凯恩斯的总供给方程；对 λ 取有限正数的情况，方程即常规的总供给方程。根据这一方程，总产出与未预期到的价格水平的变动相关。

★ **知识拓展**

请结合案例1和案例2，理解新古典宏观经济学与新凯恩斯主义的区别和联系。

案例1：货币主义的修正与长期菲利普斯曲线

自20世纪60年代中后期开始，以费尔普斯（Phelps，1967）、弗里德曼（1968）为代表的货币主义对菲利普斯曲线表示质疑主要集中在两个问题上：菲利普斯曲线是否稳定？菲利普斯曲线所代表的失业与通货膨胀的交替关系在长期内是否依然成立？由此，菲利普斯曲线开始区分短期与长期的异同。

货币主义认为，菲利普斯曲线在长期内表现为一条垂直直线，失业率与通货膨胀率之间的替代关系不存在，或者说两者之间没有任何关系。也就是说，在长期内，失业率保持不

变,预期通货膨胀率取决于上一期的通货膨胀率(适应性预期),这也被称为费尔普斯和弗里德曼的自然失业率假说。否定长期菲利普斯曲线中失业率与通货膨胀率之间的替代关系正是货币主义对菲利普斯曲线理论发展的重大贡献。

1976年,弗里德曼在其著作《价格理论》一书中进一步发展了菲利普斯曲线理论。他将7个发达国家1956—1975年共20年的数据分成4个5年段落求平均数,经过比较研究发现:自20世纪60年代后期以来,菲利普斯曲线已经开始从负斜率的曲线向正斜率的曲线转变。弗里德曼在1977年诺贝尔经济学奖颁奖大会上以"通货膨胀与失业"为主题发表演讲,他将有关菲利普斯曲线的重要思想归纳为三个阶段:

第一阶段,菲利普斯曲线斜率为负,失业与通货膨胀之间存在相互替代关系。这种观点曾经于20世纪60年代得到普遍认可。

第二阶段,自然失业率假说。考虑到通货膨胀预期的影响,区分短期和长期菲利普斯曲线。这种观点在20世纪70年代以后得到普遍认可。

第三阶段,菲利普斯曲线斜率为正,即高失业与高通货膨胀并存;当通货膨胀率上升时,失业率也跟着提高。弗里德曼将原因归结为,政府的需求扩张政策导致通货膨胀率上升,同时为了稳定物价又采取反通货膨胀政策,断断续续的政策导向使通货膨胀率和预期通货膨胀率之间的差异越来越大,不仅缩短了合同的合理期限,也降低了市场价格的有效性。

弗里德曼由此得出结论,经济活动和政治活动的关系已经比以往更加密切,也正是政治因素的干涉,导致高通货膨胀率与高失业率并存的现象发生。弗里德曼进一步建议,国家应减少对市场的干预,让市场价格机制去解决失业问题,反对政府采取凯恩斯主义的需求扩张政策。

(资料来源:任梦睿. 货币主义与新古典学派关于菲利普斯曲线的讨论[J]. 生产力研究,2013(12):18-19.)

案例2:地方政府的"理性预期"行为

地方政府的"理性预期"行为有时候会使宏观经济政策的实际结果与政策制定者的初始目的发生偏离。比如,针对不断升温的宏观经济,中央政府曾于2003年年底开始发出经济应该放缓的信号,并采取了许多温和的"微调"措施,力图能够实现最优的经济"软着陆"。但是,这些温和的"微调"措施得到了逆向效果。在许多地方,投资额反而有增无减,被中央列为低水平重复建设、加以抑制的行业依旧顶风而起,地方经济呈现一幅"大干快上"的热闹景象。

为何会出现这种中央喊停,各地经济却冲刺的现象?为何中国的经济运行对于经典教科书开出的处方似乎具有系统性的"免疫"能力呢?其根源在于地方政府和中央政府在多次的博弈中形成了一种理性预期。为了能在中国特有的经济周期性波动中获取最佳的发展空间,各个地方政府的官员往往在经济紧缩的前夜进行最后的冲刺,而这种白天学习贯彻中央文件,晚上继续加班加点开工的行为,往往都能够取得经济上的成功,比如可以在下一轮经济启动时占有先机,可以先将项目突击审批上马而向上级政府进行融资的"倒逼"等,而最后政治上的"进步"就是对这种经济成功的"肯定"。

有了这种理性预期概念,也就不难理解地方政府的"非理性"冲刺行为了。中央政府不断出台的"微调"政策，恰似十字路口不断闪烁的"黄灯"，刺激着各个地方政府在即将到来的"红灯"亮起之前，猛踩投资扩张的"油门"，做出最后的冲刺。

（资料来源：http：//finance.sina.com.cn/economist/jingjixueren/20041222/04171241518.shtml? from = wap.）

★ 名校考研真题解析

一、名校考研真题

1. （武汉大学 2001 研）黏性工资。
2. （武汉大学 2002 研；西安电子科技大学 2006 研）货币工资刚性。
3. （中国人民大学 2004 研；北京大学 1999 研；上海外国语大学 2005 研；华中科技大学 2006 研）菜单成本。
4. （复旦大学 2006 研；西安交通大学 2006 研）托宾 Q 比率。
5. （深圳大学 2007 研；中央财经大学 2007 研；北京航空航天大学 2007 研）货币中性。
6. （武汉大学 2003 研）简述效率工资理论。
7. （对外经济贸易大学 2004 研）试比较货币主义与凯恩斯主义关于通货膨胀的观点。

二、真题解析

1. 黏性工资：指不能迅速地反映劳动力市场供求的变动，只能缓慢地根据劳动力市场的状况改变而调整的工资。工人的名义工资通常不能随着经济条件的变化而迅速调整，在短期内表现为"迟钝的"或"黏性的"。黏性工资模型即阐述黏性名义工资对总供给的影响的模型。该模型假设劳动力的需求数量决定就业，以及工人和企业根据目标实际工资和对价格水平的预期来确定名义工资水平。当名义工资是黏性的时候，价格水平提高会降低实际工资，促使企业多雇用劳动力，从而生产更多的产品，总供给增加，所以短期总供给曲线是向上倾斜的。新凯恩斯主义提出工资黏性的理由：合同的长期性、合同的交错签订、效率工资论及长期劳动合同论。新凯恩斯主义黏性工资论认为，无论是通过合同制还是理性预期机制来稳定工资水平，都会导致通货膨胀和失业并存，因此有必要对工资制度进行改革，努力降低劳动力成本，刺激企业生产和用人的积极性，这就要求建立完整而有效的劳动力市场，工资完全由劳动力市场的供求和劳动者提供劳动的质与量来决定。工资是调节劳动力资源配置和流动的唯一手段。

2. 货币工资刚性：货币工资不随劳动力需求和供给的变化而迅速做出相应调整，特别是当劳动需求量低于供给量时，货币工资只能上升而不能下降，从而呈现出一种向下的刚性现象，这就是新凯恩斯主义。工资刚性的原因之一是在西方国家里有大量工会存在的情况下，追求利益最大化的厂商和工人都希望通过谈判签订长期劳动合同，以便预先规定厂商和工人的未来行为。工资因此会在一个合同生效期内固定不变，合同到期后也不一定得到迅速调整。另一个原因是风险与不确定性使企业不敢轻易调整工资，而宁愿接受生产数量的变动。第三个原因是在不完全竞争市场上，企业面临一条折弯的劳动力供给曲线，降低工资可能会使人才流向其他企业。工资刚性是从供给层面对失业的一种基本解释。当价格较低时，实际工资较高，这样会形成劳动力供给大于劳动力需求。由于工资能上不能下，这种状况将持续下去，这就是产生失业的原因。

3. 菜单成本：企业为改变销售商品的价格，需要给销售人员和客户提供新的价目表所花费的成本。它是新凯恩斯主义为反击新古典主义的批判并证明所主张的价格刚性的重要理由。关于菜单成本能否引起价格的短期黏性，经济学家的观点不一致。一部分经济学家认为，菜单成本通常非常小，不可能对经济产生巨大影响；另一部分经济学家却认为，菜单成本虽然很小，但由于总需求外部性的存在会导致名义价格出现黏性，从而对整个经济产生巨大影响，甚至引起经济周期性波动。

4. 托宾 Q 比率：指企业市场价值对其资产重置成本的比率。这里的资本重置成本是指：在现有的产品市场条件下，重新创办该企业的成本。股票的市场价值反映的是股票持有者对企业资产的剩余索取权的价格预期。当 $Q>1$ 时，即企业股票的市场价值大于资本的重置成本，此时企业会增加投资；当 $Q<1$ 时，此时企业会减少投资。

5. 货币中性：指名义货币数量的变化不会改变产品市场原有均衡状态和国民收入的结构，仅引起产品市场各种商品的绝对价格水平的同比变动。当货币是中性时，货币供给的增加引致货币需求的增加，货币市场在新的供求均衡点上达到均衡。货币市场均衡的改变只引起物价总水平的变化，不改变商品的相对价格，不影响产品市场的均衡，也不影响实际国民收入中消费与储蓄、投资与消费的比例关系。此时，货币只是一种面纱，货币经济类似物物交易经济。这一观点从根本上否定了规则的货币政策对经济周期的调节作用，并认为只有对未被预期的通货膨胀采取适当的货币政策才可以提高实际经济水平。

6. 效率工资：指满足效率对工资弹性为1时的工资，即工资增加1%效率也提高1%时的工资。效率工资一般高于平均工资。效率工资理论的基本观点是，雇主必须把工资作为刺激雇员努力工作的手段。雇员在工作时候的努力程度决定了生产和经营的经济效率。如果员工积极性高，则生产的效率就高，反之，则生产的效率就低。而雇员工作时的努力程度又在很大程度上取决于雇员得到报酬的高低。如果雇主给雇员支付的工资高于其他企业从事同种工作的雇员的工资水平，雇员就会认为自己的工作是有前途的"好工作"，并为了保持这种好工作而努力工作，这就有利于提高企业的效率。根据这一理论，经济学家得出结论：雇主除非迫不得已则不愿意降低员工的工资，因为这不利于提高工人的生产积极性。不但如此，社会上的工资水平总体上有不断上升的趋势，而且高工资率还可以刺激产生高效率。效率的提高不可避免引起对劳动需求的下降，从而社会上失业的存在就是可以理解的。效率工资理论是新凯恩斯主义反击新古典主义的批判并证明其所主张的工资刚性的重要理由。效率工资作为一种激励机制，已被我国一些企业特别是知识型企业采用。由于在知识型企业中员工的努力程度更加难以控制，因此采用效率工资制度有助于解决知识型企业监控困难的问题。

7.（1）货币主义从货币数量说和自然率假说出发认为：虽然随机的变动（例如通货膨胀）会使经济出现短期波动，但是经济本身具有长期均衡的趋势。凯恩斯主义从市场非出清价格工资刚性假设出发认为通货膨胀等经济现象是必然的。

（2）对于菲利普斯曲线（通货膨胀率与失业率的替换效果）的不同态度。货币主义认为短期有效，而长期无效。理性预期学派把理性预期概念和自然失业率结合起来认为菲利普斯曲线不论在短期内或长期内均不存在。这样政府采取的对通货膨胀和失业的相机抉择的政策就是无效的。凯恩斯主义却认为有效。

（3）政策主张的不同。货币主义反对凯恩斯的财政政策，反对"斟酌使用"（根据情况变化而制定和执行）的货币政策，而主张单一规则的货币政策，尽力避免国家干预。理性预期学派主张实行自由主义的经济政策，反对国家干预经济，反对凯恩斯主义的财政政策和货币政策。而凯恩斯主义与理性预期学派完全相反。

（4）货币主义认为通货膨胀终究是一种货币现象，对实际经济没有影响。凯恩斯主义则没有这种观点。

参 考 文 献

[1] [美] 鲁迪格·多恩布什，斯坦利·费希尔，理查德·斯塔兹．宏观经济学 [M]．10 版．王志伟，译．北京：中国人民大学出版社，2010．

[2] [美] 格里高利·曼昆．宏观经济学 [M]．9 版．北京：中国人民大学出版社，2016．

[3] 高鸿业．宏观经济学 [M]．6 版．北京：中国人民大学出版社，2014．

[4] 袁志刚，樊潇彦．宏观经济学 [M]．2 版．北京：高等教育出版社，2015．

[5] 易纲，张帆．宏观经济学 [M]．北京：中国人民大学出版社，2001．

[6] 胡永刚．西方经济学学习精要与习题集（宏观部分）[M]．4 版．上海：上海财经大学出版社，2016．

[7] 尹伯成．现代西方经济学习题指南（宏观经济学）[M]．6 版．上海：复旦大学出版社，2009．

[8] 陈通．宏微观经济学习题集 [M]．天津：天津大学出版社，2007．

[9] 翔高教育经济学教学研究中心．西方经济学（宏观部分）考试手册——核心考点命题思路分析 [M]．2 版．北京：中国人民大学出版社，2011．

[10] 姚开建．名校考研专业课程常考知识点（西方经济学分册）[M]．北京：中国人民大学出版社，2003．

[11] 沈坤荣，耿强，付文林．宏观经济学教程 [M]．2 版．南京：南京大学出版社，2010．

[12] [英] 约翰·希克斯．经济学展望 [M]．余皖奇，译．北京：商务印书馆，1986．

[13] [美] 米尔顿·弗里德曼．价格理论 [M]．蔡继明，苏俊霞，译．北京：华夏出版社，2011．

[14] 宋丽智，邹进文．凯恩斯经济思想在近代中国的传播与影响 [J]．近代史研究，2015 (1)：126-138．

[15] 李贤．中国政府投资对民间投资的影响 [J]．时代金融，2013 (17)：16-18．

[16] 冯志峰．推进供给侧结构性改革的有效途径 [J]．中国领导科学，2016 (7)：44-47．

[17] 吴骏，谢晓睿，杨声．蒙代尔-弗莱明模型在中国的异化与人民币汇率制度选择 [J]．合肥工业大学学报（社会科学版），2014 (2)：1-6．

[18] 王栋．人民币国际化背景下中国货币政策研究——蒙代尔-弗莱明模型的启示 [J]．中国物价，2012 (9)：28-31．

[19] 唐彦庆．信息技术与经济增长 [J]．北方经济，2010 (24)：93-94．

［20］金芳．变化中的世界经济与秩序重建［J］．社会科学家，2011（6）：13-17.

［21］马广奇，张雪奇．宏观经济学的发展主线及其在中国的应用问题［J］．兰州商学院学报，2006，22（2）：23-27.

［22］马光秋．宏观经济的微观基础变化分析——我国改革后的企业状况变化分析［J］．当代经济，2006（14）：4.

［23］沈坤荣．新一轮中国经济波动中的"黄灯效应"［J］．现代经济探讨，2004（9）：7-8.